A CLÍNICA WINNICOTTIANA

Blucher

A CLÍNICA WINNICOTTIANA

Os casos difíceis

Alexandre Patricio de Almeida
Alfredo Naffah Neto
Filipe Pereira Vieira

A clínica winnicottiana: os casos difíceis

Publisher Edgard Blücher
Editor Eduardo Blücher
Coordenação editorial Rafael Fulanetti
Coordenação de produção Andressa Lira
Produção editorial Departamento de produção
Preparação de texto Maurício Katayama
Diagramação Estúdio dS
Revisão de texto Karoline Cussolim
Capa Laércio Flenic
Imagem da capa Edvard Munch, The Girl by the Window, Art Institute of Chicago

Blucher

Rua Pedroso Alvarenga, 1245, 4º andar
04531-934 – São Paulo – SP – Brasil
Tel.: 55 11 3078-5366
contato@blucher.com.br
www.blucher.com.br

Segundo o Novo Acordo Ortográfico, conforme 6. ed. do *Vocabulário Ortográfico da Língua Portuguesa*, Academia Brasileira de Letras, julho de 2021.

Dados Internacionais de Catalogação na Publicação (CIP)
Heytor Diniz Teixeira, CRB-8/10570

Almeida, Alexandre Patricio de
A clínica Winnicottiana : os casos difíceis / Alexandre Patricio de Almeida, Alfredo Naffah Neto, Filipe Pereira Vieira. - São Paulo : Blucher, 2025.
280 p. : il.

Bibliografia
ISBN 978-85-212-2598-0 (impresso)
978-85-212-2597-3 (Epub)
978-85-212-2596-6 (PDF interativo)

1. Psicanálise. 2. Clínica psicanalítica. 3. Psicanálise - Escola Winnicottiana. 4. Winnicott, D. W., 1886-1971. I. Naffah Neto, Alfredo. II. Vieira, Filipe Pereira. III. Título.

CDU 159.964.2

Índice para catálogo sistemático:
1. Psicanálise

Sobre os autores

Alexandre Patricio de Almeida

É psicanalista, membro da International Winnicott Association. Mestre e doutor em Psicologia Clínica pela Pontifícia Universidade Católica de São Paulo (PUC-SP). Autor de diversos artigos científicos e livros, incluindo o best-seller *Psicanálise de boteco: o inconsciente na vida cotidiana* (Paidós, 2022). Criador do podcast "Psicanálise de boteco". Publicou, recentemente, pela editora Blucher (2023), as obras: *Por uma ética do cuidado: vol. 1 (Ferenczi)* e *vol. 2* (*Winnicott*). Finalista do Prêmio Jabuti, em 2023.

Alfredo Naffah Neto

É psicanalista, mestre em Filosofia pela Universidade de São Paulo (USP), doutor em Psicologia Clínica pela Pontifícia Universidade Católica de São Paulo (PUC-SP), onde leciona como professor titular no Programa de Pós-graduação em Psicologia Clínica. Também é professor e supervisor do Instituto Brasileiro de Psicanálise Winnicottiana e da International Winnicott Association. Autor de diversos artigos científicos e livros, dentre eles *Perto das trevas: a depressão em seis perspectivas psicanalíticas* (Blucher, 2022) e *Veredas psicanalíticas: à sombra de Winnicott* (Blucher, 2023).

Filipe Pereira Vieira

É psicanalista e psicólogo clínico. Mestre e doutorando em Psicologia Clínica pela Pontifícia Universidade Católica de São Paulo (PUC-SP). Professor convidado da pós-graduação do Centro Universitário de Votuporanga (Unifev) e do Centro de Estudos Psicanalíticos (CEP). Autor de diversos artigos científicos e de capítulos de livros. Cocriador do podcast "Psicanálise de boteco". Autor do livro *A interpretação psicanalítica: revisitando Klein e Winnicott* (Blucher, 2025).

Para os nossos pacientes, que tanto nos ensinam.

Só se pode viver perto de outro, e conhecer outra pessoa,
sem perigo de ódio, se a gente tem amor. Qualquer amor
já é um pouquinho de saúde, um descanso na loucura.

João Guimarães Rosa

Conteúdo

Prefácio

A psicanálise, desde suas origens, tem se proposto a investigar e tratar os conflitos inconscientes que permeiam a mente humana. No entanto, a experiência clínica dos analistas ao longo dos anos deparou-se com situações clínicas desafiadoras em diferentes momentos históricos. Paradoxalmente, a investigação realizada nessas situações revelou novas compreensões da subjetividade humana e do manejo clínico psicanalítico.

Testemunhamos que, por meio desses eventos e pela contribuição de diferentes analistas, a psicanálise expandiu seu universo de compreensão da condição humana e de possibilidades de ampliações da teoria e da técnica. Tradicionalmente, esses casos desafiadores se apresentaram na literatura com a denominação de "casos difíceis". Esses quadros e situações clínicas foram apresentados, em alguns momentos, como derivados da resistência do paciente, e de complexidades inerentes às dinâmicas psíquicas que envolveram questões de trauma e regressão ou estruturas rígidas da personalidade, como no caso das psicoses, transtornos de personalidade severos, situações de abuso prolongado, fraturas nas dimensões fundamentais necessárias à constituição psíquica do ser humano, entre outros. O livro que temos em mãos, *A clínica winnicottiana: os casos difíceis*, faz significativa contribuição para o tema, pois decorre de uma investigação rigorosa e clínica competente e criativa de seus autores – conscientes do patrimônio teórico-clínico psicanalítico –, e atentos à complexidade dos casos que chegam nos consultórios do psicanalista na atualidade.

Para lidar com os casos difíceis, a psicanálise teve que expandir sua teoria e sua prática. Diferentes horizontes clínicos foram utilizados no manejo do cuidado com os *casos difíceis*, como o oferecimento pelo analista ao analisando de sustentação (*holding*), espaço potencial, ambiente seguro o suficiente para que o analisando possa viver regressões necessárias para alcançar, na situação transferencial, situações potencialmente disruptivas experimentadas em sua história, a fim de colocá-las sobre o domínio do seu Eu. Aqui, a relação entre analista e paciente não é vista apenas como uma repetição de padrões do passado, mas como comunicação interpessoal que favorece a experiência constitutiva do vínculo presente, na qual o não vivido possa ser alcançado e o paciente possa recuperar o devir de si mesmo.

Nossos autores, Almeida, Naffah Neto e Vieira, fazem uso das concepções de Winnicott de forma bastante competente e nos apresentam suas reflexões e considerações por meio do relato de casos clínicos – o que considero uma excelente contribuição para o campo. Sempre achei esse tipo de texto fundamental, pois mantém a ética da escrita psicanalítica com rigor, como foi o ensino de Freud, desde seus primeiros escritos. Freud, aliás, incluía o leitor nos seus relatos clínicos que embasavam suas reflexões teóricas e desenvolvimentos técnicos da situação analítica, o que permitia que o leitor o acompanhasse em suas reflexões possibilitando, portanto, o diálogo entre seus pares. Tal perspectiva auxiliava os psicanalistas a acompanhar, de modo fecundo, o vigor clínico dos conceitos apresentados ao longo do desenvolvimento da psicanálise.

Em nosso tempo, há muitos textos psicanalíticos publicados que, frequentemente, são construções teóricas sem referência à experiência clínica e, na maior parte das vezes, são divagações intelectuais. O livro que nesse momento temos em mãos oferece uma leitura fresca, na qual a experiência clínica dos seus autores aparece com sinceridade e autenticidade, generosamente entregando aos leitores hospitalidade clínica e pensamento teórico-clínico rigoroso.

O vértice teórico utilizado como ponto de partida pelos autores desta obra é a contribuição do analista inglês Donald W. Winnicott que, em minha opinião, ao lado de Ferenczi e Françoise Dolto, compõe os três grandes clínicos na história do movimento psicanalítico. O texto encontrado nestas próximas páginas não se trata de mera apresentação do pensamento do psicanalista inglês, pois propõe uma contribuição criativa da obra de Winnicott, outorgando, a cada um dos capítulos, originalidade de pensamento e de compreensão clínica.

Winnicott foi um autor sensível ao seu momento histórico, o que o levou a perceber que as condições necessárias para o estabelecimento do self e da organização psíquica, nem sempre estavam disponíveis para que a saúde psíquica de uma pessoa pudesse ocorrer de modo favorável.

A visão winnicottiana não está só voltada para a ressignificação do passado vivido, mas volta-se, sobretudo, a um diagnóstico refinado dos fatores que, no ambiente da pessoa, a levaram a uma organização defensiva que a adoeceu. Esse olhar, necessariamente, nos conduz à compreensão da situação clínica de modo diferente do que era considerado anteriormente, uma vez que pondera a importância da experiência vivida no campo transferencial – para que, eventualmente, o paciente possa viver experiências que possibilitem a constituição de facetas do seu self. Nessa visão, não há apenas o interesse no processo de elaboração do já vivido, mas considera-se a possibilidade de que o campo interpessoal possa inaugurar experiências nunca vividas anteriormente, que favoreçam a superação de paradas do processo maturacional, para que seja possível o estabelecimento de um maior estado de integração.

Essa perspectiva demanda que possamos não só testemunhar o passado vivido pelo analisando, para sua posterior simbolização, mas considerá-lo como potencialidade de constituir o devir, o futuro do si mesmo. Assim, a clínica em Winnicott faz referência tanto ao passado quanto se abre para a esperança. O encontro analítico, nesse sentido, passa a ser entendido como um lugar de acontecimentos e de constituição.

No processo psicanalítico dos denominados "casos difíceis", Winnicott introduz o conceito de *manejo*, que se refere à função do analista como alguém que oferece um ambiente de suporte (*holding*), no qual a apresentação de objetos e a modulação da temporalidade se tornam elementos fundamentais. O manejo é especialmente necessário em pacientes cujas experiências iniciais com o ambiente não foram adequadas, levando a profundas falhas no desenvolvimento do self. Winnicott enfatiza que, para esses indivíduos, a análise tradicional baseada na interpretação é insuficiente, pois o que está em questão não são conflitos inconscientes já simbolizados, mas a própria capacidade de existir como pessoa – daí decorre a importância de se compreender o espaço clínico como *lugar potencial* de constituição e de ilusão.

O manejo terapêutico exige uma postura que privilegia a criação de um ambiente de confiança e de segurança, no qual o analista esteja genuinamente presente e disponível. Isso implica atender às necessidades emocionais do paciente, indo além da mera interpretação de seus conteúdos psíquicos. Essa prática pode ser comparada ao cuidado materno nos primeiros meses de vida, quando o bebê depende completamente do ambiente para sua sobrevivência emocional. Em casos mais graves, o analista precisa ter a capacidade de sustentar o paciente em estados regressivos, auxiliando-o a se reorganizar emocionalmente antes de introduzir qualquer intervenção interpretativa.

Adotando uma postura flexível e responsiva, o analista pode facilitar o contato do paciente com áreas dissociadas de seu self, permitindo que ele transite de um estado de relações subjetivas para a vivência do jogo, da metáfora e, por fim, para a experiência na realidade compartilhada. A situação clínica analítica pode inicialmente ser percebida como uma experiência subjetiva e, em condições favoráveis e com manejo adequado, transformar-se em um espaço lúdico, que posteriormente se torna um lugar de vivências compartilhadas. Alcançar essa dimensão lúdica é crucial para o desenvolvimento emocional do analisando, criando possibilidades para que ele comece a se reconectar com seu self verdadeiro.

Vale lembrar, contudo, que o conceito de *transferência* historicamente se refere sempre ao que já foi vivido, e que, portanto, já existe no registro psíquico por meio das representações. Isto é: existem representações do vivido que poderão ser transferidas para o analista. No entanto, Winnicott reposiciona o conceito, apontando que a transferência poderá ser utilizada pelo analisando para alcançar o não vivido, na busca do anseio de si. A transferência, nessa perspectiva, acolhe a esperança que precisará ser sustentada pelo analista.

É importante reconhecer que nem todos os pacientes se beneficiarão da psicanálise da mesma forma, e os casos difíceis com frequência testam os limites do enquadre psicanalítico. No entanto, o valor da psicanálise está na capacidade de o analista poder oferecer uma compreensão profunda, para além dos sintomas, na busca de acessar o sofrimento psíquico do analisando, derivado das rupturas e dos desencontros vividos pelo sujeito ao longo do seu processo maturacional.

Em última instância, os referentes éticos psicanalíticos continuam sendo elementos norteadores do trabalho clínico, mesmo nas situações de manejo, ao oferecer uma via de compreensão e possível transformação – inclusive nas situações clínicas mais desafiadoras.

O livro inicia com uma importante discussão crítica sobre o modo como o pensamento de Winnicott tem sido assimilado em nosso meio. Concordo totalmente com os autores, pois vemos proliferar, em nosso campo, textos e práticas psicoterápicas chamadas de "winnicottianas", destituídas de rigor psicanalítico e teórico crítico.

Orientar-se pela obra do psicanalista inglês ficou reduzido à realização de um trabalho definido como "acolhimento".

Segue-se, então, o capítulo escrito por Alexandre e Alfredo que aborda o caso "O Homem dos Lobos", de Freud, propondo uma análise da dinâmica psíquica desse paciente à luz do entendimento winnicottiano. Essa discussão oferece uma perspectiva enriquecedora, que insere o pensamento de Winnicott no contexto histórico do movimento psicanalítico, contribuindo significativamente para a compreensão de sua evolução teórica.

O clássico caso de Margareth Little, atendido por Winnicott, é o foco da discussão de Naffah Neto, no capítulo seguinte. O relato é utilizado pelo autor para explicitar horizontes de trabalho decorrentes da proposta de compreensão e de trabalho clínico de Winnicott. Penso que o texto permite ao leitor ser apresentado às diversas referências importantes para discutir as transformações da técnica clássica, que Winnicott realizou para conduzir o trabalho clínico com Little, de modo a contemplar o grave adoecimento que ela apresentava.

Seguem-se os capítulos nos quais os autores do livro nos apresentam relatos clínicos, que podem ser considerados paradigmáticos da clínica contemporânea. No século XXI, emergem temas nos consultórios dos psicanalistas que demandam investigação, ousadia e criatividade para reinventar a técnica padrão psicanalítica, a fim de abordar a complexidade dos casos que necessitam de cuidado profissional. Temas como o "Nada", a busca de um nome próprio (Almeida), as complexidades do manejo do paciente esquizoide (Naffah Neto), o silêncio como modo de comunicação (Vieira), a questão das adicções e a questão da esperança (Almeida), o sonhar e o processo de personalização (Naffah Neto), a mente e a fantasia como refúgio da realidade (Vieira), as relações abusivas e o trauma (Almeida), a ausência de lugar (Naffah Neto) e os emblemáticos estados depressivos (Almeida). O livro finaliza, pois, discutindo a questão do suicídio, por meio de uma leitura psicanalítica winnicottiana da vida de Virgínia Woolf, realizada, de forma brilhante, por Alexandre.

Cada capítulo, ao trazer a riqueza de um relato clínico, permite um acompanhamento generoso de como cada analista lidou com as nuances contratransferenciais diante da complexidade do caso em questão. As contribuições de cada autor são acompanhadas por uma discussão teórico-crítica aprofundada dos conceitos winnicottianos que fundamentaram o trabalho clínico realizado. O resultado é uma obra psicanalítica apresentada com notável propriedade, tanto no aspecto técnico quanto no rigor teórico.

A psicanálise dos casos difíceis envolve, como apresentado neste livro, um enfrentamento tanto teórico quanto clínico. O analista necessitará ser sensível às complexidades da problemática do analisando, para oferecer um manejo adequado das difíceis situações transferenciais. Ele manterá, assim, de modo rigoroso, a ética da clínica psicanalítica. Embora a clínica com esses casos exija um nível elevado de tolerância a intensas ansiedades e agonias vividas pelo analisando, ela também pode oferecer horizontes profundamente transformadores quando bem conduzida, como podemos testemunhar no trabalho realizado com os casos relatados ao longo dos capítulos do livro.

Diante disso, convido o leitor a explorar os textos apresentados nesta obra, seguro de que encontrará uma leitura instigante e inspiradora. Aqui, você estará em contato com reflexões que emergem diretamente da prática clínica de analistas experientes, comprometidos com a perspectiva ética essencial do método psicanalítico: uma investigação em constante devir.

Boa leitura!

Prof. Dr. Gilberto Safra

Professor Titular da Universidade de São Paulo (USP).
Psicanalista, mestre e doutor em Psicologia Clínica pela USP.
Autor de diversos artigos científicos e livros, dentre eles, A face estética do self: teoria e clínica *(Ideias & Letras; 2005).*

Introdução

Alexandre Patricio de Almeida
Alfredo Naffah Neto
Filipe Pereira Vieira

A "febre" winnicottiana

> *Prefiro ver a psicanálise paralisada por cinquenta anos a assistir a uma rápida expansão da psicoterapia nas mãos dos que não estudaram as vastas complexidades do assunto, nem a natureza humana que ali deve ser tratada.*
>
> (Winnicott, 1956/2021c, p. 522)

Estamos testemunhando, em nossa atualidade, uma verdadeira "febre" winnicottiana que se alastra pelas redes sociais de forma frenética e desenfreada. Em meio a posts e vídeos, muitos analistas se apressam em vestir a capa de Winnicott, como se invocar seu nome pudesse magicamente transformar qualquer incerteza clínica em uma intervenção segura. Contudo, essa autodenominação, em muitos casos, parece servir mais como um escudo diante da incerteza do que como um compromisso genuíno com os princípios complexos e profundos que caracterizam a obra de Winnicott.

É curioso – por assim dizer – como a teoria winnicottiana foi reduzida a uma série de práticas que mais parecem remendos de última hora do que intervenções cuidadosamente pensadas. Em vez de aprofundar-se nas emaranhadas tramas que compõem o tecido psíquico dos nossos pacientes, alguns de nós parecem contentar-se em jogar palavras como "holding" e "espaço potencial" ao vento, como se fossem feitiços que, por si só, pudessem resolver qualquer impasse clínico. Ironia das ironias, o nome de Winnicott, que representava um compromisso consistente com o sentido da natureza humana, agora serve de muleta para aqueles que, na verdade, não sabem bem o que estão fazendo.

Nesse sentido, a prática com casos difíceis, que deveria ser um campo de batalha cuidadosamente mapeado, tornou-se uma arena de improvisos onde qualquer gesto pode ser justificado como "inspirado em Winnicott". Mas sejamos honestos: a inspiração sem rigor é como construir um castelo de areia à beira do mar. A próxima onda, seja ela um paciente mais complexo ou uma crise na sala de análise (ou na sala de espera), derruba tudo, deixando-nos com a sensação de que, talvez, o nome de Winnicott esteja sendo usado em vão.[1]

A abordagem de Winnicott, assim como a de Ferenczi, foi resultado de uma investigação implicada, ética e inovadora, que buscava compreender as fraturas do psiquismo, especialmente em contextos em que o sofrimento psíquico atingia níveis primitivos e desorganizadores. Esses pioneiros se aventuraram por territórios até então pouco explorados, enfrentando as dificuldades e as incertezas que surgiam ao tratar pacientes cuja constituição psíquica estava fragilizada por falhas ambientais precoces. Eles não se limitaram a aplicar técnicas já estabelecidas; ao contrário, cada intervenção era fruto de uma análise

1 Esse nos parece ser o caso, por exemplo, de René Roussillon, que – a pretexto de fundamentar as suas criações teóricas em Winnicott – acaba "metendo os pés pelas mãos", citando o autor inglês de forma imprecisa e deformando o seu pensamento às custas de fazê-lo caber dentro do seu a qualquer preço. Ver, a esse respeito, "René Roussillon e D. W. Winnicott: encontros e desencontros nos interstícios da construção teórica" (Naffah Neto, 2023).

detalhada e de uma adaptação cautelosa da articulação teoria-técnica às necessidades específicas dos indivíduos.

No entanto, o que notamos hoje é uma tendência preocupante: muitos profissionais que nutrem certa afinidade com a psicanálise parecem mais inclinados a seguir fórmulas prontas do que a se engajar na reflexão crítica, nos moldes que Ferenczi e Winnicott nos ensinaram. Em vez de se debruçarem sobre as complexidades únicas de cada caso, muitos preferem abraçar uma espécie de "manual", em que a banalização conceitual é aplicada a torto e a direto. Ou seja, o que antes era uma abordagem inovadora pode, em mãos menos experientes ou comprometidas, tornar-se uma sequência de gestos automáticos, correndo o risco de perder de vista o que realmente importa: o paciente como um ser único, com sua própria história, dor e necessidades singulares.

Essa banalização da prática (e da técnica) psicanalítica, em que os conceitos são utilizados de maneira quase decorativa, enfraquece o legado tão bem consolidado pela "tradição" da nossa disciplina. O risco é que a psicanálise se torne uma prática mecânica ou esvaziada de sentido, em que se busca aplicar o "remédio certo" para o "problema certo", sem considerar as singularidades do paciente. Ou pior: em outros contextos, podemos nos deparar com um charlatanismo camuflado de boas intenções.

Seguindo nessa esteira, tal "febre" winnicottiana, com sua promessa de soluções fáceis, convida-nos a abandonar o rigor em troca de uma prática mais leve, que beira a imprudência. Mas a psicanálise, vale lembrar, não é um jogo de azar em que se aposta na sorte de acertar o diagnóstico ou a intervenção correta. Não, a psicanálise é uma arte e, como toda arte, requer técnica, dedicação e, acima de tudo, respeito pela complexidade do material com o qual trabalhamos. Simplificar os conceitos de Winnicott, aplicá-los de maneira indiscriminada, é como tentar replicar uma obra-prima com os olhos vendados.

Por isso, é sempre instrutivo revisitarmos o que Freud (1914/2012) considerava os pilares de sua teoria. Lembremos, pois, que um desses pilares é a metapsicologia, essa espécie de engrenagem oculta que tenta decifrar o funcionamento do psiquismo em sua totalidade. Dentro desse conjunto teórico, encontramos conceitos como o inconsciente, o recalque, o complexo de Édipo, as pulsões sexuais e os mecanismos de defesa. Alguns desses elementos estão mais próximos da prática clínica – como a resistência e a transferência – enquanto outros, como a ideia de pulsão, parecem operar em um plano mais abstrato (Mezan, 2021).

É evidente que uma das diferenças fundamentais entre a psicanálise e as terapias que se afastam dela é o uso – ou a rejeição – da metapsicologia freudiana para entender o processo terapêutico. Porém, a psicanálise não se resume à metapsicologia;[2] ela inclui também um método clínico que, no escrito "Contribuições à história do movimento psicanalítico", Freud (1914/2012) definiu por quatro elementos cruciais: o inconsciente, a interpretação, a resistência e a transferência. Tais pressupostos são indispensáveis para que possamos chamar um trabalho clínico de psicanálise. Se uma modalidade terapêutica não emprega esses quatro pilares, então, honestamente, não podemos chamá-la de psicanálise. Para esse vasto espectro de abordagens, a designação apropriada é psicoterapia.

---

2 Aliás, o próprio Winnicott mantinha uma certa reserva em relação à metapsicologia freudiana. Ao longo de suas obras, ele preferia fundamentar suas teorias na sólida base de sua experiência clínica, buscando alternativas às noções que considerava especulativas, como o controverso "instinto de morte" proposto por Freud. Para Winnicott, a metapsicologia era mais uma arquitetura de conceitos abstratos do que uma ferramenta prática para entender os fenômenos clínicos. Ele via esses conceitos como referências imprecisas, que ofereciam uma falsa sensação de compreensão. Em uma carta para Anna Freud, de 18 de março de 1954, escreve: "Estou tentando descobrir por que é que tenho uma suspeita tão profunda com esses termos [metapsicológicos]. Será que é por que eles podem fornecer uma aparência de compreensão onde tal compreensão não existe? Ou será que é por causa de algo dentro de mim? Pode ser, é claro, que sejam as duas coisas" (Winnicott, 2017, pp. 71-72).

No entanto, Winnicott nos apresenta a noção de "análise modificada",[3] e é aqui onde mora o perigo. Isto é, ao propor uma adaptação das técnicas psicanalíticas para atender às *necessidades* específicas de certos pacientes, o autor inglês abriu a porta para uma prática que, se não for manejada com extremo cuidado, pode facilmente deslizar para um terreno pantanoso onde a psicanálise se dilui, perdendo sua identidade. O conceito de "análise modificada" pode ser um bisturi afiado nas mãos de um cirurgião habilidoso, mas nas mãos de alguém menos preparado pode se tornar uma faca cega que rasga e distorce a essência do método analítico.

A modificação da técnica, que Winnicott defendia em casos de regressão ou de pacientes que não podiam ser tratados pelos métodos tradicionais, exige um entendimento minucioso dos fundamentos psicanalíticos que sustentam a sua *teoria do amadurecimento emocional*, e uma capacidade de julgamento clínico refinada. Com efeito, há uma linha tênue entre a modificação consciente da técnica e a diluição inconsciente do método. Quando nos afastamos dos pilares freudianos – o inconsciente, a interpretação, a resistência e a transferência – em nome de uma flexibilidade mal compreendida, corremos o risco de transformar a psicanálise em algo irreconhecível. E pior: ao abandonar esses princípios, podemos acabar oferecendo ao paciente algo que se parece com psicanálise, mas que na verdade carece da profundidade e da eficácia que essa experiência pode proporcionar.

A questão central, então, é: até que ponto podemos ajustar a técnica sem comprometer a integridade do processo analítico? Winnicott nos mostra que há momentos em que a adaptação é necessária, mas ele também nos adverte, ainda que de maneira sutil, sobre os perigos de se afastar demais dos fundamentos. Se não tivermos cuidado, a

---

3 Trataremos desse tema no decorrer de todo o livro; porém, já inicialmente no Capítulo 1, o leitor poderá ter um maior entendimento dessa ideia winnicottiana.

"análise modificada" pode se tornar um pretexto para justificar práticas que, no fundo, não são analíticas.

Logo, o verdadeiro desafio é manter a essência da psicanálise mesmo quando a técnica precisa ser ajustada. Isso requer uma formação sólida, uma compreensão essencial do que está em jogo e, sobretudo, uma vigilância constante para garantir que não estamos, inadvertidamente, esvaziando a psicanálise de seu conteúdo transformador. Porque, no final das contas, se a prática não é mais guiada pelos princípios que Freud estabeleceu, se não lidamos com o inconsciente, se não confrontamos as resistências, se não trabalhamos com a transferência e se não interpretamos, então o que estamos fazendo?

A resposta é simples: qualquer coisa, menos psicanálise.[4] E esse é o risco que subjaz à prática da "análise modificada" malconduzida – a possibilidade de nos afastarmos tanto da essência que, ao final, nos encontramos praticando algo completamente diferente; algo que, apesar de suas boas intenções, não honra o legado que Freud, Winnicott e tantos outros nos deixaram. Como psicanalistas, temos a responsabilidade de adaptar a técnica sem comprometer a integridade do processo analítico, garantindo que não se perca aquilo que faz da psicanálise uma prática única e profundamente eficaz.

---

4 Nesse sentido, é importante salientar que, mesmo quando se afasta de forma mais radical da técnica psicanalítica consagrada, Winnicott está sempre guiado por tudo o que conhece e pratica como psicanalista. Ou seja, quando diz que nem mesmo a análise modificada pode servir a certo paciente, e então é obrigado a fazer "alguma outra coisa", essa outra coisa é sempre algo que somente um psicanalista experiente é capaz de fazer, a partir do seu conhecimento e da sua prática.

Algumas notas iniciais sobre a clínica winnicottiana

nossa alma
não vai encontrar calma
nas nossas conquistas
na nossa aparência
nem no trabalho árduo
mesmo se ganhássemos
todo dinheiro do mundo
ainda sentiríamos falta de algo
nossa alma busca comunidade
nosso eu mais profundo busca um ao outro
precisamos viver em contato
para nos sentirmos vivos
(Kaur, 2020, p. 109)

É justamente para desfazer esses mal-entendidos que pensamos em escrever este livro. Buscamos, nas próximas páginas, não apenas esclarecer, mas também revisitar e aprofundar os conceitos que tantas vezes são mal interpretados ou superficialmente compreendidos no campo psicanalítico. Porém, avisamos de antemão que este livro não é uma defesa dogmática da teoria, nem uma tentativa de reverência acrítica ao passado. Ao contrário, é uma exploração crítica e cuidadosa dos alicerces da nossa disciplina; trata-se, pois, de uma tentativa de restabelecer o equilíbrio entre a teoria e a prática, entre o pensamento abstrato e a experiência concreta. Convidamos o leitor a nos acompanhar em um percurso no qual cada conceito será explorado à luz da prática clínica, seja pela descrição de casos reais, seja utilizando o registro de casos clássicos – como, por exemplo, fizemos nos capítulos sobre o Homem dos Lobos (Capítulo 1) e sobre a trajetória de Margaret Little (Capítulo 2). Além disso, o livro traz um capítulo dedicado à vida e ao doloroso suicídio de Virginia Woolf (Capítulo 12), ampliando a reflexão sobre como os conceitos psicanalíticos dialogam com experiências extremas da condição humana.

Nós, que navegamos pelas águas turvas da psicanálise, compreendemos bem que Winnicott nunca escolheu os caminhos mais fáceis. Pelo contrário, ele se lançou corajosamente nos mares profundos da psique, especialmente quando lidava com pacientes que desafiavam os *limites* da sanidade. Psicóticos, *borderline*, esquizoides – para ele, essas categorias iam além de simples rótulos; eram oportunidades vivas para revisitar a teoria e refinar as técnicas que compunham o dispositivo analítico da época.

Quando Freud delineou os pressupostos do tratamento analítico, sua visão era clara: criar um espaço e um tempo específicos em que o inconsciente pudesse ser trazido à luz, explorado e interpretado. As ferramentas para esse trabalho eram as associações livres, os sonhos e as transferências que emergiam das profundezas psíquicas dos pacientes. Freud acreditava que, com essas técnicas, era possível guiar o sujeito na trajetória de tornar o inconsciente consciente.

No entanto, Winnicott, sempre atento às nuances do desenvolvimento humano, percebeu que essa ferramenta, apesar de ser um tanto quanto inovadora, não alcançava todos os pacientes. Alguns, devido a falhas ambientais graves nos primeiros momentos da vida, não haviam conseguido se constituir como pessoas totais (*whole person*). Esses indivíduos, cujo amadurecimento psíquico foi interrompido, não podiam ser tratados apenas com as técnicas clássicas de interpretação. Para eles, era necessário algo diferente: uma regressão "controlada" – acompanhada de perto por um profissional – à fase de dependência absoluta ou relativa, em que o desenvolvimento poderia ser retomado.

É aqui que entra a concepção de Winnicott sobre o "manejo" (*management*) do *setting*. Ele compreendia que, para esses pacientes, o *setting* precisava ser mais flexível, mais adaptável. Era necessário estender a duração das sessões, suspender temporariamente as interpretações, e permitir que o analisando se movesse livremente pelo espaço, fosse para se sentar, andar ou simplesmente escolher não se deitar no divã. Em suma, o ambiente terapêutico precisava se moldar às necessidades regressivas do paciente, assim como uma mãe se adapta ao ritmo do seu bebê.

Winnicott traçou paralelos claros entre o trabalho do analista e os cuidados maternos. Para ele, o ser humano nasce com uma tendência inata ao amadurecimento, mas, para que esse processo se desenrole, é indispensável um ambiente facilitador. Nos primeiros estágios da vida, o bebê depende completamente do meio, pois encontra-se em um estado que o autor nomeou de "dependência absoluta". Se esse ambiente for suficientemente bom, o bebê pode progredir para a dependência relativa, integrando seu self, habitando seu próprio corpo, e começando a distinguir entre o eu e o não eu.

Entretanto, se o ambiente falhar – se a mãe (ou figura materna) não for suficientemente boa –, o amadurecimento do bebê é interrompido. As invasões precoces, que violam a continuidade do ser, levam à formação de defesas cindidas, como o falso self patológico. Esse falso self, criado para proteger o self verdadeiro das *agonias impensáveis*,[5] acaba substituindo o holding materno falho e assumindo uma

5 Agonias impensáveis referem-se a estados emocionais primitivos de intenso sofrimento, que ocorrem em momentos muito precoces do desenvolvimento infantil, antes da formação de um self coeso. São experiências de desintegração psíquica, aniquilação, ou fragmentação, que o indivíduo não consegue processar ou pensar, na medida em que constituem experiências destituídas de limites espaciais e temporais, portanto agonias vividas como *ilimitadas* e *infinitas*, já que o bebê, nessa fase da vida, ainda não alcançou uma integração no tempo e no espaço. Essas vivências são geralmente deflagadas por falhas no ambiente materno que deveriam ter sustentado o bebê durante as fases iniciais de sua vida emocional e não o fizeram. Winnicott (1963/1994) define esse conceito em seu trabalho "Medo do colapso (*breakdown*)", no qual descreve as agonias impensáveis como angústias que nunca foram verdadeiramente experienciadas porque, quando surgiram, o bebê

relação superficial com a realidade, resultando em uma submissão ao mundo externo e uma profunda sensação de futilidade – oriunda da perda de contato com o self verdadeiro.

Como mencionamos, Winnicott argumenta que, nesses casos, o processo analítico deve se concentrar no holding e na regressão, deixando de lado temporariamente as interpretações. As sessões podem ser caracterizadas por longos períodos de silêncio ou por explosões destrutivas, que se sucedem de maneiras imprevisíveis. O papel do analista, todavia – e isso merece ser muito bem destacado –, não é o de provocar a regressão, mas sim de criar um ambiente onde essa regressão possa ocorrer, se for necessário.

Esse trabalho exige do analista uma grande capacidade de autorreflexão, especialmente no que diz respeito às suas reações contratransferenciais. O narcisismo do analista, sua habilidade de tolerar sentimentos de inutilidade e incapacidade, são constantemente desafiados nesses momentos regressivos. Winnicott sabia que a tarefa de sustentar um paciente em regressão era uma das mais complicadas e exigentes no campo da psicanálise com casos difíceis; não à toa ele salienta: "Análise de esquizofrênicos. Coloco esta última em separado, pois creio que este é um trabalho a ser realizado *apenas por analistas experientes*" (Winnicott, 1948/2021b, p. 304, grifos nossos).

Com pacientes *borderline*, a tarefa de manter o holding pode ser uma verdadeira provação para o analista. É como caminhar sobre uma corda bamba, em que cada passo pode desencadear uma nova tempestade emocional. Esses sujeitos, frequentemente, desafiam os limites da relação analítica, lançando demandas que parecem impossíveis, desferindo ataques verbais que ferem como lâminas, envolvendo

foi obrigado a criar defesas psicóticas para evitá-las. Essas agonias permanecem dissociadas e sem registro psíquico, assombrando o indivíduo e influenciando seu funcionamento emocional, até que possam ser elaboradas dentro de um ambiente terapêutico seguro.

o analista em uma rede de sarcasmos e ironias que testam a sua paciência até o limite; ou interrompendo o processo de maneira totalmente brusca e inesperada. Nessas horas, é difícil não sentir o desejo de abandonar o holding, de interromper a análise e simplesmente escapar.

Mas o que o paciente realmente precisa, por mais paradoxal que possa parecer, é causar dor no analista – ele precisa ver que pode ferir, que pode provocar sofrimento; e, ao mesmo tempo, ele precisa saber que, apesar de tudo, o analista não vai abandoná-lo. Nas palavras de Winnicott (1947/2021a), o analista deve *sobreviver*, resistindo à tentação de revidar ou de se defender. Esta é a prova definitiva de que o analista pode ser usado como um objeto da realidade, um ser humano que, embora vulnerável, não desmorona diante dos ataques.

Em geral, essas erupções destrutivas são desencadeadas por uma falha do analista, um pequeno deslize que, nas mãos do paciente, transforma-se em uma catástrofe. Parece quase como se essa falha estivesse apenas aguardando o momento certo para ser expressa, descongelando uma antiga situação traumática que enfim encontra sua voz. Quando o analista consegue sobreviver a esse teste, sem romper a relação ou a análise, o processo de amadurecimento pode ser retomado. O analisando, ao ver que o analista permanece firme, ganha a confiança necessária para continuar apostando nesse laço.

No entanto, é crucial que o analista compreenda que o silêncio do paciente, em especial durante a transição de retraimento para regressão, não é necessariamente um ataque, uma resistência, ou uma oposição ao trabalho analítico. Interpretar mal esse silêncio pode ser desastroso, podendo levar ao fracasso da análise ou impedir que o analisando regresse à tão custosa dependência – um estágio necessário para a cura.

É importante lembrar que empatia e calor humano, embora essenciais, nem sempre são suficientes para manter o holding. E isso não deve, em hipótese alguma, ser confundido com excesso de permissividade ou indulgência. Sustentar o holding exige do analista uma firmeza delicada, um equilíbrio entre acolher o paciente e sustentar os limites que estruturam a dinâmica da transferência (seja ela uma psicose, seja ela uma neurose). Os pacientes, em especial aqueles em estados regressivos, testam constantemente esses limites, buscando garantir que o analista seja capaz de suportar suas demandas, seus sofrimentos e, paradoxalmente, suas necessidades de destruir o vínculo.

A análise tem, assim, um ritmo próprio. Tal abordagem em relação ao tempo – não se restringindo a uma dimensão cronológica – permite que o "espaço potencial", conceito fundamental na obra de Winnicott, emerja ao longo do tempo como o campo essencial para o trabalho analítico. Afinal, é indispensável que a possibilidade de brincar esteja presente na relação entre o analista e o paciente. E, quando ela não está presente – como geralmente acontece com pacientes *borderline* ou esquizoides –, é imperativo que ela seja construída ao longo do processo analítico. Sem o estabelecimento desse espaço potencial, qualquer tentativa de interpretação ou intervenção será, no máximo, doutrinária, forçando o analisando a se submeter à teoria do analista em vez de explorar suas próprias necessidades e processos internos.

A transferência, dentro dessa perspectiva, é vista como uma forma de brincar. O paciente procura o analista, e o analista se deixa encontrar, não como uma figura autoritária, mas como alguém que está disponível para ser utilizado de acordo com as necessidades do paciente. Esse processo inclui a possibilidade de o analista ser "destruído" como objeto subjetivo durante a análise; um momento crucial que deve ser entendido e aceito como parte do amadurecimento do sujeito. O analista, ao se colocar no lugar desse objeto subjetivo, demonstra sua capacidade de participar do jogo psíquico e de existir dentro do espaço potencial ou do mundo subjetivo do paciente (quando o espaço potencial não se encontra ainda constituído).

É importante destacar que a criação do objeto subjetivo na análise reflete um movimento análogo ao da criança quando ela "cria" sua mãe que está lá para ser encontrada – aí surge o fenômeno de ilusão. Esse gesto nasce da necessidade do paciente de existir, de ser. Portanto, desde o primeiro contato, o analista deve reconhecer a busca do paciente e compreender suas necessidades, a fim de possibilitar que ele construa a situação clínica de acordo com suas demandas e em seu próprio tempo.

Dito de outro modo: o analisando expressa sua questão existencial de diversas maneiras: na fala, no modo como se veste, na organização de sua vida cotidiana etc. Cada aspecto de sua queixa revela sua criatividade (ou a ausência dela) e os meios pelos quais ele tenta colocar em marcha o seu self. É a partir dessa observação que o enquadre é estabelecido e o processo analítico é conduzido, criando as condições necessárias para que um gesto inovador, que inaugure uma nova possibilidade de existência, possa surgir.

Para que isso aconteça, é crucial que a interpretação do analista não se concentre em decifrar verdades ocultas ou desejos reprimidos. Em vez disso, a intervenção deve promover a ação constitutiva do self. Não se trata de revelar algo supostamente escondido, mas de focar na continuidade de ser do paciente no mundo. A criatividade humana se manifesta por meio do gesto espontâneo, e é isso que Winnicott buscava sustentar; pois não há fazer antes de ser, ele nos alerta.

Nesses termos, o espaço analítico cria o contexto para que esse encontro, em essência, ocorra. Para que o acontecer humano se manifeste, sendo o lugar onde a ação constitutiva do self pode surgir. Esses princípios são essenciais para que diferentes níveis de integração se estabeleçam, incluindo os diversos sentidos de realidade, a distinção entre o público e o privado, a inserção do indivíduo no mundo, a desconstrução e reconstrução de seu entorno e a descoberta de sua originalidade no contexto social.

Dicas de como ler este livro

Este livro é o resultado de um trabalho em conjunto, escrito a seis mãos por autores que compartilham uma profunda afinidade com as ideias de Winnicott. Cada um de nós, em algum momento, teve sua prática clínica transformada pelo contato com o legado winnicottiano, e essa influência se reflete em cada capítulo que compõe esta obra.

Sabemos que, ao longo da leitura, algumas repetições teóricas poderão surgir. Pedimos desculpas por isso, mas acreditamos que certas noções fundamentais precisam ser reiteradas para que o leitor possa compreender plenamente os casos clínicos apresentados. É essencial que esses conceitos sejam devidamente enunciados, pois formam a base a partir da qual nossa prática se desenvolve e nossas interpretações ganham forma.

Os capítulos foram organizados de maneira a permitir uma leitura flexível. Você pode optar por seguir a sequência em que foram dispostos ou explorá-los de forma avulsa, conforme seu interesse. Os textos reunidos aqui são concebidos como uma unidade autônoma, oferecendo tanto um aprofundamento teórico quanto uma amostra da prática clínica, tendo por base os conceitos winnicottianos. Mas, o livro não se trata de um manual. Longe disso, nosso objetivo não consiste em oferecer fórmulas prontas ou receitas de intervenção. Este livro tem como intuito suscitar um debate fecundo, um espaço onde as ideias de Winnicott são revisitadas e *experienciadas* (Naffah Neto, 2023; Almeida, 2023), de forma viva e dinâmica.

Esperamos, por fim, que esta obra seja mais do que uma simples leitura; que ela se torne uma ferramenta de reflexão, um convite ao diálogo e, acima de tudo, uma oportunidade de reencontrar a verdadeira essência da psicanálise winnicottiana – com ética e rigor. Porque, no fim das contas, é isso que nos move: a busca incessante por uma compreensão mais implicada do ser humano; um entendimento que se constrói, dia após dia, na prática clínica, no encontro entre analista e paciente, em que cada sessão é um universo em si, rico em significados e possibilidades.

Referências

Almeida, A. P. (2023). *Por uma ética do cuidado: Winnicott para educadores e psicanalistas* (Vol. 2). Blucher.

Freud, S. (2012). Contribuições à história do movimento psicanalítico. In S. Freud, *Obras completas* (Vol. 11). Companhia das Letras. (Texto original publicado em 1914).

Kaur, R. (2020). *Meu corpo minha casa.* Planeta.

Mezan, R. (2021). *Tempo de muda: ensaios de psicanálise.* Blucher.

Naffah Neto, A. (2023). *Veredas psicanalíticas: à sombra de Winnicott.* Blucher.

Winnicott, D. W. (1994). O medo do colapso (*breakdown*). In D. W. Winnicott, *Explorações psicanalíticas.* Artmed. (Texto original publicado em 1963).

Winnicott, D. W. (2017). *O gesto espontâneo.* Martins Fontes.

Winnicott, D. W. (2021a). O ódio na contratransferência. In D. W. Winnicott, *Da pediatria à psicanálise.* Ubu. (Texto original publicado em 1947).

Winnicott, D. W. (2021b). Pediatria e psiquiatria. In D. W. Winnicott, *Da pediatria à psicanálise.* Ubu. (Texto original publicado em 1948).

Winnicott, D. W. (2021c). Pediatria e neurose na infância. In D. W. Winnicott, *Da pediatria à psicanálise.* Ubu. (Texto original publicado em 1956).

1. Defesas psicóticas em cena: uma leitura winnicottiana do "Homem dos Lobos"

Alexandre Patricio de Almeida
Alfredo Naffah Neto

Uma breve apresentação do caso

Sergei Pankejeff, nascido em 1886, em uma família aristocrática russa, cresceu em um ambiente densamente marcado por complexidades emocionais. Sua mãe, uma figura distante e depressiva, influenciou significativamente o clima emocional da casa, enquanto seu pai, também propenso à depressão, acabou por se suicidar quando Sergei ainda era jovem. A perda de uma irmã mais velha e de um irmão, ambos de forma prematura, acentuou ainda mais o ambiente de tristeza e instabilidade que cercava a infância de Sergei. Esse conjunto de tragédias familiares deixou marcas profundas em seu desenvolvimento emocional, contribuindo para a formação de um psiquismo frágil e vulnerável.

À medida que Sergei avançava para a adolescência, começou a manifestar sintomas de depressão severa e ansiedades debilitantes, que afetaram de modo drástico sua qualidade de vida. Em busca de tratamento, ele foi enviado para a Europa, onde passou por diversos médicos antes de chegar ao consultório de Sigmund Freud em Viena, em 1910. Foi com Freud que a análise mais detalhada de sua condição começou, focando especialmente um sonho recorrente que Sergei teve aos 4 anos de idade. Nesse sonho, ele via 6 ou 7 lobos brancos sentados em uma árvore, todos olhando fixamente para ele.

> *Sonhei que era noite e que eu estava deitado na cama. (Meu leito tem o pé da cama voltado para a janela: em frente da janela havia uma fileira de velhas nogueiras. Sei que era inverno quando tive o sonho, e de noite). De repente, a janela abriu-se sozinha e fiquei aterrorizado ao ver que alguns lobos brancos estavam sentados na grande nogueira em frente da janela. Havia seis ou sete deles. Os lobos eram muito brancos e pareciam-se mais com raposas ou cães pastores, pois tinham caudas grandes, como as raposas, e orelhas empinadas, como cães quando prestam atenção a algo. Com grande terror, evidentemente de ser comido pelos lobos, gritei e acordei. (Freud, 1918[1914]/2010, p. 41)*

Na intenção de facilitar o entendimento dos leitores, compartilhamos na Figura 1 uma imagem do sonho, feita pelo próprio paciente.

Figura 1 O Sonho dos Lobos.

Fonte: Freud (1918[1914]/2010, p. 42).

Freud interpretou o sonho como uma manifestação simbólica de um trauma sexual precoce. Por meio da técnica de associação livre, o mestre de Viena insinuou que o sonho dos lobos estava relacionado a uma experiência infantil traumática: a cena primária, ou seja, a observação da relação sexual dos pais.[1]

Freud teorizou que Sergei, com cerca de 1 ano e meio – quando estava com malária e dormindo no quarto dos pais –, teria testemunhado essa cena em uma posição de dorso, o que contribuiu para um complexo de castração reprimido e uma neurose infantil grave, quando reinterpretou retroativamente a cena, por ocasião da elaboração do complexo de Édipo, já tendo uma sexualidade infantil suficientemente estruturada para entender o significado da cena. Além disso, Freud argumentou que essa experiência foi reprimida devido ao choque e à impossibilidade de o jovem Sergei compreendê-la plenamente por ocasião da visão. No entanto, o conteúdo reprimido retornou de maneira distorcida, na forma do sonho dos lobos, associado ao medo intenso da castração. Segundo Freud, a partir de uma associação do paciente com uma história contada pelo avô, na qual um lobo tem a sua cauda arrancada; o sonho testemunhava, portanto, o temor da perda do órgão sexual.

Freud observou em Sergei uma forte fixação em impulsos anais, algo que se manifestava de maneira clara por meio de seus sintomas

1 Segundo a teoria instintual (pulsional) de Freud (1915), o trauma é compreendido como uma experiência que provoca um excesso de excitação psíquica, ultrapassando a capacidade do indivíduo de processar e perlaborar essa estimulação de maneira adequada. Esse excesso resulta em uma ruptura na economia libidinal, levando à formação de sintomas neuróticos como uma tentativa de manejar a energia instintual não elaborada. No caso do Homem dos Lobos, Freud interpretou o trauma central como a observação inadvertida da "cena primária" – o intercurso sexual entre os pais – ocorrido na tenra idade. Essa experiência teria gerado uma estimulação sexual intensa e precoce que o aparelho psíquico imaturo de Sergei não pôde assimilar, levando à repressão desse conteúdo e, posteriormente, à emergência de sintomas neuróticos complexos.

obsessivos e sua relação problemática com a figura paterna. Essa fixação foi identificada como uma característica central da fase sádico-anal do desenvolvimento psicossexual de Sergei, na qual o prazer e a tensão emocional estão intimamente ligados às funções corporais de retenção e expulsão. Inclusive porque Freud, tentando reconstruir a cena da visão do coito dos pais, acredita que Sergei, ao ver a cena, sob forte tensão, evacuou.

A relação conflituosa com o pai, segundo Freud, exacerbava esses impulsos, contribuindo para a formação de sua neurose obsessiva. Essa dinâmica subjacente evidenciava como as dificuldades na resolução do complexo de Édipo e as fixações em estágios anteriores do desenvolvimento psicossexual podiam moldar as neuroses na vida adulta.

Não obstante, Freud conectou esses impulsos anais e a relação conflituosa de Sergei com o pai ao quadro depressivo do paciente. *Grosso modo*, ele constatou que a depressão de Sergei tinha suas raízes em um complexo de Édipo não resolvido, em que a rivalidade e a ambivalência em relação ao pai nunca foram devidamente superadas. Essa situação levou Sergei a internalizar de forma agressiva os sentimentos de hostilidade que ele nutria contra a figura paterna, direcionando-os contra si mesmo. Tal internalização agressiva, segundo Freud, contribuiu de modo significativo para o desenvolvimento de uma depressão crônica, além de intensificar o quadro de neurose obsessiva.

Um dos aspectos cruciais do tratamento de Sergei foi a *interpretação da transferência*, um conceito central na psicanálise freudiana. Freud observou que o paciente, ao longo do tratamento, começou a transferir suas emoções e conflitos internos originalmente relacionados aos seus pais para a figura do analista. Esse mecanismo permitiu que o mestre de Viena pudesse trabalhar de forma direta com as fantasias inconscientes e os desejos reprimidos de Sergei, que estavam no cerne de sua neurose.

Apesar da complexidade e dos desafios apresentados durante o processo de análise, Freud avaliou o caso do Homem dos Lobos como um sucesso parcial. Ele acreditava ter desvendado os elementos essenciais que sustentavam a neurose de Sergei, especialmente aqueles relacionados à sua infância e ao desenvolvimento de sua sexualidade. Contudo, é importante destacar que, mesmo após a análise, Sergei continuou a sofrer de depressão e de outros sintomas ao longo de sua vida. Essa continuidade dos sintomas levantou questões críticas sobre a eficácia da psicanálise em tratar neuroses graves e gerou debates sobre a precisão da interpretação freudiana das memórias infantis reprimidas.

Ainda assim, Freud utilizou essa publicação para desenvolver e ilustrar várias teorias psicanalíticas fundamentais, incluindo a teoria da cena primária, o complexo de castração, o complexo de Édipo, a etiologia da neurose obsessiva e a importância das fases do desenvolvimento psicossexual.

Algumas considerações sobre a técnica freudiana

A despeito de todo o rigor analítico e da profundidade com que Freud abordou o caso do Homem dos Lobos, há críticas significativas que sugerem que ele se apressou em suas interpretações e cometeu erros ao impor um prazo rígido para o término do tratamento. A complexidade da neurose de Sergei Pankejeff exigia um tempo e uma delicadeza que talvez Freud, na pressa de concluir sua análise ou de comprovar as suas hipóteses teóricas, não tenha respeitado plenamente.

Embora o próprio Freud tenha reconhecido aspectos psicóticos na personalidade do seu paciente, ele optou por concentrar o diagnóstico principalmente na neurose. Acontece que ele via o caso de Sergei como uma oportunidade ímpar para elucidar suas teorias sobre o desenvolvimento psicossexual, o complexo de Édipo e a repressão, conectando diretamente essas ideias ao surgimento das neuroses.

Após três anos de análise, o mestre de Viena percebeu que o tratamento havia estagnado devido à resistência de Sergei na transferência. Preocupado com o tempo e buscando romper esse impasse, ele decidiu adotar uma estratégia inédita: estabelecer um prazo-limite para o término da análise; tal gesto caracterizou a aplicação da *técnica ativa* por Freud. Vejamos:

> *O paciente de que me ocupo permaneceu muito tempo entrincheirado, inatacável, detrás de uma postura de dócil indiferença. Ele escutava, entendia, e não permitia que nada se aproximasse. Sua impecável inteligência estava como que desconectada das forças instintivas que dominavam seu comportamento, nas poucas relações que lhe restavam na vida.... Para vencê-lo, houve apenas um caminho. Tive de esperar até que a ligação à minha pessoa se tornasse forte o bastante para contrabalançá-lo, e então joguei este fator contra o outro. Determinei, não sem me orientar por bons indícios de oportunidade, que o tratamento tinha que findar num determinado prazo, não importando até onde tivesse chegado; prazo este que eu estava decidido a cumprir. (Freud, 1918[1914]/2010, pp. 18-19)*

Kupermann (2019) propõe uma analogia para referir-se ao estado psíquico de Sergei, "uma espécie de analisando teflon" (p. 28). Ou seja: o paciente se mantinha inerte às interpretações de Freud e se mostrava dócil e apático, incapaz de qualquer hostilidade na transferência. "Com efeito, a descrição de Freud nos permite pensar em uma verdadeira *anestesia afetiva* decorrente de uma 'inteligência desconectada' do campo pulsional" (Kupermann, 2019, p. 28, grifo do autor).

O resultado da imposição de um prazo para o término do tratamento do paciente teria feito, aos olhos de Freud, a resistência e a fixação relacionadas ao estado de adoecimento cederem e "num período relativamente curto a análise forneceu todo o material que possibilitou o levantamento das inibições e a eliminação dos sintomas" (Freud, 1918[1914]/2010, p. 19).

Na prática, não foi bem assim que as coisas aconteceram, pois, em 1926, após alguns anos da interrupção de sua análise, Sergei foi acometido por uma crise de paranoia grave. Ele voltou a se consultar com Freud, que o encaminhou, então, a Ruth Mack Brunswick, uma psicanalista de origem americana que também era paciente do mestre de Viena. Essa última análise durou cinco meses e terminou em fevereiro de 1927 (Quinodoz, 2007).

Embora o caso tenha sido publicado em 1918, é importante lembrar que Sergei consultou Freud pela primeira vez em janeiro de 1910. A análise foi concluída em julho de 1914, uma data previamente estipulada. No entanto, a Revolução Bolchevique, iniciada em março de 1917, devastou completamente a família de Sergei, forçando-o a fugir da Rússia com sua esposa e se estabelecer em Viena, onde viveu com dificuldades financeiras até o fim de sua vida.

Deprimido, sem dinheiro e sem trabalho, Sergei foi sustentado por Freud e seus colegas vienenses – um gesto que poderia ser interpretado como uma tentativa inconsciente de reparação, tendo em vista que a análise não trouxe os resultados esperados. Com o tempo, o Homem dos Lobos conseguiu um emprego modesto em uma empresa de seguros, mas em 1926 sofreu uma crise psicótica, momento em que passou a ser tratado pela dra. Brunswick, como mencionei. Esses acontecimentos fizeram Freud reconsiderar o uso da *técnica ativa* e, sem dúvidas, podemos afirmar que o caso se tornou uma grande pedra no sapato de Freud, pois, em 1923, o autor acrescenta uma nota ao fim do texto original, dizendo:

> *Eu lhe dei alta, curado, a meu ver, poucas semanas antes da irrupção da Guerra Mundial, e só o vi novamente*

> *quando, com as vicissitudes da guerra, as Potências Centrais tiveram acesso à Rússia meridional. Ele veio então a Viena, e contou que imediatamente após o fim do tratamento foi tomado do empenho de se livrar da influência do médico. Em alguns meses ele dominou uma parcela da transferência ainda não superada; desde então o paciente . . . sentiu-se normal e comportou-se impecavelmente. (Freud, 1918[1914]/2010, p. 160)*

Ao ler esse trecho, é difícil não sentir que Freud, em várias passagens, parece empenhado em justificar e persuadir o público sobre o "sucesso" do tratamento. No entanto, a sombra de Sergei Pankejeff continuava a assombrá-lo. Anos após a publicação do caso, em 1937, Freud retornou ao tema no primeiro capítulo de seu artigo "Análise terminável e interminável", no qual escreveu:

> *Depois utilizei o estabelecimento de um prazo também em outros casos e levei em conta as experiências de outros analistas. O juízo sobre o valor dessa "chantagem" não pode ser outro: ela é eficaz, desde que escolha o momento certo para adotá-la. Mas ela não pode garantir a completa realização da tarefa. . . . E não se pode fornecer uma regra geral quanto ao momento certo de aplicar esse poderoso recurso técnico; termina por ser uma questão de tato. Uma decisão errada não poderá ser remediada. Vale o dito de que o leão salta apenas uma vez. (Freud, 1937/2018, pp. 278-279)*

Discussões sobre o diagnóstico

Embora o foco aqui não seja detalhar todos os diagnósticos posteriores, vale mencionar alguns desenvolvimentos importantes. Brunswick, a primeira a receber o caso das mãos de Freud, diagnosticou

Sergei como um caso de paranoia hipocondríaca, caracterizada por delírios de mutilação, típicos das afecções psicóticas. Ela concluiu que a megalomania de Sergei funcionava como um escudo, protegendo-o de uma situação persecutória que logo emergiu: "o delírio hipocondríaco oculta as ideias de perseguição e lhe proporciona uma forma adequada ao conteúdo de toda a enfermidade" (Tironi, 2014, p. 61).

Curiosamente, Sergei parece ter se recuperado de forma repentina, sem deixar rastros visíveis de psicose ou tendências paranoides. No entanto, ele voltou à análise com Brunswick dois anos depois, após o término conturbado de uma relação amorosa. Esse retorno à análise se estendeu por vários anos, embora de maneira irregular (Tironi, 2014).

Muriel Gardiner foi a terceira analista do Homem dos Lobos, tratando-o entre 1938-1949 e, posteriormente, em 1956. Gardiner, citada por Tironi (2014), destacou que, após o suicídio de sua esposa em 1938, "Sergei não conseguia falar de outra coisa senão de si mesmo, da morte da mulher e da crueldade do destino" (p. 62). Episódios depressivos passaram a ocorrer com frequência, a cada 2 a 4 anos, sempre relacionados a perdas reais ou outras desesperanças, o que gerava dúvidas obsessivas, sentimentos de culpa, autoacusações e uma sensação constante de fracasso, o que nos faz pensar em sintomas melancólicos.

Gardiner, como menciona Tironi (2014), observou que "os períodos de depressão, de dúvida, de vacilação, de ambivalência, de sentimento de culpa e de fortes necessidades narcísicas eram manifestações do defeito que a neurose obsessiva deixou após a recuperação do paciente" (p. 63). Esses sintomas se amenizaram e se transformaram, mas *nunca desapareceram* por completo. Assim, as formulações de Gardiner reforçam o diagnóstico original de Freud de neurose obsessiva.

No campo das releituras, psicanalistas renomados como Jacques Lacan e Jacques-Alain Miller trouxeram novas perspectivas. Coube a Miller (2009) o diagnóstico do caso como o de uma "psicose ordinária", o que nos parece revelar uma compreensão mais correta dos tipos de defesa implicados aí.

Daniel Goleman, no *New York Times*, escreveu o seguinte:

> *A intervenção chave de Freud com o Homem dos Lobos baseou-se num pesadelo no qual ele estava deitado na cama e viu alguns lobos brancos sentados numa árvore em frente a uma janela aberta. Freud deduziu que o sonho simbolizava um trauma: que o Homem dos Lobos, enquanto criança, tinha presenciado os seus pais a terem relações sexuais. A versão de Freud do suposto trauma foi, contudo, contradita pelo próprio Homem dos Lobos, Sergei Pankejeff, numa entrevista com Karin Obholzer, uma jornalista que o localizou em Viena nos anos 70. O Sr. Pankejeff via a interpretação de Freud do seu sonho como "terrivelmente rebuscada". O Sr. Pankejeff disse: "Tudo aquilo é improvável", uma vez que nas famílias do seu meio as crianças pequenas dormiam no quarto da ama, e não com os seus pais. O Sr. Pankejeff disputou também a alegação de Freud de que tinha sido curado, e disse que se ressentia de ser "propaganda" e "peça de mostruário para a psicanálise". O Sr. Pankejeff disse: "Essa era a teoria, de que Freud me tinha curado a 100%". Contudo, "é tudo falso". (Goleman, 1990, tradução minha)*

Longe de adentrar nessas polêmicas, a seguir, esboçamos uma hipótese diagnóstica e uma possível alternativa de tratamento, partindo do referencial winnicottiano.

Uma hipótese winnicottiana

Sob a perspectiva de Winnicott, a hipótese diagnóstica para o caso de Sergei Pankejeff, o "Homem dos Lobos", com base na teoria do amadurecimento, pode ser descrita, a nosso ver, a partir da constituição de defesas psicóticas, num período mais tardio, em função de uma estrutura de personalidade extremamente frágil e incapaz de dar conta das pressões instintuais.[2] Deixamos de lado, então, qualquer tentativa forçada de referendar Freud no seu diagnóstico de neurose obsessiva. Winnicott, diferentemente de Freud e de seus sucessores, enfatizava a importância do ambiente na formação do self e o papel da mãe ou da figura cuidadora em oferecer uma base suficientemente boa para o desenvolvimento emocional saudável.

Se analisarmos o caso de Sergei por meio dessa ótica, o enfoque não ficaria limitado aos eventos traumáticos específicos relacionados à fantasia da cena primária ou às dificuldades relacionadas ao complexo de castração, mas se estenderia à falha do ambiente em proporcionar um espaço seguro e acolhedor durante os estágios iniciais de sua vida. Winnicott poderia sugerir que Sergei desenvolveu um *falso self patológico cindido*[3] como uma defesa contra pressões instintuais,

---

2 Comumente, Winnicott descreve a formação de defesas psicóticas nos períodos de dependência absoluta (ou relativa), portanto em fases primitivas. Mas ele também nos diz que uma estrutura frágil de personalidade, sob forte pressão instintual, pode constituir essas defesas posteriormente, até mesmo por ocasião da elaboração do complexo de Édipo. Ele também nos diz que esse último tipo de psicose está mais perto das neuroses (Winnicott, 1959/1990, p. 131). Esse é um dos fatores que pode ter levado Freud a considerar a patologia de Sergei como um caso de neurose obsessiva.

3 Vale lembrar que, em seu livro *Natureza humana*, Winnicott (1988/2024) diferencia cisão de dissociação. Vejamos: "Gradualmente, à medida que o desenvolvimento transcorre, o indivíduo pode absorver a cisão que existe na personalidade, e nesse caso o estado de divisão é chamado de dissociação. Quando alcança o status de unidade e a posição depressiva, o indivíduo adquire a capacidade de dramatizar o caos, a cisão e a dissociação no mundo interno pessoal, incorporando os complexos resultados das experiências instintivas pessoais a essas dramatizações. A desintegração, depois que o indivíduo atingiu o status de unidade, consiste em um desfazer organizado da integração, produzido e mantido em razão de ansiedades intoleráveis na vivência da totalidade. A cisão relativa à desintegração ocorre ao longo das linhas de clivagem na estrutura do mundo interno, ou de alguma

em função de uma estrutura de personalidade extremamente frágil e incapaz de se manter diante do peso desses impulsos. Esse falso self teria servido para proteger o núcleo verdadeiro de seu ser, mas ao custo de uma alienação profunda e de uma incapacidade de se sentir plenamente vivo e integrado.

A presença de sintomas obsessivos, depressivos e paranoides, ao longo da vida de Sergei, pode indicar que distúrbios profundos ocorreram por ocasião do estágio da concernência, quando o bebê necessita se apropriar dos seus impulsos agressivo-destrutivos, por meio do que Winnicott descreveu como "ciclo benigno" – ou seja, fantasia de destruição do corpo materno (por conta do sadismo oral), formação de sentimentos de culpa, seguidos de atos reparatórios. Nessa ocasião, é fundamental a sustentação materna do processo ao longo do tempo, bem como uma estrutura de personalidade bem formada nos estágios anteriores. Tudo indica que nenhuma das duas condições foi possível para Sergei, pois uma mãe depressiva não tem condições de sustentar tal processo e a formação dos sintomas psicóticos, que se deu, indica que a sua personalidade deveria ter uma constituição bastante frágil nessa ocasião.

O que aconteceu, então? A fragilidade da estrutura da personalidade não conseguiu suportar a pressão dos impulsos agressivo-destrutivos e muito menos a sua fusão com os impulsos eróticos, capaz de gerar no bebê saudável a possibilidade de sustentar a ambivalência afetiva, necessária à elaboração do complexo de Édipo. Nesse caso, a impossibilidade de sustentar a agressividade/destrutividade pode produzir sintomas depressivos – por meio da repressão dos instintos, gerando um baixo tônus vital – bem como sintomas paranoides – por meio da projeção dos impulsos ameaçadores, que retornam,

clivagem percebida no mundo externo. Dissociação é um termo que descreve uma condição da personalidade relativamente bem desenvolvida, na qual há uma excessiva falta de comunicação entre os diversos elementos" (pp. 195-196).

então, como paranoia – ou mesmo sintomas obsessivos. Os sintomas obsessivos se formam por meio de uma tentativa frustrada, da consciência, de colocar ordem no mundo exterior, dissociada do caos que reina no mundo interno e que tem de ser mantido inconscientemente para disfarçar a dominância dos impulsos agressivo-destrutivos, que ameaçam o self. Logo, a compulsão pela ordenação do mundo exterior surge como uma espécie de compensação pelo caos interno, que tem de ser mantido a qualquer custo.[4]

Quando esses mecanismos de defesa atingem o seu ápice e mesmo assim não conseguem se sustentar – devido à fragilidade da constituição egoica –, surge a possibilidade do colapso total e, então, a única possibilidade são as defesas psicóticas, ou seja, a formação de um falso self patológico, que se cinde do restante da personalidade e forma uma espécie de escudo protetor. Grande parte das vezes, é a função intelectual que se hipertrofia e se cinde (*split-off intellect*) para formar esse falso self protetor.

Mas, para entendermos por que Sergei tinha uma estrutura frágil de personalidade, precisamos falar um pouco sobre como se dá o amadurecimento saudável.

Para Winnicott (1945), no início da vida, o bebê humano está em um estado de total dependência do ambiente (dependência absoluta). Nesse estágio, sem a capacidade de satisfazer suas necessidades físicas sozinho, o bebê precisa absolutamente do outro para sobreviver. Para que ele viva, é crucial que exista uma mãe, ou um ambiente cuidador, que atenda suas necessidades básicas no momento certo. Nesse contexto, o bebê vivencia uma série de sensações corporais dispersas e não conectadas, que vão, aos poucos, estabelecendo uma base para a integração, bem como a diferenciação entre prazer e desprazer, formadora da sexualidade infantil. Cito o nosso autor:

4 Ver, nesse sentido, Naffah Neto (2023, parte 2 do capítulo 8).

> *A tendência a integrar-se é ajudada por dois conjuntos de experiências: a técnica de cuidados do bebê pela qual o bebê é mantido aquecido, manuseado e banhado e ninado e chamado pelo nome, e também as agudas experiências instintivas que tendem a aglutinar a personalidade a partir de dentro. (Winnicott, 1945/2021a, p. 289)*

Winnicott acreditava que é a repetição dessas experiências que permite ao bebê começar a se integrar. Esse processo ocorre em dois níveis: no corpo, onde as sensações começam a se conectar, dando forma a uma noção de contorno corporal; e na psique, onde essas experiências são carregadas de significados emocionais por meio dos cuidados maternos – o que ele chamou de *elaboração imaginativa das funções corporais*. Assim, a psique começa a se enraizar no corpo, formando os primeiros traços dessa ligação psicossomática que deve nos acompanhar ao longo da vida. É essa trama que sustenta a nossa sensação de existência contínua, como se o corpo se tornasse o lar para o nosso ser.

Contudo, como nos adverte o autor, essa integração pode sofrer instabilidades, criando tensões que podem levar a rupturas. Para Winnicott (1988/2024), tais rupturas representam um adoecimento profundo, que pode manifestar-se tanto no corpo quanto na psique, podendo levar a uma dissociação entre ambos ou nem mesmo produzir a constituição de uma unidade psicossomática funcional. No caso de Sergei, acreditamos que a formação de defesas psicóticas já em um estágio de alguma integração egoica possa ter levado a uma dissociação psicossomática.

Ainda no que diz respeito às hipóteses de condução do caso, pensamos que Winnicott certamente teria dado atenção à capacidade de regressão como um meio essencial de Sergei reparar suas feridas emocionais. No entanto, ele também teria advertido contra uma prática que simplesmente reforçasse o falso self cindido ou que buscasse apressar o processo de cura. Para o autor inglês, a essência do trabalho analítico residiria em criar um espaço onde Sergei pudesse *experimentar*, dentro da análise, uma relação suficientemente boa. Essa relação, possivelmente, permitiria a expressão de suas necessidades mais profundas, facilitando o desenvolvimento de um verdadeiro self – uma parte de sua identidade capaz de viver de maneira autêntica e menos dependente de defesas rígidas e disfuncionais.

A recaída de Sergei após o término de uma relação amorosa poderia ser interpretada por Winnicott como uma expressão de sua dependência emocional e da fragilidade do seu self verdadeiro, que nunca teve a chance de se desenvolver plenamente devido a falhas no ambiente de cuidado inicial. A insistência de Sergei em falar apenas de si mesmo e da crueldade do destino após o suicídio de sua esposa pode ser entendida como uma expressão de sua luta desesperada para encontrar uma saída do seu estado depressivo, tendo em vista o fato de que as sucessivas análises não lhe apontavam qualquer caminho possível.

A presença de um falso self patológico cindido fica nítida nas próprias descrições de Freud (1918[1914]/2010):

> *O paciente de que me ocupo permaneceu muito tempo entrincheirado, inatacável, detrás de uma postura de dócil indiferença. Ele escutava, entendia, e não permitia que nada se aproximasse.* Sua impecável inteligência estava como que desconectada das forças instintivas *que dominavam seu comportamento, nas poucas relações que lhe restavam na vida. (p. 18, grifos meus)*

Ora, esse retrato do paciente ilustra um fenômeno crucial na compreensão da cisão na formação do falso self: o conceito de *split-off intellect* ou intelecto cindido – conforme já adiantamos. Essa dimensão que Winnicott descreve como uma parte da personalidade, particularmente a função intelectual, pode se cindir de outras dimensões do self, como as forças instintivas. O intelecto, nesse caso, opera de forma autônoma, isolado dos impulsos que normalmente deveriam integrar a experiência subjetiva.

Esse fenômeno se manifesta quando o indivíduo desenvolve uma capacidade intelectual impecável, mas que está desconectada dos impulsos instintuais que, em teoria, deveriam compor uma unidade. O intelecto dissociado, assim, mantém uma postura de indiferença, como se estivesse operando em um nível separado e não afetado pelas experiências emocionais que caracterizam o comportamento humano mais básico.

Em outras palavras, o paciente consegue realizar tarefas intelectuais com grande habilidade; todavia, essas capacidades são usadas de forma a evitar o contato com aspectos mais profundos de sua psique. Esse intelecto cindido cria uma fachada de racionalidade e controle, com o intuito de proteger o indivíduo de confrontar e integrar experiências emocionais que são potencialmente perturbadoras. Ele constitui, pois, uma forma de falso self patológico.

Nesses termos, a técnica ativa usada por Freud, que envolvia desafiar diretamente o paciente e pressioná-lo a confrontar suas defesas, pode ter encontrado um obstáculo na presença de um falso self altamente bem estruturado e cindido. Winnicott, por sua vez, propõe uma técnica diferente, especialmente quando consideramos a clínica da regressão. Para Winnicott (1954/2021c), o trabalho com pacientes que exibem um falso self cindido exige uma atenção cuidadosa ao processo de regressão, permitindo que o paciente retorne a estados mais primitivos de dependência, em que essas defesas se formaram originalmente.

Cabe dizer que a clínica da regressão, segundo Winnicott (1954/2021c), não se restringe a um mero retorno ao passado, mas envolve um movimento necessário para que o paciente possa *reviver*, em um ambiente terapêutico seguro, as experiências traumáticas que interromperam seu amadurecimento emocional. Essa regressão é facilitada pelo holding, em que o analista oferece uma presença constante e confiável, capaz de suportar as angústias mais primitivas do analisando, sem agir de maneira intrusiva. Nas palavras de Winnicott (1954/2021c): "A vantagem da regressão é que ela traz consigo a possibilidade de corrigir uma adaptação à necessidade inadequada no histórico anterior do paciente. Ao contrário, o estado de retraimento não apresenta benefício algum" (p. 436).

Mesmo indivíduos neuróticos – integrados – podem passar por regressões. Em certos momentos, alguns deles pedem mais sessões, sentindo-se vulneráveis e dependentes do analista. Esse pedido é um claro indício de regressão terapêutica. Nesse sentido, Winnicott (1954/2021c) afirma:

> *A ideia central deste trabalho é que, quando temos conhecimento da regressão na sessão analítica, podemos acolhê-la imediatamente, e desse modo permitir que determinados pacientes que não estão doentes demais façam uma regressão necessária em fases de curta duração, talvez até por alguns instantes. (p. 435)*

Este, para nós, é um ponto em que algumas correntes psicanalíticas, como a lacaniana, especialmente, podem divergir da abordagem winnicottiana. Alguns profissionais, alinhados a essa perspectiva, defendem que o analista nunca deve atender à demanda do paciente. Concordamos, em parte. No entanto, é crucial distinguir entre demanda e necessidade. Quando lidamos com pacientes em estado de regressão, estamos diante de *necessidades*, não de demandas.[5] Esses pacientes ainda não têm um ego plenamente formado, e suas

5 Ver Almeida (2024, capítulo 1).

necessidades primárias devem ser atendidas quando surgem na análise. Tal discernimento, todavia, se aprimora com a prática e a supervisão, ajudando-nos a identificar, por exemplo, quando o paciente está tentando nos seduzir ou testar nossos limites.

Naffah Neto (2023) propõe uma sistematização eficaz da noção winnicottiana de falso self, particularmente em seu aspecto patológico, identificando duas formas de subjetivação onde essa defesa está em pleno funcionamento: a personalidade *borderline* e a esquizoidia.

Comecemos pela esquizoidia. Winnicott (1952/2021b) descreve essa condição como uma forma de retraimento, usada como defesa ante um ambiente traumatizante (geralmente caótico). Quando o ambiente falha, ocorre uma "introversão patológica defensiva". A criança, então, se refugia em um mundo íntimo, que não está bem estruturado. Nesse cenário, "a criança flutua para dentro e para fora desse mundo íntimo, que está sujeito, mais ou menos, ao seu controle onipotente" (Naffah Neto, 2023, p. 193). Este mundo interno, no entanto, não constitui uma organização consistente. Para lidar com sua relação precária com a realidade externa, o indivíduo esquizoide utiliza um falso self cindido.

Já a personalidade *borderline* – ou "personalidade como se", como Naffah Neto (2023) prefere nomeá-la – é caracterizada por um falso self cindido extremamente coeso, que ocupa uma posição central na estrutura psíquica do indivíduo. Esses sujeitos enfrentam dificuldades para conectar-se com seu mundo subjetivo e experienciar suas conquistas de maneira autêntica, em primeira pessoa. É comum que se sintam vazios e fúteis, passando anos na realização de atividades automáticas, sem prazer. Outros, embora inteligentes e produtivos, usam o mecanismo de "mimetização" do ambiente externo. Em casos mais graves, recorrem ao uso de drogas, álcool, sexo imprudente ou outras compulsões para sentir-se minimamente reais. Essas condutas são tentativas inconscientes de realizar "integrações momentâneas no tempo e no espaço", buscando uma forma de "personalização", conforme a descrição de Winnicott.

Indivíduos com personalidade esquizoide também desenvolvem um falso self cindido, mas de forma menos resistente. Eles mantêm uma barreira defensiva que pode desmoronar facilmente, e têm um relacionamento social precário. No entanto, preservam um mundo subjetivo, ainda que desorganizado e incipiente, que serve como um refúgio seguro contra ameaças externas.

Ambos os casos podem apresentar uma defesa intelectual avançada, evidenciando um intelecto cindido hipertrofiado, ou *split-off intellect*, de acordo com a definição de Winnicott.

Essas explicações detalhadas sobre o conceito winnicottiano de falso self são essenciais para evitar o uso inadequado da teoria, muitas vezes devido a uma compreensão superficial. É crucial entender que, embora todos nós desenvolvamos um falso self "funcional" em algum momento, apenas experiências traumáticas severas, especialmente na infância, resultam em uma estrutura patológica significativa. Distinguir um falso self normal de um patológico é desafiador, pois um falso self bem adaptado pode mascarar distúrbios mais profundos, aparentando uma excelente capacidade de adaptação.

À guisa de concluir

Ao olhar para a infância de Sergei, é impossível não notar o peso das dinâmicas familiares em seu adoecimento psíquico. Nascido em uma família aristocrática russa, ele cresceu em um ambiente marcado por tragédias e disfunções emocionais. Sua mãe, descrita como controladora e dominadora, e seu pai, uma figura mais ausente e passiva, criaram um cenário de abandono emocional que moldou profundamente seu desenvolvimento.

Um evento central na vida de Pankejeff foi a morte de sua irmã mais velha, Anna, que cometeu suicídio em 1906. Essa ocorrência traumática foi seguida por um período de intensa depressão em Sergei, que se tornou ainda mais retraído e isolado. A combinação de um ambiente familiar desestabilizador e a experiência de perda precoce parece ter sido fundamental para o desenvolvimento do que Freud viria a interpretar como uma neurose infantil.

Conforme mencionamos no início do nosso texto, a mãe de Sergei era uma mulher emocionalmente instável, com um histórico de problemas de saúde mental. A sra. Pankejeff sofria de depressão grave e teve episódios de colapso nervoso, o que influenciou diretamente o ambiente em que Sergei cresceu. Ela era excessivamente protetora e, ao mesmo tempo, incapaz de oferecer o tipo de afeto genuíno necessário para o desenvolvimento saudável de uma criança. Sua relação com o filho era marcada por uma mistura de superproteção e manipulação emocional, o que levou à criação de um vínculo perturbador.

O famoso sonho com os lobos, relatado pelo paciente, pode receber outro significado quando nos orientamos pela linhagem winnicottiana. Segundo Winnicott, os sonhos, especialmente os regressivos, têm raízes profundas nas funções corporais e na elaboração imaginativa que ocorre durante as fases iniciais do desenvolvimento. Por essa via, os sonhos não representam apenas fantasias recalcadas, mas podem ocupar o lugar de experiências corporais primitivas que não foram suficientemente processadas pelo ego emergente do indivíduo. Tais vivências iniciais, desprovidas de um enraizamento temporal e espacial, permanecem como espectros amorfos – marcas de um trauma que deixou cicatrizes profundas na psique.

No caso do Homem dos Lobos, o sonho pode ser visto como uma tentativa do seu inconsciente de elaborar e integrar essas experiências primitivas. A visão dos lobos brancos poderia, então, simbolizar uma espécie de ameaça arcaica, algo que Sergei não foi capaz de processar de modo pleno em sua infância. Os lobos, com seus olhares fixos, podem representar o medo primitivo da desintegração ou do colapso, como apontado por Pondé (2018) em seu estudo sobre o medo na obra winnicottiana. Mais ainda, esses lobos também podem significar a projeção dos impulsos agressivos-destrutivos do próprio Sergei, formando uma figura ameaçadora bastante comum nas histórias infantis, como "Chapeuzinho Vermelho" ou o conto do lobo com os sete cabritinhos. Seus olhares fixos e imóveis, por sua vez, podem indicar um mecanismo de defesa realizado para neutralizar o seu perigo potencial. O fato de serem seis ou sete pode ter relação com os sete cabritinhos do conto infantil, ou representar meramente uma proliferação da mesma projeção, da mesma paranoia.

Aliás, é o próprio Freud quem relata:

> *No decorrer do tratamento retornamos ao sonho com frequência, mas apenas nos últimos meses da terapia foi possível compreendê-lo inteiramente, e isso graças ao trabalho espontâneo do paciente. Ele sempre enfatizou que dois fatores do sonho tinham deixado a maior impressão sobre ele: primeiramente a completa calma e imobilidade dos lobos, e em segundo lugar a atenção tensa com que todos eles o olhavam. (Freud, 1918[1914]/2010, pp. 46-47)*

Como podemos notar, no decorrer do tratamento, o sonho de Sergei foi revisitado com frequência, porém, somente nos últimos meses de análise, e graças ao trabalho espontâneo do paciente, foi possível compreendê-lo em sua totalidade. Quer dizer, "compreendê-lo" dentro do modelo freudiano. Sergei sempre destacava dois aspectos que deixaram uma forte impressão: a completa calma e imobilidade dos lobos[6] e a atenção tensa com que todos eles o observavam.

---

6 Uma outra compreensão possível para a imobilidade dos lobos, no sonho de Sergei, sob a perspectiva winnicottiana, é ela ser uma metáfora para um estágio do desenvolvimento emocional que está "congelado" ou paralisado. Essa paralisação seria uma forma de proteção, uma espera pelo surgimento de condições mais favoráveis para o desenvolvimento saudável do self.

Cabe dizer, ainda, que Freud (1918[1914]/2010) descreveu vários sintomas de Sergei que indicavam uma questão psicossomática, aludindo a uma ligação entre seus conflitos emocionais e suas manifestações físicas. Um dos sintomas mais notáveis foi a persistência de distúrbios gastrointestinais, particularmente problemas relacionados ao controle esfincteriano, como prisão de ventre crônica e uma tendência à retenção anal.

Na perspectiva de Winnicott, o corpo não é somente uma entidade física, mas um *corpo vivo*, emergente das relações consigo mesmo e com o ambiente. Ao contrário de uma imagem mental estática, o corpo é dinâmico e profundamente influenciado pelas interações ambientais. Quando essas interações falham, sobretudo nos estágios iniciais do desenvolvimento, a pessoa pode experienciar uma dissociação entre corpo e mente, o que se reflete em um distúrbio psicossomático. Mas sabemos também, com Winnicott, que impulsos agressivo-destrutivos reprimidos, quando escapam à repressão, podem "atacar" os órgãos corporais sob a forma de hipocondria. No caso de Sergei, ambas as hipóteses são plausíveis.

Esse sonho, portanto, pertence à área das necessidades do ego e revela uma necessidade psíquica fundamental: o resgate do "continuar a ser" e a restauração da sensação de estar vivo, pela possível apropriação dos impulsos agressivo-destrutivos.

No texto "O medo do colapso e a vida não vivida", Ogden (2023) estabelece um diálogo frutífero com o ensaio de Winnicott (1963/1994) "O medo do colapso (*breakdown*)", ressaltando que é inerente à existência humana a persistência de partes da vida que não foram vividas, mas que clamam por integração para que o indivíduo possa se completar, tornando-se plenamente o que é. Ao reinterpretar o conceito de *breakdown* de Winnicott, Ogden aponta que a ruptura do vínculo entre mãe e bebê lança este último em uma condição extrema de desamparo, ameaçando sua própria existência. No entanto, Ogden adverte que essa condição não deve ser confundida com um surto psicótico, pois a psicose, na verdade, constitui uma defesa contra a experiência de ruptura inicial. Quando separado da mãe, o bebê recorre à defesa psicótica de desintegração como um meio paradoxal de escapar da agonia de não conseguir se organizar, o que pode levar a um estado de autoaniquilamento.

Como o indivíduo, em sua infância, não possui a estrutura psíquica necessária para enfrentar a quebra do vínculo com a mãe, ele cresce com um medo do colapso, um colapso que já ocorreu, mas que não foi vivenciado de forma consciente. Ogden (2023) expande o pensamento winnicottiano ao propor que o que move o paciente a confrontar a fonte desse medo é a sensação de que partes essenciais de si estão ausentes e precisam ser encontradas para que ele possa se sentir completo: o que resta de sua vida é, de algum modo, uma vida não vivida.

No caso do Homem dos Lobos, essa dinâmica é visível. Pelos relatos, é possível presumir que Sergei carregava dentro de si fragmentos de uma vida que ele nunca pôde vivenciar por completo. A análise freudiana, ao concentrar-se na interpretação dos conteúdos reprimidos, tinha como objetivo revelar o significado oculto das fantasias sexuais do paciente. Contudo, a clínica winnicottiana acrescenta uma dimensão crucial ao considerar que não basta simplesmente interpretar e compreender esses traumas; é necessário também que o paciente os vivencie de forma segura no espaço da análise. Para Sergei, isso significaria encontrar uma maneira de restaurar a quebra da sua continuidade de ser em sua experiência presente, de modo que ele pudesse finalmente se sentir vivo.

Essas observações, é claro, são hipóteses baseadas no pensamento de Winnicott e na leitura freudiana do caso. Críticos posteriores, incluindo o próprio Pankejeff, apresentaram outras perspectivas, questionando a interpretação de Freud e sugerindo que o trauma central de sua vida estava mais relacionado à complexa relação com sua irmã e à dinâmica familiar do que a um evento específico, como a cena primária.

Todas as interpretações tecidas aqui são apenas suposições, algumas entre tantas que poderiam ser formuladas. Não podemos deixar de considerar que outras abordagens, focadas em fatores culturais, sociológicos, ou até na dinâmica familiar específica, possam lançar luz sobre outros aspectos igualmente importantes desse caso. A teoria de Winnicott nos possibilita um ponto de vista fascinante para entender as defesas psíquicas e o papel das defesas psicóticas e do falso self, mas ela é somente *uma* das muitas maneiras de olhar para a complexidade do desenvolvimento humano.

Cada vez que revisitamos este caso, somos lembrados de como o nosso psiquismo é um terreno desconhecido, e como a diversidade das experiências individuais exige uma análise que vá além do óbvio.

Referências

Almeida, A. P. (2024). O início do processo analítico: juntando os fragmentos. In A. P. Almeida & L. Ferraz, *Poemas de amor no divã*. Paidós.

Freud, S. (2010). História de uma neurose infantil ("O homem dos lobos"). In S. Freud, *Obras completas* (Vol. 14). Companhia das Letras. (Trabalho original publicado em 1918[1914]).

Freud, S. (2010). Os instintos e deus destinos. In S. Freud, *Obras completas* (Vol. 12). Companhia das Letras. (Trabalho original publicado em 1915).

Freud, S. (2018). Análise terminável e interminável. In S. Freud, *Obras completas* (Vol. 19). Companhia das Letras. (Trabalho original publicado em 1937).

Goleman, D. (1990, 6 de março). As a therapist, Freud fell short, scholars find. *The New York Times*. https://www.nytimes.com/1990/03/06/science/as-a-therapist-freud-fell-short-scholars-find.html

Kupermann, D. (2019). *Por que Ferenczi?* Zagodoni.

Miller, J.-A. (2009). L'orientation lacanienne: l'homme aux loups (1er partie). *La Cause Freudienne. Nouvelle Revue de Psychanalyse*, *72*, 79-132.

Naffah Neto, A. (2018). Apontamentos sobre a análise de uma paciente esquizoide, de uma perspectiva winnicottiana. *Jornal de Psicanálise*, *51*(95), 59-72.

Naffah Neto, A. (2023). *Veredas psicanalíticas: à sombra de Winnicott.* Blucher.

Ogden, T. (2023). O medo do colapso e a vida não vivida. In T. Ogden, *Recuperando a vida não vivida: experiências em psicanálise.* Escuta.

Pondé, D. Z. F. (2018). *O conceito de medo em Winnicott.* DWW Editorial.

Quinodoz, J. M. (2007). *Guia de leitura da obra de S. Freud.* Artmed.

Tironi, A. C. (2014). O caso paradigmático de O Homem dos Lobos. *Revista aSEPHallus de Orientação Lacaniana*, 9(17), 43-66.

Winnicott, D. W. (1990). Classification: is there a psycho-analytical contribution to psychiatric classification? In D. W. Winnicott, *The maturational processes and the facilitating environment.* Karnac. (Trabalho original publicado em 1959).

Winnicott, D. W. (1994). O medo do colapso (*breakdown*). In D. W. Winnicott, Explorações psicanalíticas. Artmed. (Trabalho original publicado em 1963)

Winnicott, D. W. (2021a). Desenvolvimento emocional primitivo. In D. W. Winnicott, *Da pediatria à psicanálise.* Ubu. (Trabalho original publicado em 1945).

Winnicott, D. W. (2021b). Psicoses e cuidados maternos. In D. W. Winnicott, *Da pediatria à psicanálise.* Ubu. (Trabalho original publicado em 1952).

Winnicott, D. W. (2021c). Retraimento e regressão. In D. W. Winnicott, *Da pediatria à psicanálise.* Ubu. (Trabalho original publicado em 1954).

Winnicott, D. W. (2024). *Natureza humana.* Ubu. (Trabalho original publicado em 1988).

2. O caso Margaret Little: Winnicott e as bordas da psicanálise[1]

Alfredo Naffah Neto

Algumas palavras iniciais

Margaret I. Little (1901-1994) ficou conhecida internacionalmente não só como eminente psicanalista da Sociedade Britânica de Psicanálise, mas principalmente por um livro que publicou, denominado: *Psychotic Anxieties and Containment – A personal Record of an Analysis with Winnicott*[2] (Little, 1990). Nessa obra, assim como nos sugere o título, Little descreveu, em minúcias, o seu processo psicanalítico

1 Este artigo é uma revisão da conferência realizada na Sociedade Brasileira de Psicanálise de São Paulo, no dia 31 de maio de 2008, e também no XIII Colóquio Winnicott: os Casos Clínicos de Winnicott, ocorrido na PUC-SP, entre 29 e 31 de maio de 2008. Agradeço a leitura da primeira versão do texto e as sugestões de: Luis Claudio Figueiredo, Ignácio Gerber e Daniel Kupermann. Posteriormente, o artigo foi publicado no *Jornal de Psicanálise, 41*(75), 107-120, 2008. Para a presente versão, o texto sofreu revisões, transformações e acréscimos.

2 Este livro teve uma péssima tradução realizada pela editora Imago, em 1992, a cargo de Jayme Salomão; na mesma linha, aliás, das traduções equivocadas que havia realizado das obras de Freud. Nela, até mesmo o título do livro foi adulterado para "Ansiedades psicóticas e prevenção – registro pessoal de uma análise com Winnicott", quando a tradução mais literal seria: "Ansiedades psicóticas e contenção".

com Donald Winnicott, precedido de um breve resumo de suas duas análises anteriores, ambas malsucedidas: a primeira com um analista junguiano que ela denominou "Dr. X.", e a segunda com a psicanalista Ella Freeman Sharpe.

É com base nesse relato que irei desenvolver o meu percurso reflexivo aqui, examinando e discutindo as características próprias que a psicanálise winnicottiana assume quando trata pacientes de tipo *borderline*, como foi Margaret Little.[3] Ou, em outros termos, como funciona esse tipo de psicanálise que tem de operar nas *bordas* do seu método, o que quer dizer, na maior parte das vezes, transgredindo os procedimentos da assim designada técnica padrão.

Começo por lembrar que a palavra *borderline* é usada pela própria autora para se autodenominar no livro em questão. Na página 48, ela escreve: "Isso era um retrato verdadeiro do meu estado *borderline*". Mais adiante, na página 83, ela diz que a "parte I" do livro "foi escrita do ponto de vista de uma paciente, uma psicótica *borderline*". Convém, pois, explicitar o sentido do termo da forma que é usado pela autora, que é o mesmo que mantenho aqui.

A palavra inglesa *borderline* é um vocábulo composto por dois outros: *border*, que significa borda, limite, margem; e *line*, que significa linha. *Borderline* significa, pois, etimologicamente falando, uma linha que demarca uma borda, uma margem, um limite, aquele que distingue os indivíduos sãos dos doentes ou, melhor dizendo, os indivíduos normais dos psicóticos. Logo, quando se diz que o indivíduo é *borderline*, de modo geral, queremos dizer que o seu estado psíquico se define no interior de um espaço e de uma dinâmica que *bordejam* essa linha demarcatória, exibindo características de ambos os lados. Traduzindo melhor: ele *aparenta* características de uma pessoa

3 Opto por não traduzir o termo *borderline* pelo equivalente *fronteiriço*, em função de a tradição psiquiátrica e psicanalítica do uso da palavra inglesa ter uma grande difusão, o mesmo não acontecendo com o vocábulo português correspondente.

normal, ou, quando muito, neurótica, mas isso se dá às custas de um equilíbrio bastante precário que, quando rompido, faz eclodir um funcionamento tipicamente psicótico. Daí a segunda autodenominação de Little como "psicótica *borderline*". É esse sentido amplo do termo, utilizado pela autora, que manterei neste ensaio.[4]

Primeiros sinais de um quadro borderline

De que Little era uma paciente tipicamente *borderline* já aparecem evidências na sua primeira análise, quando Dr. X. pressentia que ela "não era ela mesma" e que vivia se desculpando pela sua própria existência, como se não tivesse direito a ela. Na última sessão, disse-lhe: "Pelo amor de Deus, *seja você mesma*" (Little, 1990, p. 27). O grande erro dele foi pressupor que bastava lhe dar essas sugestões e massagear a sua barriga para acalmar a sua angústia paralisante; e que tudo se resolveria magicamente.

Acontece que Little possuía um falso self razoavelmente bem adaptado, capaz de enganar analistas menos experientes, como Dr. X., e até mesmo analistas mais experientes, como Ella Sharpe. Segundo a descrição de Little, seu currículo não evidenciava incapacitações de tipo psicótico, já que incluía: ter frequentado a escola e passado nos exames sem problemas, tendo até mesmo ganhado uma bolsa de estudos; ter se tornado médica e desenvolvido uma prática bem-sucedida como clínica geral, que a levou, mais adiante, à formação de psicanalista (p. 49). Entretanto, esse falso self – formado por hipertrofia da função intelectual – era cindido do restante da personalidade e, de quando em quando, sofria desintegrações, deixando eclodir sintomas esquizofrênicos.

4 Assinalo isso porque vários autores utilizam o termo *borderline* para referir-se a uma modalidade específica de *estado-limite*, e não como o termo genérico capaz de designar o conjunto dessas patologias.

O Dr. X. permaneceu bastante distante desse tipo de diagnóstico, tomando-a como uma pessoa neurótica, quase normal, e, após dois anos de análise, com três sessões por semana, dispensou-a.

A segunda analista de Little, Ella Sharpe, de modo similar, considerou-a uma neurótica histérica, deixando-se enganar pelo falso self da paciente e aferrando-se às interpretações de tipo edipiano. E lá se foram mais sete anos de análise, praticamente perdidos. Apesar da escuta deficiente de Sharpe, desde o início dessa segunda análise, desenvolveu-se o que poderíamos chamar de uma "psicose de transferência".[5]

Já no primeiro contato, Little viu a analista sob a forma quase alucinada de uma aranha na sua teia (representada pelo seu cabelo grisalho); e, na primeira sessão, seu terror de aniquilação era tão intenso que começou a gritar. Recebeu, como retorno, uma interpretação de tipo sexual/edipiana. No entanto, ao relatar as suas vivências desse período, Little nos diz: "Eu não sabia quem era 'eu mesma'; a sexualidade (mesmo se conhecida) era totalmente irrelevante, a não ser que a existência e a sobrevivência pudessem ser garantidas e a identidade pessoal estabelecida" (p. 33).

Contudo, Sharpe, gentil, cálida, amigável e generosa, mas absolutamente incapaz de perceber as necessidades primárias de Little, encarnava as próprias características da mãe da paciente, sem percebê-lo. Little tornou-se, então, dependente e submissa a ela, como era, originalmente, à mãe. Conta-nos: "Meus sonhos, nessa época, de luta, confusão e fragmentação, eram interpretados como fantasias de coito violento e desejos recalcados de ter relação com meu pai e destruir a minha mãe" (p. 34).

---

5 Winnicott nos diz: "Enquanto, na neurose de transferência, o passado vem para o consultório, nesse tipo de trabalho é mais verdadeiro se dizer que é o presente que volta ao passado. Então, o analista vê-se confrontado com os processos primários do paciente no ambiente em que foram primeiramente validados" (Winnicott, 1955/1992, p. 298).

Dependente e submissa, mas consciente de não estar recebendo da analista o que precisaria, desenvolveu, nessa época, o desejo de tornar-se analista: era o seu falso self tentando mimetizar a figura ambiental para poder substituir Sharpe como analista de si própria. Corroboram essa interpretação alguns medos dessa época: "O que eu verdadeiramente temia era descobrir a mim mesma como uma 'cópia barata, de segunda mão' de minha mãe ou dela (o que dava no mesmo)" (p. 34). Sharpe, sem compreender o que acontecia, encorajava Little nas suas aspirações à formação psicanalítica.

Além de mal interpretar a realidade psíquica de sua analisanda, nenhum dado de realidade era levado em conta por ela, já que os eventos reais, presentes no relato da paciente, eram sempre considerados como refúgios das fantasias edipianas (pp. 34-5). Assim, a necessidade de Little de elaborar dois lutos reais, um pela morte do pai, outro pela morte de uma tia muito querida, passaram totalmente em branco na análise, sendo reduzidos a temas edipianos. Finalmente, logo após anunciar o fim de uma análise *nunca realmente iniciada*, Sharpe morreu de ataque cardíaco, aliás, como fora previsto por Little, que, como boa clínica geral, notara os sinais adiantados da doença e avisara a sua analista deles, sem sequer ser ouvida.

Finalmente, bastante desesperançada, devido a essas experiências frustrantes, Little chegou a Winnicott. Com ele, desenvolveu uma análise que durou seis anos na sua primeira etapa, dedicada à saída da psicose, e mais um ano e meio na sua segunda etapa, dedicada à elaboração do complexo de Édipo.

Uma esquizoide com sintomas depressivos

Foi ao longo da análise com Winnicott que o quadro *borderline* de Little pôde revelar uma formação que classifico como uma *esquizoidia com sintomas depressivos*. Esse diagnóstico, mais preciso, não foi formulado por Little, tampouco por Winnicott. Entretanto, os sintomas e a dinâmica psíquica descritos pela paciente apontam todos nessa direção. Vou, pois, tentar corroborar essa minha hipótese passo a passo. Cito Little (1990):

> *A primeira sessão trouxe a repetição do terror. Eu permaneci curvada fortemente, completamente escondida sobre o cobertor, incapaz de me mover ou de falar. D. W. ficou silencioso até o final da hora, quando disse somente: "Eu não sei, mas tenho um sentimento de que você está me trancando para fora por alguma razão". Isso trouxe alívio, pois ele pôde admitir que não sabia e permitir uma contestação, se ela viesse. Mais tarde, percebi que estivera me trancando por dentro, assumindo a menor quantidade de espaço possível e sendo tão reservada quanto eu podia, escondendo-me no útero, mas sem segurança mesmo aí. (pp. 42-3)*

A primeira impressão é de que Winnicott não percebe de imediato o recolhimento de Little como um sintoma esquizoide, interpretando-o como resistência à análise e à presença do analista; entretanto, tem a humildade de dizer que, de fato, não sabe o que acontece e que relata apenas um sentimento. Isso traz alívio à paciente, mas não o suficiente para aliviar o seu terror.

Nas sessões seguintes, ao não se sentir novamente compreendida por Winnicott, Little entra em desespero: pensa em se jogar pela janela, mas imagina que ele vai impedi-la. Finalmente, apanha um vaso cheio de lilases brancos, atira-o no chão e o esmaga com o pé. Winnicott, contrafeito, retira-se da sala, só retornando quase no final da hora, e, ao ver Little desobstruindo o chão da sujeira, comenta: "Eu poderia esperar que você fizesse isso, mas mais tarde".

A interpretação de Winnicott pode ser traduzida, em termos técnicos, como: "Eu poderia esperar um desejo reparatório vindo de você mais tarde, quando pudesse ter entrado no *estágio da concernência*, mas não agora, quando ainda está revivendo traumas muito primitivos".[6] Isso evidencia que a atuação de Little provocou em Winnicott, de imediato – após um recolhimento necessário para se recompor do ódio gerado pelo ato destrutivo da paciente (pelo menos é assim que eu interpreto a sua retirada de cena) –, uma compreensão de que se encontrava diante de uma paciente *borderline*.

É evidente que Winnicott correu riscos nessa sua saída de cena, tendo em vista que o desejo de se jogar pela janela poderia ter voltado, levando a paciente a cometer suicídio. Entretanto, como agir analiticamente quando somos tomados por um ódio no meio de uma sessão, pelo fato de o paciente ter destruído um objeto de que gostamos muito? São escolhas difíceis...

O fato, todavia, é que Winnicott voltou à sessão, não retaliou o ato destrutivo de Little e, mais do que isso, repôs na sala, nas sessões seguintes, um vaso idêntico àquele quebrado, com os mesmos lilases brancos. Ou seja, ele completou, como um bom ego auxiliar, o ato reparatório que sua paciente não teria condições de realizar por si só, mas que já tinha iniciado quando limpou o chão dos dejetos. É como se ele dissesse a ela: "Eu posso resistir intacto aos seus impulsos destrutivos e, ainda assim, permanecer sendo seu analista".

Mas podemos, realmente, tomar esse ato de Little de limpar a sala como oriundo de um desejo reparatório?

É difícil, *de imediato*, sustentar nesse circuito total – o ato de quebrar o vaso, seguido do desejo de limpar os detritos e restaurar a ordem na sala – algo da dinâmica característica do *estágio da*

---

6 Elsa Oliveira Dias propôs o neologismo *estágio do concernimento* como tradução para o conceito winnicottiano *stage of concern*, embora a tradução mais literal de *concern* para o português seja *concernência*. Outra tradução possível para o termo, esta proposta por Roberto B. Graña (2007, p. 108, nota 6), é *estágio da consideração*, que, atualmente, também foi adotada pela editora Ubu na republicação das obras de Winnicott.

concernência, como se fosse um primeiro exercício de instauração do ciclo benigno.[7] Isso porque nosso pensamento sequencial nos leva a pensar que, nesse início de análise, Little ainda se encontrava revivendo traumas muito primários, ligados ao período de dependência total. Pareceria mais plausível, pois, ver nesse gesto destrutivo apenas um grito para se fazer notar e, no ato de limpar a sala, uma mera regra de boa educação incorporada por seu falso self. Entretanto, as coisas nem sempre são tão simples quanto parecem ser.

Lembro-me, aqui, de um paciente meu de dinâmica *borderline*, um caso bastante grave, citado em outros textos,[8] que passou os três primeiros meses de análise atacando-me violentamente; nesse período eu sentia que o mais importante era sustentar os seus ataques, sem tentar interpretar muito e sem retaliar. É inegável que a dinâmica me remetia o tempo todo ao estágio do *uso do objeto*, descrito por Winnicott,[9] apesar de esse paciente estar também fixado em traumas muito primitivos, da fase de dependência total.

---

7 O *ciclo benigno*, segundo Winnicott, forma-se por meio das inúmeras e repetidas vezes em que o bebê se percebe atacando vorazmente o corpo materno, passa por um sentimento de culpa (não consciente) pelas consequências de sua destrutividade e realiza atos reparatórios, que são recebidos pela mãe. É esse acolhimento materno – tanto da destrutividade quanto dos atos reparatórios do bebê – que gera nele a confiança na sua capacidade construtiva e lhe permite ir se apropriando, cada vez mais, de seus impulsos destrutivos de forma produtiva à vida, num processo cíclico que Winnicott denominou *ciclo benigno*.

8 Conferir, neste livro, o artigo: "Com os pés no chão: sobre como se pode sonhar a conquista de um corpo próprio num processo de análise".

9 O estágio do *uso do objeto* foi descrito por Winnicott já mais tardiamente na sua obra como antecedendo justamente a entrada no estágio da concernência (Winnicott, 1968/2019). Designa o processo por meio do qual o bebê cria a externalidade do objeto, diferenciando objeto subjetivo (fantasia) de objeto objetivo (realidade). Ao dirigir seus impulsos destrutivos à mãe (por meio de uma oralidade de tipo sádica) e perceber que o seio permanece, após os seus ataques, o bebê vai paulatinamente discriminando um seio objetivo, que não consegue destruir, de um seio subjetivo, que segue destruindo na fantasia.

Curiosamente, esses ataques eram, por vezes, seguidos por "embriões" de atos reparatórios, como quando dizia: "Tenho medo de estar destruindo minhas chances de análise". Após esse período, a transferência negativa deu lugar a uma positiva, e os impulsos agressivos e destrutivos praticamente desapareceram. No entanto, eles reapareceram no oitavo ano de análise, quando minha capacidade de sustentar essa destrutividade pôde, finalmente, auxiliar na sua gradual apropriação pelo self, agora por meio de movimentos reparatórios mais conscientes e assumidos. Nesse estágio, o self já se encontrava mais fortalecido e integrado, permitindo uma melhor elaboração desses impulsos. Se, no início, a primeira emergência da destrutividade e dos atos reparatórios pareceu prematura, fora do tempo adequado para o processo, a segunda aparição ocorreu no momento certo, permitindo um trabalho mais profundo e eficaz. É claro que cada uma dessas emergências desempenhou um papel distinto no curso da análise.

A pergunta que me faço, desde então, é se podemos pensar no processo transferencial psicanalítico, ainda que se trate de uma *psicose de transferência*, de forma tão linear e sequencial. Não podemos conjeturar que episódios como esses, dos ataques destrutivos do meu paciente ou o da quebra do vaso, descrito por Little, ambos ocorridos em início de análise, possam funcionar como uma espécie de teste do analista? Ou seja, que a destrutividade, lançada assim de cara na relação transferencial, tenha por função testar a capacidade do analista de sustentar, sem retaliar, os impulsos mais primitivos do paciente – quer dizer, evidenciar a sua possibilidade real de não repetir a falha ambiental original? E que os "embriões" de atos reparatórios, ainda que imaturos e pouco consistentes, possam assinalar conquistas fragmentárias e insipientes, mas, ainda assim, *conquistas*?[10] E que, nesse

10 É preciso lembrar que um paciente adulto, embora possa ter tido seu amadurecimento congelado em fases de dependência absoluta, não deixou de atravessar, ainda que de forma deficiente, o estágio da concernência e mesmo a triangulação edipiana e que, dessas travessias difíceis e incompletas sobram *pequenas*

sentido, frações de diferentes períodos de vida possam emergir transferencialmente de forma pouco linear e até um tanto caótica, em função das metas inconscientes que orientam a análise, em cada período?

Essa é uma questão que não tenho condições de explorar melhor aqui, já que isso fugiria ao tema ao qual me propus. Voltemos, pois, às cenas da análise de Little com Winnicott.

Nas sessões seguintes, a dinâmica esquizoide da paciente se tornaria cada vez mais clara:

> *Ele (Winnicott) percebeu logo que, na primeira metade de cada sessão, nada acontecia. Eu não podia falar até encontrar um estado "assentado", não perturbado por qualquer impingidela do tipo: ser indagada sobre o que estava pensando etc. Era como se eu tivesse de trazer para dentro de mim o silêncio e a tranquilidade que ele proporcionava. Isso fazia tal contraste com os distúrbios da infância, com o estado de minha mãe movido a ansiedade e a hostilidade geral da qual eu sempre tive necessidade de me retrair para buscar quietude. A partir daí, ele estendeu a duração das sessões para uma hora e meia, pelo mesmo preço, até quase o final da análise. (Little, 1990, p. 44)*

Foi a necessidade de se proteger desse ambiente caótico e imprevisível de sua infância que produziu essa retração esquizoide e, ao mesmo tempo, a formação de um falso self cindido, que passou a funcionar como um escudo protetor do seu self verdadeiro. Corroboram essa hipótese vários relatos no livro.

---

conquistas fragmentárias, que só poderão se integrar ao restante da personalidade quando o *self* verdadeiro puder conquistar desenvolvimento e integração mais completos.

Winnicott disse-lhe, com todas as letras e de uma forma muito precisa: "Sua mãe é imprevisível, caótica e ela organiza o caos ao redor dela" (p. 49). Isto é, a mãe de Little comportava um paradoxo que era: ser totalmente caótica, imprevisível e, ao mesmo tempo, controladora, como forma de organizar o caos que disseminava. Assim, quando bebê, Little era rigidamente atada num xale, de tal forma que nenhum membro pudesse se mover; e o furo do bico da mamadeira era tão pequeno que o ato de mamar exigia esforços exaustivos de sua parte.[11] Ou seja, qualquer gesto espontâneo era reprimido por um controle rígido.

Mais tarde, de forma análoga, não permitiria que a filha escolhesse o brinquedo ou a brincadeira, impondo-lhe aleatoriamente o que ela, mãe, achasse "adequado". Sempre que encontrava um dos filhos de boca aberta, fechava-a imediatamente e removia o dedo que estava sendo sugado; se o encontrava deitado de costas ou do lado esquerdo, fazia-o virar do lado direito dizendo que era "para prevenir pressão no coração" (p. 97). Os orifícios dos corpos eram constantemente investigados e lavagens intestinais noturnas ministradas, bem como sessões de espremer cravos e espinhas, na época da adolescência.

Suas interferências, de forma geral, alternavam-se entre descaso e atenção excessiva, chegando à total omissão. "O que importava num minuto era totalmente sem importância no outro, e o que era importante para mim, tinha de ser posto de lado" (p. 97), conta Little. Tudo leva a crer, pois, que a mãe de Little via a filha como um prolongamento seu e que o controle exercido sobre ela era uma tentativa de controlar o caos de seu mundo interno, projetado na própria filha. Diz Little: "eu somente conseguia me defender disso, retraindo-me,

11 Isso Little viu se repetir com os irmãos menores, apesar de toda a orientação contrária dada à sua mãe pelo pediatra, dizendo-lhe para fazer um furo grande, para que o bebê pudesse mamar à vontade.

sustentando a mim mesma,... ou me identificando e partilhando essa ilusão de formar uma só unidade com ela" (pp. 97-98).

Além do mais, temos de considerar o fato de que essa mãe via o ato sexual como "um dever desagradável da esposa para com o marido" (p. 50) e tinha horror à gravidez e ao parto; portanto, é possível imaginar que, já durante a gravidez de Little, o feto tenha sido alvo de sentimentos intensamente ambivalentes, nos quais o ódio possivelmente teve um papel predominante.

Para controlar esse caos interno, seu controle já incidia sobre o seu próprio corpo grávido, que era acolchoado, para que ninguém notasse o seu estado, e, além disso, já próxima do parto, procurava evitar contato com as dores, "não pensando nelas" até que isso fosse inevitável. Como uma mulher com essas condições emocionais poderia ter alguma identificação primária com o seu bebê?

Entretanto, essa mesma mãe, invasiva e controladora, no horário do banho, cantava para a filha e tinha uma bela voz de soprano. Além disso, tinha bom humor e um gosto saudável pela jardinagem; essas características, aliadas à estabilidade do pai, foram os fatores que, segundo Little, impediram que ela se tornasse totalmente insana.

Sintomas depressivos, bastante sérios e sem motivo aparente, apareceram três vezes durante a análise com Winnicott. Duraram cerca de dez dias, com intervalos aproximados de três meses. Ademais, houve duas depressões "incapacitantes" (p. 52), que se seguiram a perdas. Houve, ainda, outra crise depressiva maior, que durou cerca de três meses, associada a uma gastroenterite, durante a qual ela permaneceu acamada e Winnicott ia atendê-la em casa, cinco, seis ou até mesmo sete vezes por semana, em sessões de noventa minutos, durante todo o período.

Tais sintomas depressivos, ao que tudo indica, formaram-se devido à quase total impossibilidade de Little se apropriar dos seus impulsos eróticos/agressivos, dado que seu self verdadeiro, retraído e desintegrado, característico do estado esquizoide, não tinha qualquer capacidade para realizar tal tarefa. Esses impulsos viviam, em grande parte, cindidos de sua personalidade, mantidos à parte pelo falso self (funcionando, aí, como um escudo protetor), só a tomando de quando em quando, de forma impulsiva e desordenada, em situações nas quais o falso self se desintegrava e o escudo protetor falhava.

Nessas ocasiões, podia ser atravessada por esses impulsos sem qualquer possibilidade de controle sobre eles. Contudo, na maior parte do tempo, a posição marginal desses impulsos gerava uma inibição instintual, provocando um baixo tônus vital de colorido depressivo, que se agravava cada vez que Little sofria alguma perda; e, pelas mesmas condições precárias, não conseguia elaborar os lutos necessários.[12] Então, o que deveria ser apenas um colorido depressivo transformava-se numa *crise depressiva*.

Winnicott e as bordas da psicanálise

Winnicott disse em vários dos seus escritos que, sempre que possível, utilizava-se da técnica psicanalítica padrão, de interpretação da transferência. Com pacientes não neuróticos, com os quais isso era impossível, usava outros recursos: com a ampla gama dos depressivos, combinava a interpretação com o manejo transferencial dos ataques destrutivos do paciente – quando estes emergiam em análise –,

12 A elaboração do luto, nas pessoas saudáveis, implica um voltar-se para o mundo interno para elaborar o ódio gerado pela perda do objeto, que começa a ameaçar a dinâmica interna, pela dominância dos maus objetos (impulsos agressivos-destrutivos) sobre os bons objetos (impulsos amorosos). Então, pela rememoração das boas lembranças associadas ao objeto perdido, os impulsos amorosos podem, geralmente, recuperar a dominância no mundo interno, e assim o ódio é elaborado. Mas, quando não se tem nem uma clara diferenciação entre mundo interno e mundo externo e os impulsos instintivos permanecem cindidos do self, como se pode realizar tal tarefa? Ela se torna praticamente impossível e, nesses casos, o ódio e os impulsos agressivo-destrutivos dominantes começam a ameaçar seriamente o self, levando a uma maior inibição instintual, agudizando, então, o estado depressivo.

sustentando-os sem retaliar e sem desaparecer de cena; com os *borderline* e psicóticos, preconizava a regressão transferencial a estados de dependência. Em todos os casos, o holding sempre foi a sua ferramenta-mor, aliada ao espírito lúdico: sempre que possível, procurava realizar a análise na sobreposição entre o seu *espaço potencial* e o do paciente.

O processo de Little seguiu o mesmo padrão: no primeiro período de análise, dedicado à saída da psicose, o holding e a regressão foram os principais recursos utilizados. No segundo período, dedicado à elaboração do complexo de Édipo, a interpretação da transferência foi a ferramenta terapêutica principal.

Aqui, interessa-me, sobretudo, analisar os recursos do primeiro período, aqueles que se situam, por assim dizer, nas *bordas* da técnica-padrão; manejos nos quais Winnicott se revelou ousado, criativo e de grande competência terapêutica, ampliando os recursos psicanalíticos por territórios até então pouco explorados.

Em primeiro lugar, é preciso considerar que Little estabeleceu com Winnicott – tal como com Ella Sharpe, antes dele – uma *psicose de transferência*, assim descrita por ela:

> *Para mim, D. W. não* representava *minha mãe. Na minha ilusão transferencial, ele* era *minha mãe . . . e, como há uma continuidade real entre mãe e feto, genética e corporalmente (por meio das membranas e da placenta), assim, para mim, suas mãos* eram *o cordão umbilical, seu divã a placenta, os cobertores as membranas, muito aquém de qualquer nível* consciente, *até um estágio bem posterior. (Little, 1990, p. 98)*

Por essa razão, o holding psicanalítico, nesse caso, teve necessariamente de incluir *contatos corporais* indispensáveis, em períodos de grande terror. Little (1990) nos conta:

> *Literalmente, ao longo de muitas longas horas, ele segurava minhas duas mãos crispadas entre as dele, quase como um cordão umbilical, enquanto eu permanecia – sempre escondida embaixo do cobertor – silenciosa, inerte, recolhida, em pânico, raivosa, em lágrimas, adormecida, por vezes sonhando. Algumas vezes ele ficava sonolento, caía no sono e acordava em sobressalto, ao qual eu reagia com raiva, aterrorizada e sentindo-me como se tivesse sido golpeada. (p. 44)*

Entretanto, saber usar os recursos necessários na hora certa não significava, em nenhum momento, condescendência para com a analisanda. Little (1990) nos diz que "ele era compassivo, mas consistentemente firme, ao ponto de se tornar impiedoso, quando sentisse que era necessário à segurança do paciente" (p. 45). Ele poderia, nessa direção – como, aliás, fez com Little –, esconder as chaves do carro, se sentisse que o paciente estava à mercê dos seus impulsos destrutivos, devolvendo-as somente quando a dinâmica emocional tivesse mudado.

O holding incluía, ainda, a busca de egos auxiliares que pudessem substituí-lo em férias e períodos de descanso. Aí contatava amigos de Little, sem ela saber, e, quando isso não era possível, utilizava-se da internação hospitalar, em condições especiais, determinadas por ele, que, nesse caso, mantinha-se em contato o tempo todo.

Ele também costumava responder diretamente às perguntas de Little e somente depois pesquisar os motivos inconscientes delas. Durante todo esse processo, deu poucas interpretações a ela, e somente aquelas com relação a assuntos que já poderiam se tornar conscientes. Também as formulava sempre de forma aproximativa, do tipo: "Penso talvez que...", ou "Me pergunto se..." ou "Parece que...". E nunca interpretava algo fora do alcance de sua função simbólica (p. 48). Uma das interpretações mais importantes, lembradas por Little, foi quando ele lhe disse que o medo de aniquilação que ela sentia pertencia ao passado, ou seja, já tinha acontecido. Eu a cito: "Ele me disse... que eu *tinha sido* psiquicamente aniquilada, mas tinha sobrevivido corporalmente e estava agora revivendo a experiência passada" (p. 62).

Durante o transcorrer das sessões, Winnicott mantinha o silêncio e a quietude necessários ao recolhimento esquizoide da paciente, criando assim condições para que o falso self dela fosse se tornando desnecessário como defesa e pudesse ir baixando as suas guardas, para que pudesse emergir, gradativamente, o seu gesto espontâneo.

Um momento importante da análise foi quando Little, pela primeira vez, pôde enfrentar a sua mãe diretamente, dizendo-lhe tudo o que tivera vontade durante toda a vida e nunca tivera coragem. Mas, logo em seguida, sentindo-se inconscientemente culpada, quebrou o tornozelo, durante uma viagem de férias. Eram seus impulsos agressivo-destrutivos, que faziam a sua aparição de forma descontrolada – pois, até então, tinham tido uma existência marginal na sua vida.

O período mais demorado de regressão a estados de dependência foi-se anunciando durante um momento determinado do processo psicanalítico. Little (1990) nos conta: "Meu estado mental era tal que eu permanecia profundamente regredida em cada sessão e somente voltava a estar junto posteriormente, de forma muito vagarosa" (p. 101). Então, dada a proximidade das férias, Winnicott propôs a ela uma internação voluntária num hospital, sob sua supervisão, e ela aceitou a sugestão, tendo antes acordado que não levaria eletrochoques, que poderia se desinternar – se e quando resolvesse – e que ele a levaria e a traria de volta. E, obviamente, eles manteriam contato o tempo todo. Foi nesse ambiente hospitalar protegido, no qual permaneceu internada por cinco semanas, que Little pôde viver a sua regressão mais profunda.

De início, sentiu-se esquecida e abandonada por Winnicott, mas após dez dias, para sua surpresa, começou a escrever poesia. Entretanto, uma internação hospitalar, por mais especial e controlada que seja, dificilmente transcorre sem problemas. Como no dia em que pediu para ser deixada *absolutamente* sozinha: pedido fundamental para poder baixar as defesas esquizoides e deixar emergir o seu gesto espontâneo, mas muito dificilmente compreendido e atendido na rotina de um hospital. A situação rendeu uma grande confusão: entraram oito pessoas em seu quarto; ela ficou furiosa e bateu no traseiro de uma empregada. Foi, então, ameaçada pelo superintendente do hospital, que lhe disse que havia "outras formas de tratamento das doenças mentais, paralelas à psicanálise, que eram às vezes necessárias" (Little, 1990, p. 58). Então, ela teve de lhe lembrar do acordo firmado de que não tomaria eletrochoques; mas, logo depois, entrou em um estado de fúria e quebrou tudo o que encontrou pela frente. Diante desse cenário, foi levada para um outro quarto, no qual passou toda a noite em total paranoia, vendo enfermeiras que lhe pareciam "diabos". Relata que, no interior dessa confusão, contou com a ajuda de dois objetos transicionais: um lenço, que Winnicott havia lhe dado, e um cachecol de lã azul de que gostava muito.

No dia seguinte, recebeu um banho e voltou ao seu quarto, tendo permanecido nele durante todo o restante do período. Muito provavelmente por exigência de Winnicott, que controlava tudo a distância, o hospital, a partir desse episódio, passou a interferir minimamente; proporcionava todo o necessário à sua permanência, sem nenhuma exigência. Ela passava os dias dormindo, lendo e pintando, às vezes até mesmo nas paredes do seu quarto. Passeava pelos jardins do hospital e andava pelas ruas mais próximas. Quando chovia, uma das irmãs mandava alguém buscá-la com um guarda-chuva.

Na pintura, sentia-se utilizando forças destrutivas e construtivas no ato criativo. Diz ela: "Não se pode pintar um quadro sem destruir uma tela branca e tubos de tinta" (Little, 1990, p. 61). Essa foi uma das atividades importantes que auxiliaram no processo de apropriação gradativa, pelo seu self, dos impulsos erótico-destrutivos, antes cindidos. Nesse contexto, o quarto hospitalar funcionava como uma extensão da sala de análise de Winnicott e, via transferência, tornara-se seu "quarto de criança".

O bom humor logo tomou conta de suas atividades lúdicas. Little descreve um episódio em que pintara um quadro com um mar e adicionara, logo em seguida, um monstro marinho. O terapeuta ocupacional ficara fitando longamente a pintura. Então, ela lhe disse, jocosamente: "Uma bela peça de arte esquizofrênica, não é?" Desorientado ou, talvez, chocado, ele saiu da sala e, logo em seguida, a irmã entrou perguntando: "O que você fez para o pobre Mr. Y.? Ele parecia ter o diabo atrás dele?" (Little, 1990, p. 61). E ambas riram muito, juntas.

Entretanto, após algum tempo de internação, Little começou a se sentir deprimida; certo dia, vendo uma corda no jardim, pensou em suicídio, tendo afastado imediatamente a ideia, como um ato louco. Nunca mais, depois desse episódio, pensou em se matar e, pouco a pouco, foi emergindo da regressão rumo à desinternação e à vida normal.

Sua análise recomeçou, agora já próxima do fim, a partir de conversas sobre os poemas e pinturas que realizara no período regressivo. Nessa época, ela havia conquistado uma certa autonomia de Winnicott, posto que os comentários dele sobre as suas criações não a afetavam de forma contundente: "Eu percebi que ele não gostar de um quadro não significava que eu deveria destruí-lo. Ele tinha um valor simplesmente como uma criação, tanto para ele quanto para mim" (Little, 1990, p. 62).

A última fase desse primeiro período de análise envolveu uma outra dinâmica: "O caráter das sessões era diferente; elas agora lidavam verbalmente com ansiedades depressivas e, posteriormente, edipianas" (Little, 1990, p. 102). Mais perto do final, a duração e a frequência das sessões foram sendo diminuídas, até o processo finalmente se encerrar.

Assim Little descreve o seu processo de cura analítica, e a importância crucial da internação hospitalar no processo regressivo:

> *Foi-me permitido viver uma infância e uma meninice próprias, o que era distinto de viver e reviver as da minha mãe, para ela. Tendo podido atingir os níveis mais primitivos da assim, algumas vezes, denominada "posição esquizoparanoide", num ambiente consistentemente controlado, seguro, não retaliatório e razoável, pude chegar a um novo ponto de começo, do qual pude me desenvolver para o "estágio da concernência" e, posteriormente, para a situação edipiana – eventualmente para a minha maturidade cronológica. Minhas áreas psicóticas e não psicóticas foram firmemente unidas conjuntamente. (p. 102)*[13]

O segundo período de análise de Little com Winnicott, iniciado dois anos após o término do primeiro, durou cerca de dezoito meses, com a frequência de uma sessão por semana. Foi inteiramente dedicado à análise dos conflitos edipianos, que ainda dificultavam as suas relações amorosas. Isso não significa que no primeiro tempo de análise não tivessem aparecido angústias edipianas: Little (1990) nos conta que, por ocasião da separação de Winnicott da primeira esposa, sentiu-se "muito enciumada, e algum material edipiano pôde ser trabalhado, embora tenha permanecido como um pedaço isolado, que somente pôde ser juntado ao resto mais tarde" (p. 55). Ou seja, nessa primeira etapa, seu self, dada a sua imaturidade, não tinha condições de se apropriar desse tipo de material, sob a forma de uma elaboração consistente.[14]

---

13 Pode-se notar aqui o uso, por Little, do termo "posição esquizoparanoide", que é um conceito kleiniano, não utilizado por Winnicott, já que, para ele, as cisões originárias da experiência do bebê recém-nascido devem-se à sua *imaturidade*, ao seu estado de não integração espaçotemporal e não às disjunções provocadas pelos embates entre instinto de vida e instinto de morte, como propostos por Klein, estas, sim, geradoras da posição esquizoparanoide.

14 Isso corrobora as minhas observações realizadas anteriormente, de que experiências características de estágios mais avançados podem aparecer em estágios

Segundo a sua avaliação, esse segundo período de análise também foi uma experiência bastante bem-sucedida.

Como comentário final deste percurso, gostaria apenas de dizer que, sem esses primeiros psicanalistas desbravadores – nos quais, além de Winnicott, incluo Ferenczi, como uma espécie de pioneiro[15] –, a psicanálise até hoje estaria restrita a pacientes neuróticos ou, no máximo, tentando tratar psicóticos com a técnica clássica calcada no modelo das neuroses (já que os kleinianos, embora precursores nesse terreno das psicoses, permaneceram – pelo menos nos primeiros tempos – bastante presos ao modelo psicanalítico tradicional, fundado na *interpretação da transferência*).

Foi preciso, portanto, ousadia e determinação para desmontar a técnica clássica e colocá-la em experimentação, buscando novas soluções para o tratamento de pacientes *borderline* e psicóticos: essa virada implicou a coragem de trilhar caminhos desconhecidos, sabendo que a própria vida dos pacientes estaria em jogo.

E nunca é demais lembrar isso nesses tempos atuais, em que a psicanálise perde cada vez mais terreno para as terapias cognitivo-comportamentais, sendo injustamente acusada de charlatanismo. Depoimentos como o de Margaret Little servem como testemunho eloquente de que a sua eficácia terapêutica continua mais viva do que nunca e que, dentre os mestres que nos podem ensinar essa arte curativa, Donald Winnicott ocupa um lugar realmente privilegiado.

---

anteriores, muito embora o indivíduo não tenha, na ocasião, maturidade suficiente para elaborá-las, devendo elas permanecerem, em grande parte, marginais até que essa maturidade advenha.

15 Ferenczi, antes de Winnicott, já propunha a *regressão terapêutica* como ferramenta analítica necessária para a recuperação de pacientes gravemente traumatizados, revolucionando a técnica psicanalítica vigente até então, o que lhe valeu um grande ostracismo no meio psicanalítico (Naffah Neto, 2019). O próprio Freud, que o considerava um dos seus discípulos mais talentosos, começou a manifestar ressalvas com relação aos seus métodos, contribuindo para esse afastamento injusto e preconceituoso.

Referências

Graña, R. B. (2007). *Origens de Winnicott: Ascendentes psicanalíticos e filosóficos de um pensamento original.* Casa do Psicólogo.

Little, M. I. (1990). *Psychotic anxieties and containment: a personal record of an analysis with Winnicott.* Jason Aronson.

Little, M. I. (1992). *Ansiedades psicóticas e prevenção: registro pessoal de uma análise com Winnicott.* Imago.

Naffah Neto, A. (2004). A escuta musical como paradigma possível para a escuta psicanalítica. *Escuta, 17*(33), 53-60.

Naffah Neto, A. (2019). Melanie Klein e Winnicott: porta-vozes das tradições de Abraham e Ferenczi. In E. M. U. Cintra & M. F. Ribeiro (Orgs.), *Melanie Klein na psicanálise contemporânea: teoria, clínica e cultura.* Zagodoni.

Winnicott, D. W. (1992). Clinical varieties of transference. In D. W. Winnicott, *Through pediatrics to psychoanalysis.* Karnac. (Trabalho original publicado em 1955).

Winnicott, D. W. (2019). O uso de um objeto e a relação por meio de identificações. In D. W. Winnicott, *O brincar e a realidade.* Ubu. (Trabalho original apresentado em 1968).

3. Criando a existência: a luta de Lucas[1] contra o nada

Alexandre Patricio de Almeida

O menino sem nome

A criança que fui chora na estrada.
Deixei-a ali quando vim ser quem sou;
Mas hoje, vendo que o que sou é nada,
Quero ir buscar quem fui onde ficou.
(Pessoa, 1993, p. 90)

Tudo começou como uma leve brisa, quase imperceptível. Ele chegou ao consultório envolto em um silêncio que, de tão denso, parecia segurar as paredes. Olhos grandes, mas vazios, como se o mundo ao redor fosse um borrão distante. Um menino de 10 anos, com um semblante de ausência que parecia carregar séculos de solidão. Não era só tristeza; era algo mais profundo, como se ele nunca tivesse tido a chance de ser.

---

1 Nome fictício, assim como os demais dados pessoais do paciente, com o objetivo de preservar o sigilo ético.

Nas primeiras sessões, não havia palavras. Havia apenas gestos automáticos, uma tentativa desajeitada de se conectar com algo, qualquer coisa, porém o vazio era sempre maior. A mãe, com olhos cansados e voz embargada, falava de um filho que "nunca tinha sido como os outros". Um bebê que não chorava, que não ria, que parecia indiferente ao toque e ao cuidado, como se os gestos de afeto se perdessem numa falta ensurdecedora. Desde o início, ele parecia ausente, assim como agora, em meu consultório. Ela compartilhava essas lembranças com uma mistura de tristeza e impotência, revelando uma dor silenciosa que transparecia em cada palavra. Era como se, naquele ambiente primário, a vitalidade necessária para nutrir a conexão tivesse faltado, criando um espaço onde a vida não conseguia *acontecer* plenamente.

Nas sessões seguintes, a ausência de palavras do menino persistia, mas aos poucos comecei a notar pequenos sinais. O modo como ele segurava os objetos na sala, como se fossem fragmentos de um mundo que ele não conseguia entender. Pegava um brinquedo, olhava para ele por alguns segundos, e então o largava, como se tivesse perdido o interesse ou como se aquele objeto nunca tivesse tido real importância. Eu sentia como se cada movimento dele significasse uma tentativa frustrada de encontrar algo que pudesse chamar de seu, um sopro de vida que pudesse lhe trazer para o mundo real.

Um dia, ele começou a alinhar vários lápis na mesa, formando uma fileira perfeitamente reta. Observei em silêncio, esperando que aquele ritual mecânico revelasse algo. Ele não levantava os olhos, e o ambiente estava carregado de uma tensão quase palpável. Quando terminou, olhou para os lápis enfileirados e, sem expressão alguma, os empurrou de volta para a bagunça que estavam antes. Aquela cena representava, a meu ver, uma metáfora viva da sua luta interna: a busca por um sentido que, mesmo quando encontrado, não parecia capaz de permanecer, desfazendo-se em um caos "controlado".

Winnicott enfatiza que existe uma diferença profunda entre o início de vida de um bebê cuja mãe desempenha sua função de maneira suficientemente boa e aquele cuja mãe não consegue cumprir essa tarefa de forma adequada. Essa diferença é tão significativa que descrever um bebê nos estágios iniciais só faz sentido quando se leva em conta o papel essencial da mãe. Nos cenários em que a maternagem não é suficientemente boa, a criança não consegue iniciar o amadurecimento do ego de forma saudável ou, se o faz, esse desenvolvimento acaba sendo distorcido em aspectos fundamentais.

Aqui, considero importante compreender que a capacidade adaptativa da mãe não se resume à simples satisfação dos impulsos orais do bebê, como alimentá-lo de maneira adequada. O que está em jogo neste processo vai além disso. Na verdade, é possível saciar a fome de um bebê e, ao mesmo tempo, violar o desenvolvimento de seu ego. A satisfação alimentar pode, paradoxalmente, seduzir e traumatizar.

Nesse estágio primário, o bebê não deve ser visto apenas como alguém que sente fome e cujos impulsos precisam ser satisfeitos ou frustrados. Ele é, na verdade, um ser imaturo, constantemente à beira de uma agonia impensável. Essa agonia é evitada pelo papel essencial da mãe, que se coloca no lugar do bebê, antecipando suas necessidades e cuidando não somente de seu corpo, mas também de sua pessoa como um todo. O amor, nesse momento, é expresso principalmente por meio dos cuidados físicos, semelhante ao que acontece no período final antes do nascimento.

Portanto, o processo de integração psíquica, que resulta na formação de um self coeso, funciona como uma estrada aberta, que permite idas e voltas, caminhando para estados mais integrados, mas podendo retornar a estados de não integração. Para o bebê, o relaxamento significa não precisar se integrar, pois a função materna que dá suporte ao ego está presente, proporcionando a segurança necessária para que o infante possa existir em um estado de não excitação. Essa não integração é um estado natural, permitindo que o bebê simplesmente seja, sem a exigência de estar o tempo todo organizado no tempo e no espaço. Os estados de não integração promovem um descanso necessário à psique do bebê.

A desintegração, por outro lado, é uma defesa sofisticada, uma tentativa ativa do bebê de produzir caos como uma resposta à falta de sustentação adequada. Quando a função materna falha, e a sustentação necessária não é fornecida, o bebê pode ser lançado em uma agonia impensável, que é tão desestruturante quanto a própria desintegração. No entanto, a desintegração tem a vantagem de ser um *caos produzido pelo próprio bebê*, o que a torna uma defesa dentro do campo de onipotência. Enquanto as agonias impensáveis são praticamente inacessíveis ao processo analítico, o caos da desintegração é algo que pode ser trabalhado e analisado. Cito Winnicott (1962/2022):

> *Usa-se o termo desintegração para descrever uma defesa sofisticada, uma defesa que é produção ativa do caos contra a não integração na ausência de auxílio egoico por parte da mãe, isto é, contra a ansiedade inimaginável ou arcaica resultante da falta de sustentação no estágio de dependência absoluta. O caos da desintegração pode ser tão "ruim" quanto a instabilidade do ambiente, mas tem a vantagem de ser produzido pelo bebê e por isso de ser não ambiental. Está dentro do campo de onipotência do bebê. Em termos de psicanálise, é analisável, enquanto as ansiedades inimagináveis não o são. (p. 77)*

Nesse sentido, criar seu próprio caos – ainda que inconscientemente – pode evitar o confronto com o vazio, com a ausência de sustentação inicial. Essa compreensão me ajudou a enxergar além do silêncio e dos gestos automáticos do menino. Sua aparente apatia, que tantos viam como um vazio insondável, começou a se revelar como uma estratégia desesperada para evitar o colapso total. Ele não estava simplesmente ausente; estava, na verdade, lutando para não ser engolido por uma agonia impensável. A ausência de uma base segura, da sustentação inicial que deveria ter sido oferecida, havia deixado um "buraco" em seu desenvolvimento emocional. E, nesse vácuo, ele se defendia criando seu próprio caos interno, uma desintegração que, embora confusa, era a única maneira que encontrava para sentir que tinha algum controle.

Os silêncios que dominavam nossas sessões não eram meras ausências de palavras; eram abismos que pareciam sugar qualquer tentativa de comunicação entre nós. Em alguns momentos, pensei ter visto seus olhos marejarem, mas a lágrima nunca caía. Eu sentia aquela situação como se ele estivesse preso entre o desejo de sentir e o medo paralisante do que poderia acontecer se o fizesse. Eu não sabia ao certo como ajudá-lo a atravessar aquele vazio, mas estava claro que, mais do que qualquer coisa, ele precisava de um espaço onde pudesse existir, mesmo que de forma fragmentada.

A mãe continuava a compartilhar suas preocupações, descrevendo episódios de uma infância que parecia feita de sombras. Contou-me de uma noite em que ele acordou gritando, mas, ao correr até o quarto, encontrou-o completamente calmo, com os olhos abertos, encarando o teto. Ela dizia que, às vezes, tinha a sensação de que ele vivia em um mundo diferente, onde as regras que governavam a vida de outras crianças simplesmente não se aplicavam a ele. Essa sensação de tatear no escuro permeava minha experiência com ele também, como se estivéssemos lidando com uma realidade na qual o tempo e o espaço se distorciam, em que a linearidade da vida simplesmente não fazia sentido.

Comecei a me perguntar se o silêncio dele não era, na verdade, um grito abafado, uma tentativa de comunicar o incomunicável. Nas sessões, experimentei diversas abordagens, tentando provocá-lo a expressar algo, qualquer coisa que pudesse me dar uma pista. Um dia, trouxe à sessão um quadro com cores vibrantes, na esperança de que ele reagisse. Ele olhou fixamente para a imagem, mas não disse nada.

Apenas levantou-se e começou a caminhar em círculos ao redor da sala. Aquele movimento circular parecia espelhar sua mente: girando, sem nunca encontrar um ponto de descanso, sem nunca parar.

Os gestos automáticos e as ações repetitivas eram cada vez mais frequentes. Ele mexia nos mesmos objetos, percorria o mesmo caminho dentro do meu consultório, como se estivesse preso em um ciclo que não conseguia romper. E, cada vez que ele repetia aqueles movimentos, eu via ali uma tentativa desesperada de encontrar algum alívio, de criar uma rotina que pudesse ancorá-lo em um mundo que ele não compreendia. Porém, ao mesmo tempo, esses movimentos pareciam intensificar sua sensação de vazio, como se a repetição apenas aprofundasse a distância entre ele e qualquer forma de conexão.

Nas sessões seguintes, comecei a perceber que, ao invés de tentar puxá-lo para a realidade externa, eu precisava respeitar aquele caos que ele estava criando. Tais gestos não representavam somente uma resistência ao tratamento; eram uma defesa vital, uma forma de proteção que ele havia construído para sobreviver em um mundo onde nunca teve a sustentação necessária. Entendi que, para alcançar alguma conexão, seria preciso entrar nesse caos junto com ele, acompanhá-lo em sua desintegração, sem tentar "consertá-lo".

A cada encontro, ficava mais claro que nosso trabalho não seria sobre reorganizar aquele caos de forma artificial, e sim permitir que ele se expressasse, que tivesse um espaço onde pudesse se desdobrar sem ser interrompido ou julgado. Aos poucos, comecei a ver pequenas mudanças. Ele ainda estava preso em seu mundo, mas agora havia momentos – breves, mas significativos – em que o caos dava lugar a um vislumbre de conexão, uma faísca de algo que poderia, eventualmente, se transformar em uma integração mais genuína.

O desafio era grande, e o progresso, lento. Contudo, cada vez que ele escolhia um objeto para alinhar na mesa, cada vez que seus olhos se fixavam em algo por mais de um segundo, eu via ali uma tentativa

– ainda que mínima – de dar sentido ao próprio caos. Ele estava, de forma tortuosa (e dolorosa), começando a explorar a possibilidade de se conectar, ainda que de forma fragmentada, com o mundo ao seu redor.

Algumas notas sobre a psicose para Winnicott

A psicose, em sua essência, está intimamente ligada a uma privação emocional que ocorre em um estágio tão precoce do desenvolvimento que o bebê sequer tem a capacidade de perceber essa falta. Trata-se de uma privação que se instala antes mesmo de qualquer consciência sobre a existência ou ausência de provisão emocional. Nesse cenário, a falha não se limita ao ambiente em si, mas sim à ausência completa de uma provisão que o bebê possa reconhecer como suficientemente boa. Não há aqui uma perda no sentido clássico, em que algo que existiu deixa de existir. O que ocorre é muito mais profundo e sutil: o bebê não experimenta uma interrupção de algo bom, porque nunca houve algo que pudesse ser sentido como tal. O que se dá é uma interrupção do *próprio existir*, uma ruptura que não pode ser atribuída a nada nem a ninguém, pois acontece em um estágio em que o bebê ainda não se diferencia minimamente do ambiente ao seu redor. Vejamos o que escreve o nosso autor:

> *O segundo tipo de experiência, com a falha da adaptação suficientemente boa do ambiente, produz as distorções psicóticas do conjunto ambiente-indivíduo. Os relacionamentos provocam* uma perda do senso de si, *que vem a ser readquirido somente pelo retorno ao isolamento. O estar isolado, porém, torna-se cada vez menos puro à medida que a criança se afasta do início, pois envolve cada vez mais uma organização defensiva para repudiar a intrusão ambiental. A terapia adequada a esse tipo de distúrbio*

> *deve proporcionar uma adaptação ativa à criança e gradualmente construir um respeito pela noção de processo. (Winnicott, 1952/2021, p. 399, grifo meu)*

Essa privação primordial coloca a psique em um estado de indefinição, em que o ponto de origem da falha é tão precoce e indeterminado que não resulta em uma perda que possa ser localizada ou sentida, mas sim em uma incapacidade absoluta de se relacionar com objetos. Nesse contexto, a relação com o mundo externo fica profundamente comprometida, e o desenvolvimento psíquico é marcado por uma falha estrutural que permeia todo o processo de construção do self.

Como podemos notar, Winnicott nos oferece um olhar bastante inovador sobre essa questão. Ele não está simplesmente reorganizando conceitos já conhecidos sob uma nova roupagem. Seu ponto de vista destaca o papel central do ajustamento "incorreto" do ambiente, e só em um segundo plano considera a reação da criança a esse ambiente falho. Isso contrasta fortemente com a tradição kleiniana, que coloca a fantasia inconsciente no centro da organização psíquica, minimizando a importância do objeto externo no processo de constituição da subjetividade – ainda que Klein fale o tempo todo do "bom objeto introjetado". Winnicott inverte essa lógica ao enfatizar que a estruturação psíquica depende de modo crucial de um ambiente suficientemente bom nos primeiros estágios da vida.

No entanto, Winnicott também nos lembra que os mecanismos primitivos que atuam nas psicoses não são exclusivos desse quadro. O que define a psicose, segundo ele, não são os mecanismos psíquicos em si ou o tipo de ansiedade envolvida, mas *as defesas primitivas* que surgem como resultado das falhas ambientais nas etapas mais precoces do desenvolvimento. Se o ambiente tivesse proporcionado a provisão necessária durante a fase de dependência absoluta, essas defesas primitivas não teriam se organizado da maneira como o fazem em quadros psicóticos. A ausência de um ambiente favorável compromete a evolução da personalidade e do self, levando ao que Winnicott denomina como esquizofrenia.

> *Na verdade, minha intenção é chegar a uma descrição do modo como o desenvolvimento emocional em seus estágios primitivos diz respeito exatamente aos mesmos fenômenos que se apresentam no estudo da esquizofrenia em adultos e dos estados esquizoides em geral, e também das* defesas organizadas *contra a confusão e a não integração. (Winnicott, 1952/2021, p. 398, grifos meus)*

Loparic (1997) sublinha a importância de Winnicott em trabalhar com a noção de falta, ausência, expectativas não correspondidas e encontros frustrados. O autor britânico, em seus ensaios, faz uma distinção crucial entre o *no-thing* (ausência de coisa) e o *nothing* (coisa alguma ou inexistência), que caracteriza a organização psicótica. Essa distinção evidencia a complexidade do vazio que Winnicott busca entender e tratar em seus pacientes. Loparic (1997) aponta com precisão algo que sempre me pareceu fundamental na obra de Winnicott: a atenção ao que não aconteceu, ao que foi deixado em branco, àquele espaço que deveria ter sido preenchido, mas que nunca chegou a ser. É como olhar para uma pintura em que as cores estão todas lá, mas o que chama a atenção é o vazio entre as pinceladas, a ausência de forma onde deveria haver um contorno. Winnicott não se detém apenas no que é visível, no que se manifesta; ele mergulha naquilo que falta, naquilo que nunca chegou a existir, mas cuja ausência molda toda a estrutura psíquica do indivíduo.

Na psicose, o que encontramos não é somente uma falta que poderia ser preenchida, mas uma ausência tão fundamental que nem mesmo há espaço para que algo seja sentido como faltante. É como se, em algum ponto, o processo de desenvolvimento tivesse se deparado com um abismo tão profundo que a psique simplesmente não soubesse como lidar com ele, e então se retraísse, criando uma barreira invisível, mas intransponível, para proteger-se de uma agonia impensável.

Essa distinção não é meramente teórica. Ela se reflete diretamente na forma como Winnicott aborda o vazio nas sessões de análise. Ele não está interessado em preencher lacunas com interpretações, em oferecer ao paciente uma narrativa que possa dar sentido ao que foi perdido. Ao contrário, ele se preocupa em criar um espaço onde o paciente possa, pela primeira vez, começar a construir algo a partir desse vazio. Não se trata de encontrar o que estava perdido, mas de lidar com o que nunca esteve lá, com o que nunca foi. Isso se traduz em uma prática clínica que valoriza o silêncio, o espaço, o tempo. Uma prática que não se apressa em dar nome às coisas, mas que respeita o ritmo do paciente, que entende que, muitas vezes, o que é mais difícil de enfrentar não é o que foi perdido, mas o que nunca chegou a ser.

Na análise, isso significa estar presente para o paciente, não com respostas, mas com uma disposição para explorar o que ele nunca teve a chance de viver, o que ele nunca pôde sentir. Penso, aqui, em um trabalho delicado, que exige paciência e uma profunda empatia, pois não se trata de consertar, mas de criar – de dar ao indivíduo a oportunidade de, talvez pela primeira vez, começar a existir de verdade.

Ainda sobre a questão das defesas psicóticas, Elsa Oliveira Dias (2017) salienta:

> *Há defesas, sim, nas psicoses – e, na verdade, as psicoses são, elas mesmas, organizações defensivas –, mas elas não são do tipo da repressão; nesta, o indivíduo, já constituído como identidade unitária e tendo uma realidade psíquica interna estabelecida, padece dos conflitos relativos à instintualidade – já dotada de sentido pessoal e relativa às relações interpessoais – e às restrições impostas pela censura.*

> *Nas psicoses, as defesas são de tal natureza que paralisam a tendência inata ao amadurecimento, impedindo a constituição do si-mesmo. Por todas estas razões e, em particular, porque a neurose deixou de ser, em Winnicott, o paradigma das doenças psíquicas, a teoria do desenvolvimento das funções sexuais, que fundamenta a teoria das neuroses, deixou de ser a teoria por excelência da constituição do indivíduo. (p. 70)*

Por essas e outras razões, Winnicott pode ser considerado, como Green sugeriu, um analista do vazio. Ele valoriza a dimensão do negativo, insistindo na necessidade de analisar aquilo que não pôde ser construído ao longo do desenvolvimento mental. Essa análise se mostra essencial tanto nas organizações narcísicas quanto nas psicóticas, em que a presença de um vazio estruturante se torna evidente.

A tarefa da análise, nesses casos, não é simplesmente desvendar ou interpretar sentidos latentes já existentes, mas sim gerar significados em um espaço previamente desprovido de sentido. Esse processo de criação de significados permite que o psiquismo comece a superar suas fraturas e se conecte com o corpo e com os seus instintos. Ao estimular o *mundo interno*[2] do paciente, oferecemos a ele a oportunidade de desenhar os contornos de sua subjetividade, por um processo de amadurecimento que, embora lento, se mostra extremamente significativo.

A partir desse trabalho cuidadoso, a psicanálise pode se deparar com fenômenos mais arcaicos, como as agonias impensáveis que

---

2 Para Winnicott, o *mundo interno* só pode existir quando o indivíduo desenvolveu um Eu suficientemente integrado, capaz de diferenciar o que é interno e externo. Esse processo envolve a distinção entre a *realidade compartilhada* e a *realidade subjetiva*. Antes da constituição do Eu, o bebê habita um mundo subjetivo, onde tudo é percebido como uma extensão dele mesmo, sem separação clara entre o que vem de dentro e o que vem do ambiente. Nesse estado, as experiências não são objetivas, mas subjetivamente percebidas, ou seja, criadas a partir da ilusão de onipotência.

Winnicott descreve.[3] Elas nos levam a refletir acerca da solidão essencial do ser humano contemporâneo, uma solidão que, na visão de Loparic (1997), possui uma natureza essencialmente trágica.

A psicanálise tradicional, focada em neuroses e em conflitos intrapsíquicos, muitas vezes não abrange o desafio das psicoses e de uma ampla gama de patologias que, paradoxalmente, constituem uma parte significativa da demanda contemporânea por tratamento. É nesse cenário que o pensamento winnicottiano surge como uma lufada de ar fresco, oferecendo novas possibilidades de trabalho para aqueles que lidam com situações limítrofes, casos *borderline*, transtornos de caráter e psicoses em suas variadas configurações. Ao reconhecer e valorizar a complexidade do vazio e do *nothing*, conforme propõe Loparic (1997), Winnicott nos oferece um caminho para ajudar esses pacientes a começar a construir algo que, até então, lhes parecia impossível: um sentido de existência.

Rumo a um existir, em primeira pessoa

Se ao menos atingir neste lugar
Um alto monte, de onde possa enfim
O que esqueci, olhando-o, relembrar,
Na ausência, ao menos, saberei de mim,
E, ao ver-me tal qual fui ao longe, achar
Em mim um pouco de quando era assim.

(Pessoa, 1993, p. 90)

---

3 As "agonias impensáveis" são descritas por Winnicott (1963/1994) como estados emocionais intensamente primitivos que ameaçam a existência do self. Elas incluem sentimentos de desintegração, queda eterna, ausência de orientação corporal, perda de realidade psíquica e aniquilação. Winnicott explica que esses estados de angústia ocorrem quando o ambiente falha em fornecer o suporte necessário durante o desenvolvimento inicial da criança, resultando em uma ameaça direta à integridade do self.

Após essa reflexão, volto minha escrita para o menino. Comecei a ver com mais clareza que sua luta ia além da ausência de palavras ou gestos; era contra o próprio vazio que habitava dentro dele. Não era somente uma falta resultante de algo perdido, mas uma lacuna que jamais foi ocupada, um abismo profundo e silencioso que ele tentava, em vão, preencher com o caos que criava. Aquilo que nunca existiu (*nothing*) – o cuidado, o afeto, a segurança – era justamente o que ele buscava desesperadamente em cada sessão, mesmo que de forma inconsciente.

Cada dia, em meu consultório, compartilhávamos uma tentativa esperançosa de lidar com esse *nothing*. E eu me mantinha lá, tentando não preencher o vazio com minhas próprias interpretações, mas oferecer um espaço onde, pela primeira vez, ele pudesse começar a criar algo próprio. As fileiras de lápis que ele organizava e desorganizava simbolizavam, para mim, mais do que gestos repetitivos; representavam, em sua essência, uma forma de controle de um mundo que só ele conhecia.

Então, fui surpreendido por uma determinada situação. Um dia, após meses de sessões, ele finalmente olhou para mim, não apenas de relance, mas com um olhar que carregava uma centelha de vida, uma faísca de presença. Foi um momento breve, mas ali, naquela fração de segundo, ele parecia estar experienciando a existência pela primeira vez. Como se, de alguma forma, o vazio tivesse se retraído por um instante, e ele pudesse começar a sentir o que era estar vivo; estar comigo, naquela ocasião.

Naquele dia, eu perguntei seu nome, algo que já havia feito antes, entretanto, dessa vez, a resposta veio de um lugar diferente, com um peso diferente. Ele sussurrou, quase como se estivesse descobrindo quem era: "Lucas". E, ao ouvir seu próprio nome, algo dentro de mim se quebrou. Eu sabia que aquela expressão não era apenas um nome; tratava-se da primeira vez que ele se reconhecia como alguém, como uma pessoa – e não somente como um conjunto de ações automáticas ou um reflexo de um vazio interminável.

Lucas. Ali, diante de mim, estava um menino que, por tanto tempo, parecia perdido em um mundo sem formas definidas, começando a se perceber, a existir. Não como antes, quando o caos imperava, mas de um jeito diferente – frágil, incerto, porém novo. Ele estava, enfim, emergindo da ausência, não porque eu tivesse preenchido esse espaço, mas porque algo dentro dele começava a ganhar forma, algo com potencial para crescer e se desenvolver.

Vaisberg (2003) é certeira ao afirmar que:

> *Quando lidamos com casos acometidos pela ocorrência de invasões que não puderam ser experienciadas e que lançaram o indivíduo no abismo de agonias impensáveis, aquilo que "aconteceu sem poder ser experienciado", vale dizer, sem cair na área da onipotência pessoal, busca realização, busca* ser pela primeira vez vivenciado sem que o indivíduo seja expulso violentamente da realidade interhumana. *Essa realidade é um mundo no qual acontecem sentimentos e emoções, mas não agonias, que pertencem ao sem fim, ao que não tem limite, ao que é infinito. Mantendo-se vivente na realidade interhumana, o indivíduo naturalmente caminha para a articulação simbólica de aspectos do self, simplesmente porque isso é próprio do humano. (p. 120, grifo meu)*

O caminho para a integração completa ainda estava distante – e eu me pergunto: "ela existe?" –, contudo, agora, havia uma nova esperança. O caos que ele criava, em vez de ser apenas uma manifestação de desespero, começava a se mostrar como uma defesa que, embora primitiva, era analisável e, portanto, acessível ao trabalho analítico. Ao respeitar seu ritmo e seus recursos, estávamos construindo, tijolo por tijolo, a possibilidade de um existir mais pleno, mais presente, ainda que cheio de cicatrizes. No final, o que se tornava evidente é que, mesmo dentro do caos, havia um fio de continuidade que podíamos seguir.

O nome que ele pronunciou com tanto cuidado foi o primeiro passo de uma trajetória um tanto quanto desafiadora – para ambos, vale dizer. Todavia, naquele instante, eu sabia que ele havia começado a trilhar um caminho para fora da escuridão, para fora do nada. E, pela primeira vez, eu senti que ele estava, de fato, existindo. Não completamente, não plenamente, mas o suficiente para que, ali, naquele espaço seguro, Lucas pudesse começar a ser Lucas – um menino, uma pessoa, alguém que tinha finalmente dado o impulso inicial para ser visto, para ser sentido, para existir de verdade.

Referências

Dias, E. O. (2017). *A teoria do amadurecimento de D. W. Winnicott.* DWW Editorial.

Loparic, Z. (1997). Winnicott: uma psicanálise não-edipiana. *Percurso*, *9*(17), 41-47. Reeditado em *Revista de Psicanálise da SPPA*, *4*(2), 375-387, 1997.

Pessoa, F. (1993). *Novas poesias inéditas.* Ática.

Vaisberg, T. M. J. A. (2003). Ser e fazer: interpretação e intervenção na clínica winnicottiana. *Psicologia USP*, *14*(1), 95-128.

Winnicott, D. W. (1994). O medo do colapso (*breakdown*). In D. W. Winnicott, *Explorações psicanalíticas.* Artmed. (Trabalho original publicado em 1963).

Winnicott, D. W. (2021). Psicoses e cuidados maternos. In D. W. Winnicott, *Da pediatria à psicanálise.* Ubu. (Trabalho original publicado em 1952).

Winnicott, D. W. (2022). A integração do ego no desenvolvimento da criança. In D. W. Winnicott, *Processos de amadurecimento e ambiente facilitador.* Ubu. (Trabalho original publicado em 1962).

4. Apontamentos sobre a análise de uma paciente esquizoide, de uma perspectiva winnicottiana[1]

Alfredo Naffah Neto

Primeira etapa da análise: um silêncio a ser respeitado

Inicio o meu percurso descrevendo a paciente e as suas motivações para procurar análise.

Trata-se de uma jovem esquizoide que recebi, numa época em que ainda tinha pouca experiência com esse tipo de psicopatologia. Era uma moça de seus 20 e poucos anos, universitária (estudante de línguas), que vou chamar, aqui, de Maria.[2] Suas queixas eram diversas: a primeira delas era sua dificuldade de sair de casa: a claridade do sol a incomodava muito; então, passava o dia inteiro deitada na cama

---

1 Este artigo, com algumas modificações, foi originalmente apresentado como uma conferência, promovida pela Associação Portuguesa de Psicanálise e Psicoterapia Psicanalítica, realizada em Lisboa, Portugal, em março de 2018. Posteriormente, foi publicado pelo *Jornal de Psicanálise*, 51(95), 59-72, 2018. Para a presente edição, o texto sofreu revisões, transformações e acréscimos.

2 A paciente que refiro aqui é, na verdade, um caso fictício, mas baseado num caso verdadeiro, e assim operei a fim de não permitir qualquer reconhecimento da pessoa real envolvida. Nessa direção, conservaram-se as características principais da psicopatologia do caso e do processo psicanalítico decorrente, a fim de poder desenvolver os argumentos aqui expostos.

ou em frente da televisão, geralmente com um dedo na boca. Prestava pouca ou nenhuma atenção aos programas que se desenrolavam diante dela; eles iam rodando, uns após os outros, de forma meio indiscriminada. Levantava-se para ir ao banheiro ou para comer alguma coisa, quando sentia fome, mas logo voltava à mesma posição.

Quando conseguia, o que era raro, ela ia à faculdade. Estava acumulando faltas em várias disciplinas e já havia perdido provas importantes, sem chance de recuperação. Assim, seus estudos caminhavam aos trancos e barrancos.

À noite, no escuro, conseguia sair à rua, sem se sentir tão angustiada; então, ia a baladas, onde, geralmente, consumia bebidas alcoólicas e alguma cocaína. Seus namoros eram recheados de desencontros, brigas e rupturas. Percebi, então, que ela tinha grande dificuldade de se discriminar do outro, misturando-se o tempo todo e exigindo cuidados que o outro não podia lhe propiciar.

Nessa época, seus pais, que a sustentavam, pagando inclusive o aluguel do apartamento onde morava, estavam desacorçoados e sem saber o que fazer: a moça já tentara algumas análises, que interrompera por não conseguir ir às sessões; disse-me que essa seria a última chance a ser-lhe dada pelos pais. Percebi, pois, que o que esperava de mim, analista, não era pouca coisa. O que fazer?

Essa era a época em que eu fazia, justamente, uma transição na minha profissão de analista, caminhando de uma postura apoiada em Klein e Bion – produto do meu processo analítico pessoal – para começar a trabalhar com as ferramentas winnicottianas.[3] Resolvi

3 Na verdade, essa passagem ocorrera com uma paciente anterior, de 40 anos – minha primeira paciente *borderline* – e fora motivada por razões clínicas. Era uma paciente que rejeitava todas a minhas intervenções, sem distinção, e, quando eu interpretava o que, na época, aparecia como "ataques ao vínculo analítico", ela se sentia terrivelmente ofendida e incompreendida. Por outro lado, suas poucas associações livres nos levavam para temas da primeira infância, já descritos por Winnicott, o que me levou à necessidade de mudar meu referencial teórico e

aceitar o desafio. Percebendo tratar-se de um caso com características esquizoides, propus-lhe um contrato de quatro sessões semanais, que foi aceito sem titubeios.

Mas, logo nas primeiras semanas, percebi que as coisas não iam funcionar: como era de se esperar, ela vinha numa sessão e faltava em duas seguidas, ou vinha em duas e faltava nas duas seguintes, de forma totalmente irregular; quando questionada, dizia que não conseguia sair de casa, de frente da televisão. Então, fiz a minha primeira intervenção, dizendo-lhe que assim não poderíamos caminhar, que o nosso trabalho só teria alguma chance de funcionar com a sua presença regular. Depois de alguma conversa, combinamos que ela procuraria um psiquiatra amigo meu, para ver se havia alguma medicação capaz de ajudá-la pelo menos a vir às sessões.

Questiono-me se, hoje, teria essa mesma postura; provavelmente, não. Penso que pelo menos esperaria um tempo maior. Entretanto, anos depois, Maria disse-me que aquela "chamada às falas", naquele momento, tinha sido "providencial"; que os outros analistas tinham sido todos muito passivos, meramente interpretando, em vez de tomar alguma providência.

O psiquiatra receitou-lhe um antidepressivo leve, mas me disse em *off* que a dose era tão pequena que funcionava quase como um placebo. Mas, de fato, funcionou: suas vindas tornaram-se mais regulares e a análise se iniciou.

Entretanto, convivíamos no mais completo silêncio: a cada sessão, Maria chegava, deitava-se no divã e passava os cinquenta minutos completamente calada. No final da primeira sessão de silêncio, disse-lhe apenas que vir e ficar em silêncio era melhor do que não vir e permanecer em frente da televisão; que simplesmente conseguir vir já significava algum um passo adiante.

---

técnico para poder tratá-la. Esse processo foi descrito, com mais detalhes, em dois artigos anteriormente publicados (Naffah Neto, 2005; Naffah Neto, 2009).

O que eu entendia é que ela reeditava na própria sessão o seu retraimento esquizoide; isto é, que essa era uma forma de trazer para a análise, *em ato*, a sua esquizoidia.[4]

E, assim, se passaram várias sessões, não me lembro por quanto tempo. Para mim, era extremamente difícil permanecer presente em nossos encontros, mantendo-me calado e respeitando o seu silêncio; dava-me sono e tinha de fazer um grande esforço para não cochilar ou não me ausentar completamente. Mas pensava eu: "Pelo menos, o fato de ela ter escolhido, espontaneamente, o divã e não estar frente a frente comigo já é um alívio". Caso contrário, não sei se teria aguentado tanto tempo. Mas tinha completa convicção de que essa era a postura a ser sustentada e que, se eu tinha alguma intenção de vir a analisar aquela moça, eu tinha de começar por respeitar o seu recolhimento.

Entretanto, conforme as sessões foram acontecendo, o silêncio de Maria foi perdendo, aos poucos, o seu caráter mais ensimesmado e autoprotetor, ganhando um ar de maior relaxamento e tranquilidade. Parecia que estava adquirindo alguma confiança na análise e no analista.

Então, depois de várias sessões no mais completo silêncio, começaram a surgir, espaçadamente, em algumas sessões, uma fala ou

4 Penso que, se ainda estivesse me referenciando em Bion, provavelmente teria interpretado esses silêncios como uma forma de resistência à análise ou de ataque ao vínculo analítico, em função daquilo que Bion denominava um "dote", característico da personalidade esquizofrênica (portanto, pressuponho que – num nível menos intenso – da personalidade esquizoide, também), formado por quatro traços essenciais: uma preponderância dos impulsos destrutivos tão grande que faz com que mesmo o amor seja transformado em sadismo; um ódio à realidade interna e externa; um terror de aniquilação eminente; e uma formação prematura de relações de objeto, mantidas com tenacidade (Bion, 1957/1991, p. 70). Nesse mesmo artigo, ele sugere que esse dote não provém de traumas ambientais, mas tem origem constitucional, surgido de uma dinâmica específica entre instintos de morte e instintos de vida, característica do esquizofrênico (p. 70).

outra, que eu simplesmente escutava ou à qual dava alguma resposta breve, simplesmente para sinalizar que eu a estava escutando. Não tinha, aí, nenhuma intenção interpretativa, ou, quando esta existia, a interpretação era feita de forma muito cuidadosa.

E, aos poucos, no seu ritmo próprio, ela começou a falar da sua vida e das suas dificuldades: do sol que a ofuscava e da noite mais convidativa e festeira; das brigas com o namorado e com os pais; da faculdade, que ia ficando quase impossível de ser concluída. Mencionava como tudo na vida lhe era extremamente difícil, inclusive porque as pessoas não entendiam o que se passava com ela e funcionavam somente por cobranças, cobranças e mais cobranças. Cobranças intermináveis, das quais nunca conseguia dar conta. Então, sentia-se péssima, imprestável, uma inútil.

Cito um fragmento de sessão dessa época, para dar uma ideia mais clara de como o processo psicanalítico ocorria:

> M. "No sábado eu e o João fomos a uma *rave* onde corria muita bebida e droga e já começamos brigando feio!..."
> A. "O que houve?"
> M. "O meu ciúme, como sempre; achei que ele estava olhando muito para uma menina, e caí em cima dele. Daí, brigamos bastante, até que a gente se encheu de brigar e fomos cheirar coca. Daí fomos dançar no meio da multidão e foi super gostoso!"
> A. "É possível que você faça uso da coca para sentir mais coragem de enfrentar o mundo de fora, e daí poder dançar no meio da multidão."
> M. "É, pode ser..."

Porém, ainda havia sessões em que o retraimento reaparecia e Maria permanecia recolhida no seu mundo subjetivo, por um longo tempo, no início da sessão, e então, quando esta ganhava fôlego, estava na hora de terminá-la. Diante disso, resolvi condensar as quatro sessões de cinquenta minutos em duas sessões de um hora e meia.

Era uma forma de facilitar a sua vida – ela só teria de sair de casa duas vezes, em vez de quatro – e de dar mais tempo às sessões, para permitir que o retraimento acontecesse sem ser um impeditivo para o que viria em seguida. Pensava que, se estávamos numa análise modificada, podíamos experimentar coisas novas. Nessa época, eu ainda não tinha lido o relato de Margareth Little de sua análise com Winnicott, nem sabia que ele tinha feito a mesma coisa com ela, ou seja, aumentado o tempo das suas sessões, em função do seu retraimento esquizoide (Little, 1990, p. 44). Às vezes, uma intuição no momento certo dá a chave da charada. A partir desse momento, as sessões tornaram-se muito mais produtivas.

Contudo, voltemos um pouco à problemática do silêncio e àquelas sessões tão difíceis de sustentar, mas que, ao mesmo tempo, foram tão fundamentais para que o processo analítico viesse a acontecer. O que elas significaram para Maria?

Penso, talvez, que elas possam ter representado uma das primeiras vezes em que ela conseguia estar consigo própria, na presença de um outro, sem ser cobrada de nada, sem qualquer tipo de exigência ou de expectativa. Na mais pura aceitação de que as coisas acontecessem como eram possíveis de acontecer, nada além disso. Se o possível era o silêncio, então que fosse o silêncio! E entendo que essa experiência foi crucial para o desenvolvimento posterior da análise de Maria.

Por essa razão, é preciso sublinhar que silêncio nem sempre significa resistência ao processo de análise. Pode significar – como no caso de Maria – um tempo necessário para conquistar uma confiança, ainda que mínima, na análise e no analista, ou um período de teste para ver se ele não se comporta como seus pais, com cobranças e exigências.

Quando trabalhamos como pacientes que vivem nas bordas, temos de nos desembaraçar dos nossos critérios, já consolidados, de avaliação dos neuróticos, pois esses indivíduos – conforme Winnicott assinalou – são pessoas inteiras, com discriminação de mundo interno e mundo externo, portanto capazes de vivenciar conflitos e até mesmo de recalcá-los e torná-los inconscientes. Isso, comparado ao estado dos pacientes de tipo *borderline*,[5] é quase um luxo, tendo em vista que eles ainda estão lutando para virem a existir *verdadeiramente*, ou seja, para se sentirem *reais*.[6]

Muitos psicanalistas não entendem o uso eminentemente clínico dos termos "verdadeiro" e "falso" no vocabulário winnicottiano. Essa adjetivação reflete diretamente a experiência de sentir-se vivo, real, em harmonia consigo mesmo e consciente das próprias ações. Ou, em oposição, a percepção da vida como algo vazio, sem significado, repetindo padrões desconexos, originados de fontes desconhecidas, sem qualquer vínculo com um processo subjetivo autêntico. Ou, o que é o avesso dessa mesma dinâmica, o refúgio no retraimento surge como uma tentativa de escapar dos perigos e exigências do mundo, levando a uma existência à margem de tudo. Pacientes com traços esquizoides, geralmente, habitam essa fronteira irreal, esse espaço sem

---

5 Estou aqui usando o termo *borderline* num sentido amplo, designando todo tipo de patologia que fica a meio caminho entre a neurose e a psicose.

6 No entanto, alguns analistas da tradição kleiniana costumam postular que tratam os esquizofrênicos por meio da mesma técnica clássica com que tratam os neuróticos. Hanna Segal, por exemplo, numa reunião científica da British Society, afirmou que não há diferença entre as necessidades de manejo de um neurótico e de um psicótico, e isso lhe valeu uma reprimenda de Winnicott, numa carta a ela endereçada. Winnicott disse a ela: "Se a senhora realmente acredita, como muitos de nós, que o paciente psicótico se encontra num estado infantil na situação de transferência, então o que está dizendo realmente é que não existe nenhuma diferença entre as necessidades de manejo de um bebê e as de um adulto. No entanto, tenho certeza de que, numa conversa, a senhora admitiria que, ao passo que uma pessoa madura pode participar de seu próprio manejo, uma criança só pode tomar parte até certo ponto, e um bebê no início depende absolutamente de um ambiente que pode escolher adaptar-se às suas necessidades ou então não se adaptar e ignorá-las.... Eu diria que os problemas de manejo são essencialmente diferentes, de acordo com o nível de desenvolvimento. Se for esse o caso, então os problemas de manejo devem ser diferentes na análise de psicóticos e neuróticos" (Winnicott, 1953/1990a, p. 41).

substância, como era o caso de Maria, que passava horas diante da televisão, chupando o dedo, alheia ao que acontecia ao seu redor. Nas noites de balada, o álcool e a cocaína atuavam como tentativas ilusórias de dar vida ao que estava inerte, de ressuscitar o que, de certa forma, já era um morto-vivo.

"Verdadeiro" e "falso" não são, pois, noções metafísicas ou epistemológicas, mas conceitos *clínicos*, descritivos das vivências de dois tipos de pacientes: aqueles que experimentam a vida como *verdadeira* e aqueles que a sentem e a avaliam como *falsa, inconsistente*. Nesse sentido – como no caso de Maria –, um silêncio pode ser mais verdadeiro do que um discurso realizado somente para fazer sala para o analista, ou para tentar seduzi-lo.

Winnicott, é verdade, também usa esses adjetivos quando descreve o falso e o verdadeiro selves dos indivíduos saudáveis; mas, nesse caso, eles designam partes de uma mesma estrutura; o self verdadeiro descrevendo o núcleo isolado e incomunicável do self e o falso self abarcando a faceta social do indivíduo, envolvendo aquele tanto de concessão que todos somos obrigados a fazer para poder viver em sociedade. Porém, caminhando em direção às psicoses, esse falso self pode se tornar uma formação patológica, totalmente cindida do restante da personalidade e numa condição de total sujeição às demandas ambientais, condição essa em que o termo "falso" ganha um estatuto maior (Winnicott, 1960/1990b, pp. 144-152). No caso do paciente esquizoide, o retraimento consiste, justamente, numa defesa contra essa sujeição ao ambiente, vivido como persecutório.

Antes de Winnicott, Nietzsche já dizia:

> *O conceito "real, verdadeiramente existente" nós o tiramos primeiramente desse "nos dizer respeito"; quanto mais somos tocados em nossos interesses, mais acreditamos na "realidade" de uma coisa ou de um ser. "Isso existe" significa: eu me sinto existindo no contato com isso.* (Nietzsche, 1978, p. 193)

A frase é exemplar, no sentido de apontar o sentido de uma análise, quando tratamos de pacientes de personalidade *borderline*. Podemos afirmar que ela será uma análise bem-sucedida se conseguir tocar as necessidades verdadeiras do paciente em questão para vir a lhe favorecer, lentamente, a conquista de uma existência própria. Para que, um dia, ele possa dizer: "Eu me sinto existindo no contato com você" ou "Eu, finalmente, me sinto real junto a você". E que, a partir daí, possa ampliar esse sentimento de existência e de realidade para o restante da vida.

Antes de retomarmos à análise de Maria, convém descrever de modo breve como Winnicott entende a dinâmica psíquica do esquizoide.

Algumas notas sobre a dinâmica esquizoide

Conforme mencionei em um artigo anterior, Winnicott define a esquizoidia:

> *num texto de 1953 (Winnicott, 1952/1992, pp. 222-227), como uma forma de retraimento, usado como única defesa possível diante de um ambiente invasivo.*[7] *Nesse mesmo texto, Winnicott explica que a atividade de integração do self do bebê leva comumente a uma paranoia potencial,*

7 Outras passagens de Winnicott sugerem que, mais do que simplesmente invasivo, o ambiente do esquizoide é *caótico, imprevisível*, sendo, nesse sentido, quase impossível constituir defesas intelectuais capazes de prever o evento traumático e dele se defender. Nesse sentido, poderíamos pensar que o *retraimento, o esconderijo* numa espécie de *refúgio psíquico* talvez constitua a única defesa possível diante de tal realidade. Podemos observar isso, por exemplo, no ambiente da infância de Margaret Little, uma paciente esquizoide que Winnicott analisou. Numa das sessões, após muita escuta, Winnicott lhe disse: "Sua mãe é imprevisível, caótica e ela organiza o caos ao redor dela" (Little, 1990, p. 49). E, para corroborar a interpretação, a própria Little comenta, no seu relato: "eu somente conseguia me defender disso *retraindo-me*, sustentando a mim mesma ... ou me identificando e partilhando essa ilusão de formar uma só unidade com ela" (Little, 1990, pp. 97-8, grifo meu).

> *geralmente neutralizada pelo amor e pelos cuidados maternos. Entretanto, quando o ambiente falha, isso pode levar a uma "introversão patológica defensiva". Nesse caso, a criança passa a viver permanentemente no seu mundo íntimo, que não se torna, entretanto, firmemente organizado. Ou seja, a perseguição externa é neutralizada às custas de uma não integração. Nesse caso, a criança flutua para dentro e fora desse mundo íntimo, que está sujeito, mais ou menos, ao seu controle onipotente, embora – Winnicott adverte – não seja um controle* forte. *E diz: "É um mundo de magia, e quem está nele se sente louco (Winnicott, 1952/1992, p. 227)". (Naffah Neto, 2010/2017b, pp. 173-174)*

É importante sinalizar, aqui, as diferenças marcantes entre essa concepção de esquizoidia e a kleiniana: para Winnicott, não existe, no desenvolvimento saudável, uma posição esquizoparanoide. Se o bebê for devotadamente sustentado por uma mãe suficientemente boa, as cisões originárias da sua personalidade tendem a se fechar. Isso acontece porque essas cisões originárias, para Winnicott, são consequência do estado de não integração espaçotemporal do bebê recém-nascido, ou seja, da sua *imaturidade*, e não das disjunções produzidas pelos embates internos entre instinto de vida e instinto de morte, como propõe Melanie Klein.[8] Isso quer dizer que a experiência do recém-nascido é, originalmente, cindida, porque – não tendo integração no espaço – sua identidade é evanescente e mutante, assumindo a forma momentânea do objeto com o qual se funde e – não tendo, da mesma

8 Winnicott não trabalhava com as teorias pulsionais de Freud, nem com a primeira (pulsões sexuais/pulsões de autoconservação), nem com a segunda (pulsões de vida/pulsões de morte). Achava que a formulação freudiana dos conceitos de pulsão de vida e pulsão de morte (ou *instinto de vida* e *instinto de morte*, conforme queiramos traduzir *Trieb*) era mesmo inútil à psicanálise enquanto tal (Winnicott, 1988, pp. 131-134). Winnicott falava sempre em *instintos*, no plural e sem classificações.

forma, integração temporal – sua experiência é constituída de instantes descontínuos, sem qualquer passagem de um estado ao outro.

Mas essas cisões originárias tendem a se fechar com o processo de amadurecimento e a consequente integração espaçotemporal, sustentada pelos cuidados de uma mãe devotada. O bebê, então, irá se *personalizar*, vindo sua psique a se alojar no soma, ganhando uma espacialidade corporal permanente, além do que os instantes desconexos se integrarão, formando o tempo cronológico, com um presente que se desdobra num passado e se projeta num futuro. Nesse caso, restarão na personalidade saudável apenas algumas dissociações, que ocorrem entre o estado de sono e de vigília, entre o falso e o verdadeiro self etc. (Winnicott, 1988).

Mas, quando ocorrem falhas ambientais severas, o self verdadeiro do bebê não se integra e as cisões originárias não se fecham. A manutenção da fragmentação subjetiva constitui uma defesa contra a paranoia ameaçadora, na medida em que as cisões múltiplas do self podem funcionar como bloqueios diante do perigo externo temido. Daí deriva, etimologicamente, a palavra esquizoide, do prefixo grego *schizo*, que significa: divisão, fenda.

Assim, para Winnicott, a esquizoidia descreve uma patologia – *produzida por falhas ambientais* – e não simplesmente uma mera *fixação* numa posição do desenvolvimento normal, a *posição esquizoparanoide*, tal como define Melanie Klein (1946/1991, pp. 20-21).

O esquizoide procura, sempre que possível, incorporar a realidade exterior – e, portanto, o outro – ao seu mundo subjetivo, já que, ao ser incorporado, o outro se torna objeto do seu controle onipotente. E isso, obviamente, se repetirá na relação transferencial com o analista. Nesse tipo de dinâmica, o esquizoide geralmente se funde com o outro, que é, então, sentido (percebido) como uma espécie de prolongamento seu ou, no melhor dos casos, como um *objeto subjetivo*, sob o seu controle onipotente.

Quando não consegue incorporar o outro ao seu mundo subjetivo – isto é, quando se depara com um outro que resiste a esse processo defensivo e se impõe como uma alteridade –, o esquizoide é obrigado a se relacionar com o mundo exterior e, para isso, lança mão de um falso self, nesse caso um falso self patológico, cindido do restante da personalidade – dadas as suas finalidades defensivas, de proteger o self verdadeiro do paciente do ambiente tão temido. Esse falso self – que funciona como um escudo protetor – tem, *geralmente*, uma estrutura frágil, formada por mimetizações ambientais e, assim, ante as demandas do mundo exterior, facilmente sofre desintegrações.[9]

Diante das desintegrações do falso self, o esquizoide pode se sentir exposto às demandas ambientais e aos instintos ainda não apropriados pelo self, insuportáveis para ele, e pode eclodir um surto esquizofrênico, com delírios e alucinações. Isso tudo, tendo em vista o fato de que a esquizoidia encarna, simplesmente, uma espécie de esquizofrenia latente que pode, em qualquer período, tornar-se uma *esquizofrenia manifesta*. Basta, para tanto, que o falso self se desintegre e deixe de funcionar como um escudo protetor.

Nesse caso, para impedir a caída no caos, o esquizoide pode lançar mão de outro processo defensivo, que Winnicott denomina *desintegração ativa* e que, em poucas palavras, descreve um processo de multiplicação e rearranjo subjetivo das cisões do self verdadeiro, para melhor se defender do ambiente persecutório. A vantagem, nesses quadros, é que essa desintegração é produzida pelo próprio paciente – portanto, com mais controle sobre o processo – e não pelo ambiente, caso em que ficaria numa posição meramente passiva.

---

9 Entretanto, existem também casos como o de Margaret Little, que, muito embora fosse uma paciente esquizoide, possuía um falso self bastante bem organizado, o suficiente para garantir-lhe o exercício da medicina generalista de forma consistente, e de ser confundida com uma paciente histérica por sua segunda analista, Ella Sharpe, durante anos a fio (Little, 1990). Por isso, nesse terreno, nada é absoluto; é sempre necessário examinar caso a caso.

As alucinações e delírios constituem, também, construções defensivas, quando o processo de fragmentação falha. Um exemplo disso é deslocar o perigo, de forma delirante, para uma pessoa qualquer, por algum motivo imaginário, o que permite que o paciente a ataque e se livre momentaneamente da paranoia.

Entretanto, é preciso salientar que essa descrição da esquizoidia não chegou a ser realizada por Winnicott com todas essas nuances (ele faleceu antes de completar a tarefa). Restou-nos dar sequência à sua obra, desdobrando as suas descobertas. Assim, em dois artigos anteriormente publicados (Naffah Neto, 2007/2017a; Naffah Neto, 2010/2017b), procurei desenvolver a descrição das psicopatologias de tipo *borderline* por ele propostas, descrevendo dois tipos principais: o primeiro denominei personalidade "como se" – tomando o termo emprestado a Helene Deutsch (1942) – e, para o segundo tipo, mantive o nome de personalidade *esquizoide*, proposto por Winnicott.

Contudo, por razões de tempo e de espaço, não pretendo me alongar aqui nessas questões.[10]

Após essa breve exposição, voltemos ao caso de Maria.

---

10 Resumo então, brevemente, alguns pontos da minha pesquisa. Winnicott descreve dois tipos de personalidade *borderline* (entendendo *borderline* no sentido mais amplo: de pacientes fronteiriços, cujas defesas oscilam entre a neurose e a psicose): um que ele denomina de tipo extrovertido, cujo eixo vital é um falso *self* patológico (portanto cindido do restante da personalidade), mas que, vivendo primordialmente nesse falso *self* em contato com o mundo objetivo, tem pouquíssimo ou nenhum contato com o seu mundo subjetivo; e outro que ele denomina introvertido, cujo eixo vital é o mundo subjetivo, mas que procura fugir de qualquer contato com o mundo objetivo, sentido como persecutório. Esse segundo tipo ele denomina, claramente, de personalidade esquizoide; quanto ao primeiro tipo, ele aparece, em alguns textos, denominado como *borderline* (fronteiriço), o que o confunde conceitualmente com o sentido mais amplo do termo *borderline*, proposto por Winnicott. Por essa razão, tomei o conceito de "personalidade como se" emprestado de Deutsch para nomear esse tipo extrovertido, já que a descrição de Deutsch corresponde, quase que *ipsis litteris*, à descrição winnicottiana. Procurei, entretanto, redefinir esse conceito no interior do universo conceitual

Análise da esquizoidia

A segunda etapa da análise de Maria, após o período de silêncio, consistiu na minha tentativa de ficar o mais disponível e o menos invasivo possível, para permitir que ela pudesse me *incorporar* ao seu mundo subjetivo. Evidentemente, naquela época, eu ainda não dispunha de todas essas ferramentas teóricas de que disponho hoje para fundamentar a minha postura clínica, mas vejo que, de uma forma eminentemente intuitiva, calcado de maneira fundamental nas vivências transferenciais e contratransferenciais, foi isso que fiz.

Nesse período, é preciso ainda muito cuidado com interpretações, pois qualquer intervenção mais afoita pode ser vivida pelo esquizoide como invasão de privacidade e provocar um acirramento do retraimento defensivo. Eu sentia isso de uma forma quase física, no meu corpo, como se eu quisesse me afundar na poltrona e, quem sabe, sumir dali. Nesse sentido, eu me identificava fortemente com o estado psíquico da paciente e guiava a minha conduta clínica pelas informações que essa identificação contratransferencial me propiciava. Mas procurava, ao mesmo tempo, criar um distanciamento, necessário à função analítica que desempenhava.

O que o esquizoide necessita, nesse período da análise, é de um ambiente constante, tranquilo e confiável, e era isso que eu tentava proporcionar.

Essa segunda etapa durou bastante tempo, talvez meses ou mesmo anos; não sei precisar exatamente quanto tempo, pois com frequência perco a noção do tempo cronológico nos processos de análise. A única coisa que posso garantir é que demorou muito tempo. O que foi acontecendo ao longo desse período é que, gradativamente, a confiança de Maria foi aumentando e a sua sensação persecutória

---

winnicottiano. Mas, para maiores detalhes, convido os leitores à leitura dos dois artigos referidos.

diminuindo. E, também, ela foi saindo do estado de regressão em que se encontrava para, aos poucos, assumir a sua idade cronológica real, de uma moça de 20 e poucos anos.

A terceira etapa da análise adveio aos poucos, aí sim, com algumas interpretações (mas muito cuidadosas) e, principalmente, análises de sonhos, que irromperam, no processo analítico, como uma forma de cooperação inconsciente.

É importante salientar que as interpretações, nesse tipo de análise, constituem, na sua maior parte, reconstruções do ambiente traumatogênico da infância do paciente, recriado a partir da dinâmica transferencial ou do relato de sonhos. Isso é fundamental, como forma de diminuir o sentimento de culpa reinante, pois, como as falhas ambientais aconteceram muito precocemente, o paciente não discriminava mundo subjetivo de mundo objetivo, portanto vivia o meio ambiente como um prolongamento do mundo subjetivo. Essa dinâmica persiste, em grande parte, congelada na personalidade esquizoide. Isso o leva a não discriminar o agente responsável pela produção do seu sofrimento psíquico, geralmente assumindo a culpa de tudo. As reconstruções servem, pois, fundamentalmente, para separar o joio do trigo, ajudando a discriminar o que veio das características do paciente ou de conjunções do acaso (por exemplo, uma sensibilidade maior por parte dele ou a ocorrência de uma doença infantil que o afastou da família etc.) e o que veio do ambiente, como falha e ação traumatizante.

As interpretações, na análise de Maria, tinham, pois, essa característica principal: de serem, mais frequentemente, reconstruções ambientais e, menos frequentemente, interpretações transferenciais (que também ocorriam, mas de forma mais rara). À guisa de exemplo, retomo, a seguir, uma reconstrução realizada a partir de um sonho recorrente.

Maria trouxe, nessa fase da análise, um sonho de angústia com um evidente caráter traumático, daqueles que parecem saídos dos livros de psicanálise. O sonho, que se repetiu várias vezes, retratava a seguinte cena: Maria, ainda criança, está deitada no berço, mas já é capaz de segurar nas grades e ficar de pé. Um vulto nebuloso, sem feições definidas, começa a se aproximar, e uma sensação de angústia vai tomando conta dela. Quanto mais o vulto se aproxima, maior a angústia se torna, até que, no momento em que se torna insuportável, o sonho se interrompe.

Todas as vezes em que o sonho foi trazido, procuramos formas de elaborá-lo, para tentar aclarar de quem era o vulto nebuloso que nele aparecia e o que o levava ao berço de Maria, mas nunca conseguimos sair muito da estaca zero, provavelmente pelo nível de angústia que o sonho despertava nela. Mas lembro-me de uma reconstrução que fiz e que lhe foi muito útil. Eu lhe disse: "Na verdade, não importa muito nem quem era, nem o que buscava. Importa que você deve ter sentido a situação como muito perigosa, senão o sonho não lhe traria tanta angústia, e tampouco você teria se voltado quase que completamente para o mundo de dentro, procurando evitar, sempre que possível, o mundo de fora".

Porém, interpretações de tipo transferencial (que eram mais raras) também aconteciam algumas vezes. Lembro-me de uma vez em que lhe disse (não me lembro a respeito de qual assunto, por ela trazido): "Parece que você está querendo me impressionar, com a ênfase que imprime ao seu relato. Será que ainda não tem confiança suficiente de que vou sempre levar a sério as coisas que me diz?"

A análise durou, ao todo, cerca de dez anos, na maior parte do tempo com duas sessões duplas semanais (com duração de uma hora e meia) e, nos últimos anos, com duas sessões semanais (com duração de cinquenta minutos).

Revendo o processo hoje, entendo que a maior ferramenta terapêutica, nesse caso, foi o holding silencioso e acolhedor do analista, na maior parte do tempo, especialmente nos períodos de maior regressão de Maria. Somente num período posterior, em que a transferência já tinha se consolidado – e, junto com ela, a confiança na análise aumentado e a regressão diminuído consideravelmente –, a interpretação pôde ser usada, e sempre de forma muito cuidadosa, para não produzir um retorno das defesas esquizoides.

Essas questões técnicas talvez descrevam de maneira sucinta esse tipo de análise, de uma perspectiva winnicottiana, diferenciando-a da análise clássica, centrada na interpretação transferencial, e comumente praticada com pacientes neuróticos. Pois a principal tarefa na análise de um paciente esquizoide é ajudá-lo a ir, gradativamente, amadurecendo o seu self verdadeiro, retraído, diante do meio ambiente mais acolhedor e menos persecutório da análise. Ou seja, favorecer o seu processo de integração, para que possa sair da fragmentação esquizoide e conquistar uma unidade viva e real, capaz de se relacionar com o mundo exterior, sem mais necessidade do retraimento defensivo, nem do falso self patológico. Um amadurecimento que se processe a partir do mundo subjetivo do paciente em direção ao mundo objetivo, do seu self verdadeiro, rumo à construção de uma relação criativa com o mundo exterior. Percurso esse em que o falso self patológico se dissolve e se reconstrói a partir do self verdadeiro, em sintonia e articulação harmônica com ele.

Somente depois dessa longa etapa é que o paciente se torna capaz de experimentar conflitos edipianos e de realizar recalques, é aí também que a análise pode ganhar o estatuto de tornar o inconsciente consciente – tal qual a entendemos, na análise dos neuróticos.

É importante destacar que o inconsciente dos pacientes esquizoides, cuja dinâmica psíquica ficou estagnada nos primeiros estágios de desenvolvimento, não se confunde de forma alguma com o *inconsciente recalcado* dos neuróticos. Trata-se de um inconsciente cuja principal característica é não ter alcançado o estado de consciência, pois esta é incapaz de abarcar as memórias primitivas que permanecem, em sua maioria, como marcas corporais desprovidas de conteúdo imagético claro. Essa ausência de imagens consistentes decorre da falta de integração no espaço e no tempo, característica fundamental desses pacientes (conferir, nesse sentido, Naffah Neto, 2014/2017c, p. 37, nota 14).

São as coordenadas espaçotemporais que promovem a articulação entre as memórias de tipo marcas corporais e qualquer conteúdo imagético e/ou verbal, que possa associar-se a elas, imprimindo-lhes algum sentido psíquico. Dito em outros termos, somente crianças que conseguiram se integrar no tempo e no espaço, formando uma unidade psicossomática, possuem psique e soma articulados, a psique podendo dar sentido a qualquer vivência sensorial de forma consistente. Quando isso não acontece – como no caso do esquizoide –, essas marcas arcaicas não podem ganhar um lugar e um sentido e se integrar numa história de vida. Permanecem como espectros amorfos, testemunhas mudas de que algo extremamente traumático aconteceu e deixou sinais de passagem.[11]

Nesse sentido, pode-se dizer que a análise de um esquizoide consiste fundamentalmente em poder criar algum sentido para esse inconsciente amorfo – a partir do amadurecimento do paciente em direção aos processos de espacialização e temporalização –, e não em revelar qualquer sentido latente, encoberto por um sentido manifesto, pois não se trata de um inconsciente recalcado.

O que de mais congênere encontramos na metapsicologia freudiana é a ideia de criar representação para o que permaneceu irrepresentável no psiquismo. Freud (1920/2016) desenvolveu essas formulações a partir do texto *Além do princípio do prazer*. Seu

11 Podemos conjeturar, também, que quando essas memórias acontecem numa época muito primitiva, em que a elaboração imaginativa do evento é bastante precária, elas apenas conseguem reter dos acontecimentos o seu sentido traumático: um terror de aniquilamento associado a algo difuso, que permanece apenas como uma marca, um sinal.

argumento principal é que alguns sonhos repetem traumas primitivos, de forma compulsiva e com uma dupla finalidade: 1) escoar o montante de energia livre, presente sob a forma de angústia; 2) tentar criar alguma representação possível para o que permaneceu irrepresentável no psiquismo (dada a virulência do trauma), transformando, assim, a energia livre em energia ligada (conferir, a esse respeito, Campos, 2011). Essa compulsão à repetição reaparece na relação transferencial analítica e é, justamente, a partir dela que Freud deduz o conceito de *pulsão de morte*.

Entretanto, o que poderia parecer, à primeira vista, similar à proposta winnicottiana comporta também as suas diferenças, já que Winnicott não trabalhava com a noção de *pulsão* (ou *instinto*) *de morte* e tampouco com a de *representação*. Assim, na perspectiva winnicottiana, a compreensão mais fiel ao processo seria dizer que as falhas ambientais precoces reaparecem na relação transferencial para produzir, pela primeira vez, uma *experiência* que não pôde acontecer na história original, devido à *imaturidade* do bebê e à sua falta de integração espaçotemporal. Também porque, nesses casos, geralmente ocorre na história original uma formação defensiva de tipo falso self patológico, colocado com um escudo protetor entre a falha ambiental e o self verdadeiro do bebê, para impedir o traumatismo ou, pelo menos, a sua continuidade. Ou seja, tanto a imaturidade do bebê quanto a formação defensiva e protetora do falso self impedem que essas falhas ambientais venham a ser experienciadas por ele no tempo próprio, sendo necessária a sua reedição via transferência psicanalítica.

Portanto, o que está em jogo – e esse é, talvez, o maior diferencial da formulação freudiana – é a *imaturidade* do bebê. Além do que, obviamente, *representar* não é equivalente a *experienciar*. O bebê winnicottiano – e, de forma análoga, o paciente winnicottiano – não representa os acontecimentos, ele os experiencia e os elabora imaginativamente, a partir das afetações que eles produzem no seu psique-soma.[12]

Ao serem experienciadas, pela primeira vez, no contexto analítico e por meio da relação transferencial, as falhas ambientais podem, finalmente, ser elaboradas e ultrapassadas.

Winnicott deu a esse processo psicanalítico complexo o nome de *análise modificada*.

Referências

Bion, W. R. (1991). Diferenciação entre a personalidade psicótica e personalidade não-psicótica. In E. B. Spillius (Ed.), *Melanie Klein hoje* (Vol. 1: Artigos predominantemente teóricos). Imago. (Trabalho original publicado em 1957).

Campos, É. B. V. (2011). Limites da representação na metapsicologia freudiana. *Psicologia USP*, *22*(4), 851-878.

Deutsch, H. (1942). Some forms of emotional disturbance and their relationship to schizophrenia. *Psychoanalytic Quarterly*, *11*, 301-321.

Freud, S. (1986). Nota sobre la "pizarra mágica". In S. Freud, *Obras completas* (Vol. XIX). Amorrortu. (Trabalho original publicado em 1925).

12 A noção de "representação" comporta uma ideia de duplicação do acontecimento, no nível mental, a partir da sua percepção. Assim, se a percepção equivale a uma *apresentação* do acontecimento, a sua "representação" significa etimologicamente uma *re-apresentação* dele, como uma espécie de decalque mental do acontecimento percebido. Freud utiliza essa noção para explicar a formação da memória, utilizando, inclusive, a metáfora do "bloco mágico" (Freud, 1925/1986). "Experienciar", por sua vez, não é representar, mas vivenciar o acontecimento e elaborá-lo imaginativamente, dando-lhe um sentido. Além disso, esse processo envolve todo o psique-soma, não tendo a característica de um processo puramente mental.

Freud, S. (2016). Além do princípio do prazer. In S. Freud, *Obras completas* (Vol. 14). Companhia das Letras. (Trabalho original publicado em 1920).

Klein, M. (1991). Notas sobre os mecanismos esquizoides. In M. Klein, *Inveja e gratidão e outros trabalhos*. Imago. (Trabalho original publicado em 1946).

Little, M. (1990). *Psychotic anxieties and containment: a personal record of an analysis with Winnicott*. Jason Aronson Inc.

Naffah Neto, A. (2005). Winnicott: uma psicanálise da experiência humana em seu devir próprio. *Natureza Humana*, *7*(2), 433-454.

Naffah Neto, A. (2009). A instituição psicanalítica como matriz simbólica: vicissitudes de uma formação autogerida. *Revista Brasileira de Psicanálise*, *43*(4), 59-68.

Naffah Neto, A. (2017a). A problemática do falso self em pacientes de tipo *borderline*: revisitando Winnicott. In A. Naffah Neto, *Veredas psicanalíticas: à sombra de Winnicott*. Novas Edições Acadêmicas. (Trabalho original publicado em 2007).

Naffah Neto, A. (2017b). Falso self e patologia *borderline* no pensamento de Winnicott: antecedentes históricos e desenvolvimentos subsequentes. In A. Naffah Neto, *Veredas psicanalíticas: à sombra de Winnicott*. Novas Edições Acadêmicas. (Trabalho original publicado em 2010).

Naffah Neto, A. (2017c). A problemática da sexualidade infantil segundo D. W. Winnicott: desfazendo mal-entendidos. In A. Naffah Neto, *Veredas psicanalíticas: à sombra de Winnicott*. Novas Edições Acadêmicas. (Trabalho original publicado em 2014).

Nietzsche, F. (1978). Fragmento póstumo 5[19], verão de 1886-outono de 1887. In F. Nietzsche, *Oeuvres philosophiques complètes*. Gallimard.

Winnicott, D. W. (1988). *Human nature*. Free Association Books.

Winnicott, D. W. (1990a). Para Hanna Segal, 22 de janeiro de 1953. In D. W Winnicott, *O gesto espontâneo.* Martins Fontes. (Trabalho original redigido em 1953).

Winnicott, D. W. (1990b). Ego distortion in terms of true and false self. In D. W. Winnicott, *The maturational processes and the facilitating environment.* Karnac. (Trabalho original publicado em 1960).

Winnicott, D. W. (1992). Psychoses and childcare. In D. W. Winnicott, *Though paediatrics to psychoanalysis.* Karnac. (Trabalho original publicado em 1952).

5. O silêncio como um ato de comunicação: uma perspectiva winnicottiana

Filipe Pereira Vieira

Quando o silêncio fala

Quando conheci Gabriela,[1] ela me surgiu como uma mulher tímida, ansiosa e profundamente introspectiva. Com seus 43 anos, negra, enfermeira dedicada, seu retraimento parecia moldar sua essência. Apenas após várias sessões, ela começou a se sentir mais à vontade, permitindo que sua narrativa fluísse de forma mais natural.

Nas primeiras sessões, Gabriela adentrava o consultório com um tímido "Oi, tudo bem?", sem oferecer um aperto de mão ou qualquer gesto de contato físico. Muitas vezes, evitava até mesmo o contato visual, e eu respeitava sua espontaneidade. Ela se dirigia à poltrona, onde se sentava, aguardando que eu a convidasse a falar sobre sua vida. Para suavizar o ambiente, eu perguntava sobre sua semana, e ela respondia brevemente, dizendo que havia sido "boa, sem muitas novidades". Um silêncio então se instalava entre nós. Nesses momentos, ela desviava o olhar para o chão ou para as paredes, quase imóvel,

---

1 Nome fictício. Saliento também que diversos dados da paciente foram alterados a fim de preservar o sigilo ético.

com as mãos entrelaçadas, como se tentasse forçar a integração de algo que, à primeira vista, parecia fragmentado. Ao ser questionada sobre como havia sido sua semana de trabalho, ela me dizia que o seu ambiente profissional *era sempre agitado, mas considerava-o bom.*

Embora estivéssemos no início do tratamento e eu ainda não dispusesse de elementos suficientes para uma interpretação mais profunda – e ainda sem saber se estava diante de alguém que pudesse entender o significado de uma interpretação –, não pude deixar de pensar que, ao descrever seu ambiente de trabalho como agitado, mas bom, Gabriela estivesse, na verdade, se referindo ao espaço terapêutico. Talvez minhas perguntas a agitassem, mas ela não via isso como algo negativo. Essas palavras, combinadas ao seu comportamento visivelmente desconfortável, me fizeram perceber que Gabriela não precisava de interpretações – pelo menos, não naquele momento.

Ela falava pouco a respeito das suas relações com os colegas de trabalho e quase nada sobre sua família. Sabendo que esses temas não viriam à tona espontaneamente, sugeri que ela compartilhasse um pouco sobre a sua vida familiar. Ela então mencionou que tinha quatro irmãos e a mãe, com quem mantinha uma boa relação, mas vivia sozinha com sua gata. O silêncio voltou a nos envolver. Nesse instante, senti que Gabriela me olhou, engolindo em seco, como se temesse que eu considerasse aquele silêncio inadequado. No entanto, parecia incapaz de se expressar.

As ideias de Gabriela pareciam "bloqueadas", como se um muro invisível nos separasse. Eu sentia o desconforto que o silêncio lhe causava. Parecia que ela precisava falar por estar em um *setting* analítico, mas não conseguia expressar seus pensamentos. Naquelas sessões iniciais, preenchi o vazio compartilhando um pouco da minha experiência familiar. Comentei que, assim como ela, também tenho irmãos, e que, ao todo, éramos quatro. Mencionei que ser o filho do meio traz suas particularidades – não recebemos a atenção do primogênito e nem temos a sorte de sermos o caçula, o "queridinho" da família. Gabriela riu. Revelou que, embora fosse a mais nova, sempre assumiu o papel de irmã mais velha, preocupando-se com o bem-estar dos outros, temendo que seus irmãos sofressem com a crueldade do mundo. Foi a primeira vez que ela se comunicou de forma autêntica, mas esse self verdadeiro, ainda ferido e assustado, logo se retraiu. Seu olhar voltou ao chão, e nada mais foi dito. Concluímos a sessão com um breve "boa semana" e combinamos de nos ver na próxima.

Nesse período inicial, percebi que precisaria adotar uma abordagem mais descontraída para que Gabriela se comunicasse de forma mais espontânea. Entendi que não poderia manter uma postura neutra e interpretativa, esperando dela uma associação livre, pois, em algum lugar dentro de mim, eu sentia que ela *não estava livre* – Gabriela parecia *presa*. Era necessário, como Winnicott sugere, fazer algo diferente. Aqui, penso naquela famosa expressão de Winnicott: "faço análise porque é isso que o paciente precisa ter feito e concluído. Se o paciente não necessita de análise então faço alguma outra coisa" (Winnicott, 1962/2022a, p. 212).

Essa mudança se incorporou à nossa rotina. Sempre que o silêncio parecia despertar ansiedades em Gabriela – afogando-a em pensamentos angustiantes –, eu preenchia as lacunas com conversas sobre o cotidiano, como o clima, a arte e até memes da internet. Para minha surpresa, essa "técnica", por assim dizer, teve efeitos positivos. Ao redirecionar o foco de suas questões intrapsíquicas para uma interação mais intersubjetiva, percebi que a pressão interior de Gabriela começava a se dissipar.

Tal gesto ajudou a reduzir sua ansiedade e a suavizar o bloqueio que a impedia de se expressar. Sentia que, por meio do riso, Gabriela conseguia *brincar*. Era como se ela emergisse de um mundo interno caótico e, por alguns instantes, adentrasse o que Winnicott chamou de "área transicional". Nesse espaço, onde o relaxamento do riso fluía mais livremente, Gabriela se conectava comigo e, de certa forma, se sentia à vontade para falar.

Por volta da quinta sessão, Gabriela, com alguma dificuldade e sem muita introdução, mencionou que estava enfrentando uma situação complicada em sua relação amorosa. Como ela expressou espontaneamente a necessidade de falar sobre isso, optei por ficar em silêncio e deixá-la desabafar.

Ela preencheu aquele espaço com uma narrativa visceral de muito sofrimento. Contou que sua relação, de cerca de três anos, estava passando por dificuldades, com muitas discussões. Ela disse que não entendia o motivo de tantas brigas, já que se esforçava para *preencher* qualquer angústia que o namorado pudesse sentir. Buscava estabelecer um ambiente propício para que ele, assim como ela, desenvolvesse interesse pela carreira acadêmica e quisesse crescer profissionalmente. De fato, seu incentivo surtiu efeito, pois ele deu uma guinada em sua vida profissional. No entanto, Gabriela não mencionou o motivo específico das brigas. Perguntei se ela gostaria de falar sobre isso, mas ela respondeu que não, pelo menos não naquele momento.

No dia marcado para nossa sexta sessão, Gabriela me enviou uma mensagem dizendo que precisava interromper o tratamento. Explicou que *o trabalho estava muito tenso* e que estava sem tempo. Respeitei sua decisão e respondi que estaria disponível caso ela desejasse retornar.

Percebi que, para essa paciente, se *vulnerabilizar* era uma tarefa árdua. Quando compartilhava suas angústias comigo, ela externalizava essa tensão interna, vivenciando-a concretamente. Entendi, então, que o trabalho analítico a deixou inquieta e que os resultados dessa trajetória a assustaram – sobretudo porque, antes, vivia essa angústia apenas internamente. Ou seja, ao se narrar e ser ouvida – tanto por si mesma quanto por mim –, Gabriela *experienciou* algo novo, que precisava ser elaborado e, por conseguinte, *integrado*. Entretanto, ela não se abria com facilidade.

O que isso poderia significar? Por que ela insistia em enfrentar suas questões sozinha, como se temesse que qualquer aproximação a machucasse?

Percebi que Gabriela havia passado por muitas experiências difíceis, vividas de forma dissociada, e agora estava tentando processar o que havia emergido de dentro de si, alcançando a externalidade. Compreendi que ela precisava de espaço, então evitei ser intrusivo e, por alguns meses, ficamos sem contato.

Três meses após a interrupção do nosso tratamento, em uma manhã de segunda-feira, Gabriela me escreveu perguntando se eu teria disponibilidade para atendê-la novamente. Respondi que sim e mencionei que poderia vê-la ainda naquela tarde, às 17h. Rapidamente, ela digitou: "Que bom, Filipe. Então, até mais tarde". No WhatsApp, a notificação de que ela estava "digitando..." permaneceu por alguns instantes, mas logo desapareceu.

Fiquei me perguntando o que ela gostaria de ter dito ou indagado, mas não o fiz. Decidi aguardar seu gesto espontâneo. Iríamos nos ver às 17h daquele mesmo dia.

O início da comunicação verbal

Às 17h, Gabriela entrou pontualmente no *link* do Zoom para nossa sessão. "Oi, Filipe. Obrigada por me atender novamente", ela disse. Respondi que era um prazer e que eu estava à disposição para ouvi-la no que precisasse. Havia algo distinto em sua voz, como se, ao longo desses três meses, ela estivesse acumulando coragem ou atravessando um profundo processo de reflexão que a levou a esse reencontro. Fiquei pensando também no que a motivou a retomar a análise, porém, agora, na modalidade online.

Então, Gabriela começou a revelar aspectos de sua vida que, até aquele momento, permaneciam inacessíveis. Falou sobre sua orientação sexual, compartilhando que é bissexual. Disse também sobre a complexidade de sua relação familiar. Confidenciou os desafios que enfrenta com alguns irmãos, mas destacou a profunda conexão que mantém com um em particular. Expressou, também, sua constante preocupação com a saúde da mãe, revelando o cuidado que dedica a ela.

Por fim, Gabriela abordou o dilema que vive em relação à sua carreira acadêmica. Confidenciou que estava indecisa sobre seguir ou não com o doutorado, sentindo a necessidade de encontrar um rumo claro para sua vida.

Diante de tantas revelações, perguntei à Gabriela por onde ela gostaria de começar. Ela disse que queria falar sobre sua *sexualidade*, um aspecto ainda nebuloso em sua vida, mas que agora sentia-se segura para explorar.

Admito que fiquei surpreso com essa escolha, pois falar sobre sexualidade é se despir, revelar aspectos profundos da própria intimidade ao outro. Penso que esse ato não se restringe a uma questão de coragem, mas de confiança. Refletindo sobre isso, acredito que o fato de eu ter sido *criado e encontrado* por ela, especialmente ao acolhê-la de volta mesmo sem ser a "paciente ideal" (comunicativa), despertou nela um sentimento de segurança. Nesse sentido, acredito que as sessões online passaram a ser sentidas como um espaço seguro onde ela poderia *regredir* sem medo.

Nas próximas linhas, vou explorar algumas ideias que Winnicott (1963/2022b) apresenta no ensaio "Comunicação e falta de comunicação levando ao estudo de certos opostos". Em seguida, retornarei ao caso de Gabriela, na intenção de promover uma conexão entre a teoria e a clínica.

Comunicação e falta de comunicação: a importância do setting analítico

> *É uma alegria estar escondida, mas um desastre não ser encontrada.*
>
> (Winnicott, 1963/2022b, p. 238)

No início da vida, o bebê é uma extensão do ambiente, sem maturidade psíquica para projetar ou introjetar. Ele vai desenvolvendo seu psiquismo a partir das percepções corporais, evacuando sensações desagradáveis e incorporando os cuidados e toques que recebe. Esse processo fisiológico, aos poucos, se transforma na psique por meio do que Winnicott chamou de *elaboração imaginativa das funções corporais*.

Ao examinar a comunicação e a não comunicação, o autor inglês observa que elas estão intimamente ligadas à capacidade de se relacionar com os objetos. O desenvolvimento dessa capacidade é um processo delicado que depende da qualidade do ambiente facilitador, no qual nem a privação nem a superproteção dominam.

O ambiente facilitador é crucial nos estágios mais iniciais e formativos do desenvolvimento humano. Com o tempo – se tudo correr bem – há uma mudança na natureza do objeto:

> *O objeto*, que era de início um fenômeno subjetivo, se torna um objeto percebido objetivamente. *Esse processo leva tempo, e são necessários meses ou mesmo anos antes que as privações e deprivações possam ser absorvidas pelo indivíduo sem distorção dos processos essenciais básicos para as relações de objeto. (Winnicott, 1963/2022b, p. 230, grifo do autor)*

No entanto, essa transição não ocorre automaticamente. Ela exige uma terceira via, que não é completamente subjetiva para o bebê, nem inteiramente objetiva. Se o ambiente atende continuamente às necessidades do lactente, esse *espaço potencial* se transforma na base para o surgimento da *área transicional*. Ou seja, a passagem entre as realidades subjetiva e objetiva não se dá de forma repentina; ao contrário, precisa ser *gradual* – facilitada pelo objeto ou fenômenos transicionais, que conectam, como uma ponte, as duas realidades.

Sendo assim: uma interrupção repentina *quebra a nossa espontaneidade*. Qualquer mudança brusca que nos aflige, que nos lança para a realidade objetiva, pode nos fazer sentir que a capacidade de criar e elaborar foi, de algum modo, diminuída ou eliminada – isso porque, com tal interrupção, a ponte entre a realidade subjetivamente percebida e objetivamente percebida (área transicional) se quebra.

Winnicott nos convida a aceitar o paradoxo sem contestá-lo: o bebê descobre o objeto que criou, mas para isso é preciso que o ambiente externo lhe apresente o objeto de sua criação:

> *Um objeto bom não é bom para o bebê a menos que tenha sido criado por ele. Criado a partir de uma necessidade, por assim dizer? De qualquer modo,* o objeto tem de ser encontrado para ser criado. *Isso tem de ser aceito como um paradoxo, e não resolvido com uma paráfrase que, por sua astúcia, pareça eliminar esse paradoxo. (Winnicott, 1963/2022b, p. 232, grifo meu)*

No entanto, o princípio de realidade inevitavelmente se impõe em algum momento da vida. Por mais que desejássemos viver apenas no mundo das nossas criações subjetivas, a realidade objetiva surge, nos puxando de volta à concretude do mundo. Nesse sentido, "... o objeto deixa de ser subjetivo e passa a ser percebido objetivamente e a criança deixa para trás a área de onipotência como uma experiência de vida" (Winnicott, 1963/2022b, p. 234).

Aqui, entramos em um dos pontos principais que eu gostaria de abordar neste capítulo:

> *Enquanto o objeto é subjetivo,* não é necessário que a comunicação com ele seja explícita. *Quando o objeto é objetivamente percebido,* ou a comunicação é explícita ou

> então é muda. *Aqui ocorrem duas coisas novas, o uso e o desfrute pelo indivíduo dos modos de comunicação, e o self não comunicativo do indivíduo, ou o núcleo pessoal do self que é um verdadeiro isolado. (Winnicott, 1963/2022b, p. 234, grifos meus)*

Quando o objeto ainda está no domínio da criação subjetiva, não há necessidade de verbalizar para se conectar com ele. A comunicação é quase instintiva, silenciosa, como se o próprio sentir bastasse. Mas, quando o objeto passa a ser visto como algo externo, separado do self, surge a necessidade de se comunicar de forma clara, explícita, ou o silêncio se instala. Aqui, duas realidades aparecem: uma em que usamos as palavras para nos conectar e outra em que o núcleo mais íntimo de quem somos permanece fechado, inalcançável, em um verdadeiro isolamento. É como se, ao perceber o mundo de fora, tivéssemos que escolher entre falar ou nos calar, entre expor ou proteger o que há de mais verdadeiro em nós.

Quando a mãe se mostra confiável, pode-se dizer que o bebê se comunica simplesmente ao *continuar a existir* e se desenvolver de acordo com seu processo natural de amadurecimento (Winnicott, 1963/2022b). Contudo, se não fosse pelo estado de quase psicose decorrente da preocupação materna primária, isso dificilmente mereceria ser chamado de *comunicação*.

> *À medida que o objeto se torna objetivamente percebido pela criança, . . . o objeto objetivamente percebido aos poucos se torna uma pessoa* com objetos parciais. *Dois opostos na comunicação são:*
>
> *1. Uma não comunicação simples.*
>
> *2. Uma não comunicação ativa ou reativa. (Winnicott, 1963/2022b, pp. 234-235)*

Na "não comunicação simples", há um espaço de tranquilidade, uma imersão no campo pré-verbal, no qual mãe e bebê compartilham um estado de quietude que é essencial para o relaxamento e para o descanso. Essa forma de não comunicação é uma espécie de pré-comunicação, uma preparação para o que virá a ser, mais tarde, uma comunicação mais estruturada. É nesse espaço, nesses olhares trocados durante a amamentação, por exemplo, que o bebê começa a construir seu mundo interno, a partir de uma conexão silenciosa e íntima com a mãe. Essa fase é crucial, pois o bebê está aprendendo, mesmo sem perceber, a confiar no mundo ao seu redor, a sentir que o ambiente é seguro e que ele pode começar a se separar, aos poucos, dessa figura materna.

Por outro lado, a "não comunicação ativa" é uma escolha, um processo em que o bebê começa a utilizar formas mais concretas de comunicação – gestos, expressões, choro – para interagir com o mundo. Quando o infante chora de fome ou desconforto, ele está, de fato, se comunicando com a mãe, pedindo ajuda. Ao atacar o seio com voracidade, ele não só expressa a sua necessidade, mas também testa a capacidade da mãe de sobreviver a essa destrutividade, o que é essencial para o desenvolvimento da confiança. Depois, ele pode tentar reparar qualquer "dano" que acha ter causado, criando um ciclo entre destruição e reparação, que é vital para a formação de uma personalidade saudável.

Contudo, quando o ambiente falha repetidamente em atender às necessidades do bebê, surge a "não comunicação reativa", que é patológica. A criança, ao sentir que não pode confiar no ambiente, começa a se recolher, a se proteger, criando defesas que podem levar a distúrbios graves, como a esquizofrenia. Nesse processo, o núcleo do self se retrai, formando uma casca protetora, e o desenvolvimento emocional fica comprometido.

Assim, quando falamos de estados graves, como a esquizofrenia ou as personalidades "falso self", estamos lidando com indivíduos que, por conta dessas falhas ambientais precoces, nunca conseguiram estabelecer uma comunicação verdadeira com o mundo ou utilizar objetos subjetivos de forma saudável. Eles se veem forçados a criar complexas estruturas defensivas para sobreviver, e essas defesas, embora protejam, também aprisionam.

> *Através de uma metade da cisão o bebê se relaciona com o objeto que se está apresentando e, para esse fim, desenvolve o que chamei de self falso ou submisso. Com a outra metade da cisão, o bebê se relaciona com o objeto subjetivo, ou com fenômenos simples baseados em experiências corporais, sendo estes muito pouco influenciados pelo mundo percebido objetivamente. (Winnicott, 1963/2022b, p. 235)*

No desenvolvimento de qualquer ser humano, a comunicação silenciosa e subjetiva entre mãe e bebê é o alicerce para a saúde psíquica e para a criatividade. Quando essa comunicação é rompida, seja por falhas ambientais ou traumas mais significativos, o indivíduo pode se *dividir*, criando um falso self que tenta proteger o verdadeiro self, mas que, ao mesmo tempo, impede o desenvolvimento genuíno e saudável do ser. É esse delicado equilíbrio entre comunicação e silêncio, entre confiança e retraimento, que molda a psique desde os primeiros momentos de vida.

Ou seja, em vez de experimentar a onipotência de criar algo que o ambiente acolheria – apresentando-lhe o objeto de sua criação subjetiva –, o indivíduo acaba desenvolvendo mecanismos de *sobrevivência*, em resposta às circunstâncias ambientais. "Nesses casos, a comunicação silenciosa ou secreta com objetos subjetivos, que carregam o senso do real, precisa de tempos em tempos tomar a dianteira para *restaurar o equilíbrio*" (Winnicott, 1963/2022b, p. 236, grifos meus).

Desse modo, o bebê se forma como uma unidade frágil, capaz de lidar com a realidade objetiva, mas vivendo secretamente na outra parte do self, escondida atrás da casca de um falso self cindido e patológico.

> *Desse modo estou introduzindo a ideia de uma comunicação com objetos subjetivos simultânea a uma* não comunicação ativa com o que é percebido objetivamente *pelo bebê; parece não haver dúvida de que, apesar de a comunicação sem saída (comunicação com objetos subjetivos) não ter propósito do ponto de vista do observador,* ela se imbui de todo um senso de realidade. *Em contrapartida, a comunicação com o mundo tal como ocorre com o falso self não parece ser real; não é uma comunicação verdadeira porque não envolve o* núcleo do self, *aquele que poderia ser chamado de self verdadeiro. (Winnicott, 1963/2022b, pp. 235-236, grifos meus)*

Para Winnicott, existe algo em cada um de nós que é sagrado, intocável; uma parte do nosso self que deve ser preservada, isolada do mundo. Nesse sentido, o "Estupro, ser devorado por canibais – essas são bagatelas se comparadas à violação do núcleo do self, à alteração dos elementos centrais do self por uma comunicação que varou as defesas. Para mim seria esse o pecado contra o self" (Winnicott, 1963/2022b, p. 240).

Entretanto, quando o ambiente externo falha na promoção dos cuidados primários, tornando o núcleo do self vulnerável, essa parte secreta, que deve ser protegida, é invadida; assim, o que surge não é apenas um colapso, mas uma ameaça à própria essência do ser. Com efeito, a defesa mais primitiva se levanta, ocultando ainda mais esse núcleo sagrado. O resultado? Uma vida que se arrasta, como se o Eu estivesse morto por dentro, inconsciente do caos que se instalou no seu modo subjetivo de enxergar a realidade.

Winnicott descreve esse cenário como um verdadeiro apocalipse interno. A questão que ele coloca é inquietante: como se manter isolado, sem se tornar solitário? A resposta dada por ele está na qualidade do cuidado ambiental. Nas mães que se oferecem como um espaço seguro para que o bebê possa se comunicar subjetivamente. Quando a mãe se torna esse "recipiente", permitindo que o bebê a devore simbolicamente, ela se torna um objeto subjetivo, algo que o bebê pode usar para se comunicar de forma silenciosa, mas profunda.

Com o tempo, se tudo correr bem, essa comunicação evolui. Primeiro, temos a comunicação silenciosa, aquela que é vivida em momentos de solidão, mas que não é solitária. Depois, vem a comunicação explícita, que pode ser verbal ou não, onde o verdadeiro self aparece, mesmo que o falso self às vezes faça uma aparição para nos proteger. E, por fim, há a comunicação criativa, que transcende o brinquedo infantil e se manifesta na cultura, na arte, na religião. É a forma mais pura de expressão do nosso gesto espontâneo, em que o self verdadeiro encontra sua voz e se conecta com o mundo. Cito Winnicott (1963/2022b):

> *Nas melhores circunstâncias possíveis o crescimento ocorre e a criança passa a possuir três linhas de comunicação: comunicação para sempre silenciosa, comunicação explícita, indireta e prazerosa, e uma terceira forma ou forma intermediária de comunicação que desliza do brincar para toda sorte de experiência cultural. (p. 241)*

A construção de uma comunicação compartilhada

A análise winnicottiana se diferencia de uma psicanálise mais pautada na interpretação do desejo inconsciente por um aspecto importante: antes de abordar as demandas neuróticas, é preciso avaliar se o paciente alcançou a integração do ego que poderia resultar em neurose. Nesse contexto, Winnicott (1954/2021) destaca a importância de um diagnóstico preciso para orientar o tratamento. O paciente está integrado, recém-integrado ou desintegrado? Se nunca atingiu essa integração, ele precisará *regredir* a partir de uma situação de confiabilidade, revisitando pontos de sua vida que ficaram *congelados* no desenvolvimento emocional. Chamamos isso de um retorno à fase imediatamente anterior ao congelamento ocorrido, devido às falhas ambientais. Por isso, a regressão é essencial, assim como a distinção entre necessidade e desejo. Um paciente *borderline*, por exemplo, tende a expressar a ausência de cuidados que marcou o início de sua vida, buscando agora, ao começar a *confiar* na figura do analista, recuperar o que foi perdido.

O problema é que, *se o analista não dá essa abertura*, se ele segue uma abordagem rígida, a relação analítica não alcança as emoções relativa às falhas primárias. O analista pode achar que está conduzindo uma análise, e o paciente, por sua vez, acredita que está sendo analisado. Isso mostra como é fundamental oferecer o espaço certo para que uma análise mais profunda possa ocorrer.

O self verdadeiro, nesse sentido, pode ficar *isolado* e *incomunicável*, enquanto o falso self cindido patológico assume o controle da vida – inclusive ao atender a demanda do analista de que ele associe. Se o analista não se atentar a isso, o falso self pode tomar conta da situação, atuando um personagem falante e inteligente.

Há, aqui, um espaço para a ideia de que o relacionamento e a comunicação significativos muitas vezes acontecem em silêncio. Essa necessidade de se retrair, de estar em paz consigo mesmo e de mergulhar no próprio mundo subjetivo é uma parte fundamental da saúde. Quando alguém é completamente decifrado, perde-se o mistério que alimenta o potencial criativo, como se estivesse despido diante de uma plateia. É nesse núcleo secreto, naquilo que não é revelado, que reside a energia vital para a criação. Se tudo é exposto, nada resta para alimentar o processo criativo. Desse modo,

> *Na prática há algo a que precisamos dar espaço em nosso trabalho:* a não comunicação do paciente como uma contribuição positiva. *Devemos nos perguntar: nossa técnica permite ao paciente comunicar que ele ou ela não*

> *está se comunicando? Para isso acontecer, nós analistas precisamos estar prontos para o sinal: "não estou me comunicando", e sermos capazes de distingui-lo do sinal de sofrimento associado a falhas na comunicação. Há um elo aqui com a ideia de estar sozinho na presença de alguém, de início um acontecimento natural na vida da criança,* e mais tarde uma questão de aquisição da capacidade de retraimento *sem perda da identificação com aquilo em relação a que a criança se retraiu. (Winnicott, 1963/2022b, p. 241, grifos meus)*

Ao decidir mudar a dinâmica do *setting*, aceitando atender Gabriela online, eu certamente estava me arriscando. Contudo, no reencontro com ela, percebi que algo havia se transformado. Havia mais do que uma simples retomada das sessões; era como se ela estivesse pronta para um novo tipo de diálogo – agora, construído a distância. A timidez ainda estava lá, mas havia uma abertura inédita, uma vontade de explorar suas histórias de forma mais honesta.

Gabriela trouxe à tona questões que, antes, pareciam intocáveis. Sua sexualidade, por exemplo, era um território que até então permanecera oculto, protegido por camadas de medo e incerteza. Dessa vez, ela sentia que podia se engajar nesses aspectos de sua identidade sem o temor de ser julgada ou mal interpretada. Eu não estava somente ouvindo suas palavras; estava testemunhando o nascimento de uma nova Gabriela, alguém que estava disposta a questionar o que sempre fora dado como certo.

Penso que essa mudança, no entanto, não foi repentina. Durante os três meses em que estivemos afastados, algo dentro dela começou a se realinhar. Talvez tenha sido o espaço necessário para que ela processasse as emoções que vinham à tona durante as sessões. Talvez, ao se distanciar, ela tenha percebido o quanto precisava desse espaço seguro para se reencontrar. Quando voltou, foi como se tivesse passado por uma metamorfose interna, e agora estava pronta para enfrentar o que antes parecia intransponível.

Essa reviravolta, contudo, não foi linear. Houve diversas idas e vindas, momentos em que o silêncio voltava a se instalar, mas agora ele tinha um propósito diferente. Não era mais um silêncio de proteção, mas um silêncio que permitia a reflexão, a integração das novas descobertas – trata-se, a meu ver, da possibilidade de um recolhimento ao mundo interno, que ocorre em uma comunicação silenciosa. E eu, como analista, estava ali para testemunhar, para acompanhar, mas sem a pressa de quem precisa alcançar uma meta.

Winnicott afirma que, diante de um paciente silencioso, o analista deve se engajar em um jogo de espera. O que se almeja, com isso, é que o núcleo secreto do paciente seja respeitado. Como analistas winnicottianos, criamos um ambiente de acolhimento, que se assemelha, muitas vezes, ao calor do colo da mãe suficientemente boa. Nessas circunstâncias, a parte congelada do self do paciente se descongela como uma resposta espontânea a esse espaço seguro.

Como já mencionei, o analista deve estar atento ao silêncio do analisando, que pode revelar duas formas distintas de comunicação: uma "não comunicação" simples e relaxada, ou uma "não comunicação" ativa ou reativa, na qual o paciente se retrai.

> *Se esperarmos, passaremos a ser percebidos objetivamente pelo paciente em seu devido tempo, mas se falharmos em nos comportar de um modo que facilite o processo analítico do paciente (que é o equivalente ao processo de amadurecimento do bebê e da criança), subitamente nos tornamos não eu para o paciente, e então sabemos demais, e ficamos perigosos porque estamos nos comunicando muito de perto com o núcleo central quieto e silencioso da organização do ego do paciente. (Winnicott, 1963/2022b, p. 242)*

Penso que, no caso de Gabriela, havia ali uma defesa, uma necessidade de proteção contra um mundo que, para ela, parecia ameaçador. Sua personalidade esquizoide se revelava na forma como ela se mantinha afastada, até de si mesma, como se o contato profundo com suas próprias emoções pudesse desestabilizá-la.

> *Os bebês ainda menos afortunados, aos quais o mundo foi apresentado de maneira confusa, crescem sem qualquer capacidade de ilusão de contato com a realidade externa; ou então essa sua capacidade é tão frágil que facilmente se quebra em um momento de frustração, dando margem ao desenvolvimento de uma doença esquizoide. (Winnicott, 1988/2024, p. 166)*

Cabe destacar que Winnicott descreve a esquizoidia como uma *divisão interna*, uma espécie de cisão entre o verdadeiro self e um falso self que se constrói para lidar com as demandas do ambiente. No caso de Gabriela, isso se manifestava em seu comportamento quase automático, na maneira como evitava olhar nos olhos, como se o contato humano fosse um risco que ela não podia correr.

Essa esquizoidia, entretanto, não a isolava completamente. Ela ainda conseguia se comunicar, mas de uma forma que parecia cuidadosamente controlada – predominantemente mental –, como se não pudesse se permitir sentir ou se expressar de verdade. A comunicação com o mundo externo era sempre mediada por essa carapaça, essa proteção que, ao mesmo tempo que a mantinha segura, a impedia de viver plenamente.

Ao longo das sessões, fui percebendo que a chave para ajudar Gabriela a superar essa cisão não estava em forçá-la a se expor, mas em criar um espaço onde ela pudesse, aos poucos, se sentir segura para ser vista e ouvida sem medo de ser invadida. Foi quando ela começou a falar sobre sua sexualidade, sobre seus medos e suas incertezas, que percebi que estávamos caminhando na direção certa.

Gabriela estava começando a baixar a guarda, permitindo que partes do seu verdadeiro self emergissem sem necessidade de proteção. Todavia, essa transição era delicada, exigia paciência e respeito pelo tempo dela. Assim como Winnicott propõe, a cura não vem de uma confrontação direta com o trauma ou com a defesa, mas da criação de um ambiente suficientemente seguro, onde o indivíduo pode gradualmente abandonar suas defesas e começar a integrar suas experiências de forma mais genuína.

Assim, o tratamento de Gabriela se tornou um processo de costura lenta, em que as partes fragmentadas de seu self começavam a se unir. A esquizoidia, que antes a dividia e a mantinha distante de si mesma, começava a ceder espaço para uma comunicação verdadeira e menos defensiva, uma interação em que ela podia finalmente *começar a existir* de forma mais integrada e autêntica.

Referências

Winnicott, D. W. (2021). Aspectos clínicos e metapsicológicos da regressão no contexto analítico. In D. W. Winnicott, *Da pediatria à psicanálise*. Ubu. (Texto originalmente publicado em 1954).

Winnicott, D. W. (2022a). Os objetivos do tratamento psicanalítico. In D. W. Winnicott, *Processos de amadurecimento e ambiente facilitador*. Ubu. (Texto originalmente publicado em 1962).

Winnicott, D. W. (2022b). Comunicação e não comunicação levando ao estudo de certos opostos. In D. W. Winnicott, *Processos de amadurecimento e ambiente facilitador*. Ubu. (Texto originalmente publicado em 1963).

Winnicott, D. W. (2024). Estabelecimento da relação com a realidade externa. In D. W. Winnicott, *Natureza humana*. Ubu. (Texto originalmente publicado em 1988).

6. Entre recaídas e esperança: um caso de adicção sob a perspectiva winnicottiana

Alexandre Patricio de Almeida

A chegada de Fernando[1]

Recebi um telefonema dos pais de Fernando; era um pedido desesperado de ajuda. Eles já tinham tentado de tudo: tratamentos, internações, orações... Mas nada parecia funcionar. Concordei em recebê-los no meu consultório, e logo na primeira entrevista percebi o tamanho da dor que carregavam. Entre lágrimas e vozes embargadas, eles contaram sobre as tentativas de manter o filho longe das drogas, até o ponto de trancá-lo em casa, numa tentativa de salvá-lo de si mesmo. Fernando, disseram, estava perdido, sem rumo. Já tinha passado dos 30 anos e, mesmo assim, parecia um adolescente, sem profissão, sem direção. "Tentou ser músico, tentou ser artista, mas nada vingou", enfatizavam. E o sentimento de fracasso só parecia empurrá-lo mais fundo no abismo do vício.

---

1 Ao longo da minha prática clínica, tive a oportunidade de atender diversos pacientes com questões relacionadas à adicção. Fernando é, portanto, um personagem fictício, criado a partir da combinação desses casos, garantindo assim a proteção das questões éticas envolvidas e preservando a confidencialidade dos pacientes reais.

A história de Fernando tinha uma raiz amarga. Quando ele tinha 13 anos, os pais precisaram se mudar para trabalhar fora, e ele optou por ficar com a avó paterna. Foi nesse período que tudo começou. Ele se envolveu com um grupo de "amigos", e logo as drogas passaram a fazer parte da sua rotina – começando com as mais leves, até mergulhar nas mais pesadas. Os pais se culpavam, tentando entender onde haviam errado, porém, o sentimento de impotência só aumentava.

Quando Fernando finalmente chegou no consultório, sua presença transmitia a sensação de que ele carregava o peso do mundo nos ombros. Chorei junto com ele, em silêncio. Sabia que estava perdendo a vida, que o tempo estava passando, e ele permanecia estagnado, preso em um ciclo destrutivo. Durante as sessões, ele desabafava sobre a sensação de ser um "Zé-ninguém", de não ter conquistado nada ao longo da vida.

À medida que ele se abria em nossas sessões, a trama de sua infância começou a se desdobrar em detalhes que iluminavam a complexidade da sua condição. Ele falou sobre como, quando criança, sentia-se muitas vezes invisível. Seus pais, embora presentes fisicamente em alguns momentos, estavam quase sempre ausentes emocionalmente. Eles eram pessoas ocupadas, sempre preocupados com o futuro, com a estabilidade financeira, com os planos para uma vida melhor. Mas o pequeno Fernando, perdido em meio a essas prioridades adultas, não encontrava o espaço necessário para ser visto e ouvido.

Quando ele foi morar com a avó paterna, a situação piorou. A avó, apesar de sua boa vontade e amor, não conseguia suprir as lacunas emocionais deixadas pelos pais. Desse modo, Fernando, em busca de pertencimento e de algo que preenchesse seu vazio interior, passou a se relacionar com um grupo de jovens que, assim como ele, estavam à deriva. O uso inicial da droga foi, segundo ele, uma tentativa de aliviar a dor e de encontrar algum tipo de escape; contudo, esse ato rapidamente evoluiu para algo mais intenso, à medida que ele tentava, sem sucesso, recriar a sensação de segurança e satisfação que nunca teve.

Minha relação com Fernando foi se desenvolvendo em meio a essas revelações. Cada encontro era uma montanha-russa de emoções, tanto para ele quanto para mim. Havia dias em que ele chegava com brilho nos olhos, como se estivesse pronto para enfrentar o mundo. Em outros, era como se uma nuvem carregada o seguisse, pesada e opressiva. Eu sentia a frustração crescer dentro de mim a cada recaída, uma mistura de impotência e tristeza. Mas, ao mesmo tempo, eu me pegava admirando a coragem que ele demonstrava ao se levantar mais uma vez, mesmo após cair tantas outras.

Fernando não tinha vergonha de admitir seus fracassos para mim. Em vez disso, ele parecia encontrar um certo alívio em compartilhar suas quedas. Lembro-me de uma sessão em particular, após uma recaída difícil. Ele entrou na sala com a cabeça baixa, olhos avermelhados, e simplesmente disse: "Eu falhei de novo". Não havia drama, não havia desculpas. Apenas uma aceitação dolorosa de sua condição. E, apesar da frustração, senti que esse momento era crucial. Fernando estava se permitindo ser visto em sua vulnerabilidade, algo que, por mais paradoxal que parecesse, indicava um avanço.

Nosso vínculo foi, aos poucos, se fortalecendo, construído em cima dessas verdades difíceis, duras de dizer. Eu me tornei, então, um espaço seguro para ele, um lugar onde ele podia se expor sem medo de ser julgado. E foi nesse cenário, contruído a dois, que comecei a ver pequenas mudanças. Não me refiro a grandes reviravoltas, mas a pequenos gestos: a maneira como ele passou a falar sobre seus sentimentos com mais clareza, ou a forma como começou a enxergar suas recaídas: não como derrotas absolutas, mas como parte de um processo de aprendizado.

Pois bem, em um dia que parecia como qualquer outro, Fernando me ligou. Ele estava dentro de uma comunidade e me disse que ia usar drogas. Aquela ligação foi diferente. Eu disse a ele que não poderia estar lá para impedi-lo, e que essa decisão só ele poderia tomar. Minhas palavras foram duras, mas ele precisava entender que a escolha era dele. Não sei o que aconteceu naquele instante, mas algo pareceu mudar. Ao invés de se afundar mais uma vez, ele ligou para o pai e pediu para voltar para casa. Foi um pequeno passo, mas foi autêntico.

Entre as queixas de Fernando, uma das mais marcantes era sua frustração contínua por nunca conseguir sonhar. Suas noites eram dominadas por um tipo de agonia silenciosa, marcadas por um sono fragmentado, repleto de interrupções que o deixavam exausto ao amanhecer. Mesmo no silêncio da madrugada, sua mente permanecia em alerta, incapaz de relaxar ou de se entregar ao repouso profundo. Esse estado de vigília constante parecia refletir um sofrimento mais profundo; uma incapacidade de desconectar-se das angústias do dia a dia, que se estendia até os momentos em que deveria encontrar algum alívio.

Alguns pacientes, como Fernando, vivem em um estado constante de tensão, incapazes de relaxar ou retornar espontaneamente a um momento de não integração. Essa vigilância contínua funciona como uma defesa contra a ameaça sempre iminente de desintegração, uma queda abrupta em um estado de agonia indescritível. Para ele, o cair da noite não trazia descanso, mas ampliava suas inquietações. A ausência de sonhos tornava-se um sintoma palpável do vazio e da fragilidade que permeavam sua vida desperta.

Após várias recaídas e diante de um pedido que partiu dele mesmo, propus, então, que Fernando iniciasse um acompanhamento com uma psiquiatra – alguém que eu conhecia e em quem confiava, uma profissional que também era psicanalista. Achei que poderia ser um bom complemento ao trabalho que estávamos fazendo. Ela ajustou a medicação de Fernando, e o efeito foi como se uma pesada cortina se erguesse, revelando um novo horizonte. Ele começou a responder bem a essa alteração medicamentosa e, aos poucos, seus relatos mudaram. Ele ainda não sonhava, mas as noites passaram a ser menos perturbadoras, mais tranquilas.

É fundamental destacar aqui que, em casos graves – como o de Fernando –, nos quais o uso excessivo de substâncias ilícitas está presente, a intervenção realizada por uma equipe multidisciplinar é indispensável para o desenvolvimento do tratamento. Isso porque cada faceta da vida de Fernando precisava ser abordada de maneira integrada, pois o desafio não era apenas superar o vício, mas reconstruir uma estrutura emocional profundamente comprometida.

Quando lidamos com quadros clínicos desse gênero, é fácil cair na armadilha de acreditar que a melhora significa que o pior já passou. Na realidade, trata-se, pois, de uma nova fase do tratamento, em que a estabilidade recém-conquistada precisa ser cuidadosamente mantida. Nesse sentido, a presença de uma equipe multidisciplinar – que incluía a psiquiatra, eu como seu psicanalista, e outros profissionais da saúde que, eventualmente, seriam envolvidos – era indispensável para garantir que Fernando continuasse a progredir.

Nos raros momentos em que nos encontrávamos,[2] os pais de Fernando desabafavam sobre a angústia que carregavam a respeito da infância dele. Sua mãe, em particular, admitiu que sempre teve dificuldades em conectar-se emocionalmente com o filho quando ele era pequeno. Ela se sentia culpada por não ter sido mais presente, por não ter oferecido um espaço onde Fernando pudesse sentir-se acolhido e compreendido. Ela lembrava que ele, desde muito jovem, tinha um

2 Embora Fernando fosse um paciente adulto, era fundamental que eu mantivesse um canal aberto de comunicação com seus pais. A complexidade de sua situação exigia uma compreensão implicada das dinâmicas familiares e do histórico emocional que moldaram sua trajetória até ali. Mesmo que, em muitos casos, o envolvimento dos pais em tratamentos de adultos possa ser motivo de resistência ou desconforto para o paciente, com Fernando isso nunca foi um problema. A meu ver, a presença deles, ainda que indireta, proporcionava a ele um sentimento de cuidado e continuidade que ele não havia experimentado de forma consistente durante a infância, mas que, agora, no contexto da análise, tornava-se uma peça-chave para sua recuperação.

olhar distante, como se estivesse habitando outra dimensão, sempre em busca de algo que ela nunca conseguiu oferecer.

Tais relatos dos pais ajudaram a construir uma imagem mais clara de como a "transicionalidade"[3] na vida de Fernando não se fixou em um objeto ou em uma experiência que pudesse oferecer um sentido de continuidade e segurança. Ao contrário, sua infância foi marcada por uma série de interações fragmentadas, nas quais o afeto e a presença eram inconsistentes. Fernando contava que, em diversas ocasiões, acordava no meio da noite, caminhava pela casa escura, na esperança de encontrar algo – talvez uma luz acesa, um som reconfortante, qualquer coisa que quebrasse o silêncio opressor. Mas a casa, assim como seus pais, permanecia distante. Ele voltava para a cama e se encolhia nas cobertas, mas o sono que vinha era sempre pesado, sem sonhos, sem o alívio que o mundo onírico poderia oferecer.

Mudanças de escolas, de estados e de cidades eram constantes na vida de Fernando. A cada nova mudança, ele se via forçado a deixar para trás qualquer conexão que poderia se formar, seja com colegas, professores ou mesmo com o ambiente que, ainda que de maneira precária, tentava chamar de lar. Esses deslocamentos frequentes não permitiram que ele estabelecesse raízes ou que criasse laços duradouros. O afeto que recebia era muitas vezes interrompido ou diluído pelas distâncias geográficas e emocionais.

Essa ausência de sonhos, comecei a perceber, não se reduzia somente a uma questão de sono. Ela refletia uma lacuna mais profunda, talvez uma falha no desenvolvimento de Fernando que nunca lhe permitiu criar um território seguro dentro de si mesmo, onde ele pudesse experimentar a continuidade de ser. Os sonhos, que para muitos são um recurso de exploração e de integração das experiências

3 Conceito winnicottiano que será amplamente desenvolvido e explicado ao longo deste texto.

do dia, para Fernando eram inexistentes, assim como a sensação de segurança que deveria ter sido construída nas relações primárias.

Em nossa relação, esse vazio era algo que constantemente tentávamos abordar. Não era fácil para Fernando abrir-se sobre essas recordações, mas, aos poucos, conforme ele se sentia mais seguro, mais acolhido, começamos a construir juntos um novo espaço, onde ele poderia começar a experimentar, talvez pela primeira vez, a sensação de ser visto, ouvido e compreendido em sua totalidade. E, assim, o trabalho prosseguia, buscando reconstruir, com cuidado e paciência, o que foi perdido, na esperança de que, um dia, Fernando pudesse finalmente sonhar, ganhar uma identidade e deixar de ser um "Zé-ninguém".

A psicanálise diante das adicções

> *Há um lugar sombrio, um lugar onde a luz da compreensão vacila e desaparece, onde as sombras pregam peças na sua mente, e você começa a acreditar nas mentiras que elas contam. Foi lá que eu estava, onde o vício me mantinha prisioneiro.*[4]
>
> (Sheff, 2008)

Decio Gurfinkel (2011), em seu excelente livro *Adicções: paixão e vício*, apresenta uma visão instigante da teoria psicanalítica das adicções, propondo uma reflexão acerca da subjetividade que pode existir por trás das diferentes formas de vício. Apesar de encontrarmos variados perfis de pacientes adictos e de as psicopatologias clínicas serem diversas, ele defende a ideia de que é possível enxergar uma conexão subjacente entre essas diferentes formas de adicção. Gurfinkel afirma que, no fundo, a adicção pode ser vista como uma ação impulsiva e incontrolável, que prende o sujeito ao objeto de desejo,

4 Tradução livre do trecho: "There is a dark place, a place where the light of understanding flickers and fades, where shadows play tricks on your mind, and you start to believe the lies it tells. That's where I was, where addiction held me prisoner".

transformando essa relação em algo profundamente *coisificado*. É como se o objeto tomasse conta, tirando do sujeito qualquer autonomia, reduzindo-o a um mero instrumento de sua compulsão.

Para Gurfinkel (2007), há uma conexão entre a toxicomania e a clínica da perversão. O adicto, ao invés de se mover no campo da fantasia, age diretamente na realidade concreta. Isso confere ao usuário de drogas um ar de degradação, não só na forma como ele é visto socialmente, mas também na deterioração das relações que estabelece com os outros. A degradação aqui é relacional, quase uma marca registrada que acompanha o adicto, gerando uma espiral de comportamentos antissociais. E, dentro desse cenário, a crise de confiança se infiltra na própria relação terapêutica, exigindo dos profissionais um cuidado extremo para não reproduzir, no *setting* clínico, essa mesma deterioração da alteridade.

O autor ainda destaca que, nas toxicomanias, existe uma semelhança perturbadora com a dinâmica do fetiche.[5] O objeto de desejo, nesse caso a droga, assume um papel central, invertendo os polos da relação sujeito-objeto, escravizando o sujeito. À medida que a relação adictiva se intensifica, o indivíduo se vê cada vez mais preso, sem poder de escolha, alienado de si mesmo e da própria relação com o objeto. É como se o indivíduo perdesse a capacidade de decidir, ficando totalmente à mercê do objeto que, agora, domina sua vida.

---

5 "O fetichismo se caracteriza por uma fixação exacerbada por um objeto sexual parcial, que se torna condição indispensável para o gozo. Esta forma de perversão descrita por Freud serve bem como modelo para pensar a adicção: ela mesma, também, uma fixação a um objeto exclusivo na busca de prazer, em detrimento de outras vias de satisfação. O objeto-fetiche ganha um estatuto, uma importância e uma ascendência sobre o indivíduo semelhante àquela dos totens para os povos primitivos, e a marca desta relação de objeto é a alienação. Mas a alienação da adicção vai mais longe" (Gurfinkel, 2011, p. 48).

> *A droga, para o toxicômano, é uma espécie de objeto-fetiche. Essa aderência da libido é tanto mais enigmática quando se nota que o objeto da adicção é dificilmente associável a qualquer outro da história do indivíduo, sendo questionável supor aqui um simples mecanismo de deslocamento – vale lembrar que o adicto, de tempos em tempos, pode trocar seu objeto de "consumo", e que nessa troca em geral não encontramos qualquer nexo significante. Podemos arriscar a hipótese que a adicção é um fetichismo em sua forma mais pura, destituído de sentido simbólico, como se qualquer conexão significante tivesse sido desligada. (Gurfinkel, 2007, p. 18)*

Ora, a própria etimologia da palavra "adicção" revela esse aspecto de "escravidão". Gurfinkel nos lembra que, na Roma antiga, o *adictu* era aquele que se tornava escravo de seu credor, incapaz de pagar uma dívida. É difícil não ver a semelhança com as histórias míticas de pessoas que vendem suas almas ao diabo, tornando-se devedores eternos de um salvador traiçoeiro. Na adicção, o sujeito se torna um "quase sujeito" – um "Zé-ninguém", conforme a expressão de Fernando –, alguém enfraquecido diante de um objeto que parece todo-poderoso, carregado de mistério e perigo. E, aqui, a cultura desempenha um papel crucial, fortalecendo os estigmas que cercam o usuário de drogas, ao mesmo tempo que legitima a ideia do objeto-droga como algo quase sobrenatural.

Essa visão, intrigante e assustadora, nos leva a refletir sobre a forma como a adicção aliena o sujeito, transformando-o em alguém que parece estar vivendo uma existência entre a vida e a morte. O "morto-vivo"[6] é uma imagem recorrente, e a cultura não apenas reforça

---

6 As séries de zumbi, como *The Walking Dead*, *Z Nation* e *The Last of Us*, têm alcançado grande popularidade nos últimos anos, refletindo e amplificando a imagem do "morto-vivo" na cultura contemporânea. Essas produções não só exploram a

essa ideia, mas também alimenta o mito de que a droga possui poderes além da compreensão. Gurfinkel nos desafia a pensar na adicção não apenas como um problema clínico, mas como um fenômeno que envolve toda a subjetividade do indivíduo, uma batalha entre a vontade e a escravidão, entre a vida e a morte, entre o ser e o nada.

Quando penso na maneira como Gurfinkel descreve a relação alienada entre o usuário e seu objeto de escolha, não posso deixar de imaginar a cena. É como se toda a energia vital que a pessoa possui fosse sugada e redirecionada para esse objeto, que se torna a única coisa que importa. A droga, ou qualquer outra adicção, vira um item essencial, quase como o ar que se respira. O usuário sente uma fome insaciável por isso, como se sem esse objeto ele estivesse incompleto, perdido, sem sentido.

Em síntese, Gurfinkel (2011) categoriza as adicções como uma patologia do agir, um agir que perdeu a alma, a expressividade, o simbolismo. Não há um gesto humano ali, mas sim uma descarga mecânica, quase animal, em que o presente se sobrepõe ao passado. Não há memória, não há história, apenas o agora, o *impulso imediato*, a necessidade urgente de alívio. E quanto mais o indivíduo se afunda nessa relação, mais se distancia do campo simbólico, do mundo das ideias e dos significados. O que sobra é uma espécie de arco-reflexo primitivo, em que a tensão que se acumula precisa ser descarregada a qualquer custo, e o sujeito, cada vez mais alienado, vê o mundo e suas relações se transformarem em coisas, em objetos sem vida.

Essa transformação do objeto em algo indispensável também *coisifica* todas as outras relações. As pessoas, os afetos, tudo o que antes tinha importância, se torna secundário; um simples meio para

---

ideia do corpo sem alma, mas também personificam o medo e o fascínio pela morte em vida, tornando-se uma metáfora significativa para os estados de alienação e desumanização – temas que ressoam com a experiência da adicção ao transformar o indivíduo em uma figura que oscila entre a vida e a morte, entre o controle e a perda de si mesmo.

sustentar a ligação com a droga. É como se o usuário estivesse preso em uma rotina robótica, uma automação que parece impossível de ser interrompida sem um esforço monumental. Essa falta de simbolismo, essa quebra na capacidade de sentir e de se conectar com o outro, acaba se transferindo para a relação psicanalítica. Quem tenta cuidar desses pacientes se vê perplexo, muitas vezes impotente, sem as ferramentas adequadas para lidar com uma relação tão tóxica.

O que realmente me chama a atenção, porém, é como Gurfinkel descreve essa deterioração do campo simbólico como um verdadeiro colapso do espaço onírico. Como sabemos, sonhar é a ponte entre a fantasia e o ego, é o lugar em que o simbólico encontra o real; contudo, na saída adictiva, o ego enfraquece, se dissocia, e a pessoa se perde em viagens para realidades paralelas que nunca trazem nada de bom. Essas realidades são vazias, e o sujeito extrai delas muito pouco, apenas o suficiente para continuar existindo, mas nunca para realmente viver. É uma existência de sobrevivência, não de plenitude. Essa característica, para mim, é a tragédia maior da adicção: a perda do sonho, da fantasia, do desejo de algo a mais. O usuário não sonha; ele apenas sobrevive.

Além disso, Gurfinkel (2011) aproxima as toxicomanias ao ciclo maníaco-depressivo. Ele descreve como o uso de substâncias pode funcionar como uma tentativa desesperada de anular a dor existencial, aquela que surge de um sentimento profundo de impotência e inferioridade. O que o sujeito busca, na verdade, é uma vivência artificial de onipotência, uma sensação ilusória de invulnerabilidade. Todavia, essa experiência, ao contrário do que se poderia imaginar, não deixa nenhum rastro; nada é realmente incorporado ou aprendido. Trata-se, pois, de uma vivência vazia, dissociada, diferente do que ocorre com o usuário habitual, que, mesmo consumindo com frequência, ainda preserva algum nível de narcisismo e desejo. Para esse último, o objeto pode até representar uma expansão do espaço interno, uma abertura para o sonho.

Diante disso, Gurfinkel (2011) levanta a seguinte indagação: se pensarmos nas toxicomanias como um sinal de degradação do caráter, será que não poderíamos considerar que o próprio sujeito sofreu uma falha em sua relação com o ambiente? Talvez tenha faltado para ele uma sustentação confiável, algo que o segurasse nos momentos de maior vulnerabilidade.

Nessa linha de pensamento, é possível imaginar que a deterioração no campo relacional não surgiu do nada. Ela foi, provavelmente, a consequência de uma falha na construção do ambiente de segurança que todos precisamos na infância. Quando essa base é frágil, as relações se tornam frágeis também, coisificadas, desprovidas de verdadeira conexão. O que Gurfinkel está nos dizendo é que, ao olhar para as toxicomanias, não podemos deixar de considerar esse fundo histórico e emocional, esse lugar onde o sujeito perdeu a confiança, onde a capacidade de se relacionar de maneira saudável foi rompida. E é nesse vazio que a adicção encontra terreno fértil para crescer e se enraizar.

As psicopatologias dos fenômenos transicionais[7]

A primeira vez que a noção de "psicopatologias dos fenômenos transicionais" apareceu foi na obra de Winnicott, quando ele abordou o caso do "menino do barbante" (Winnicott, 1971/2019). Nesse texto, ele descreveu um desvio no uso de um objeto transicional, que acabou se transformando em algo mais sombrio, com características de objeto de fetiche. Mas a história não parou por aí. Em notas posteriores, Winnicott revelou que esse mesmo garoto, anos depois, desenvolveu uma adicção por drogas. E foi aí que ele lançou uma pergunta que ecoa até hoje: será que o estudo desse caso mobilizaria a nossa atenção para a psicopatologia que se manifesta na área dos fenômenos transicionais?

---

7 Para uma explicação mais detalhada sobre o conceito de transicionalidade, ver Almeida (2023, capítulo 1).

Winnicott, com sua genialidade, propôs uma ideia que me parece indispensável para entendermos e manejarmos uma grande parte dos casos relacionados às adicções. A partir de suas observações sobre como o bebê amadurece, ele afirmou que, entre aquelas primeiras experiências de satisfação autoerótica e a identificação de um primeiro objeto – que a criança reconhece como algo separado de si –, existe uma área intermediária da experiência. É nesse espaço que surge o que ele chamou de "objeto transicional"[8] ou "fenômenos transicionais".

De forma simplificada, os fenômenos transicionais são os estágios iniciais em que o indivíduo usa a ilusão de onipotência para encontrar sentido em se relacionar com objetos que, para os outros, são vistos como externos ao eu. Para aprofundarmos essa compreensão, analisemos o esquema da Figura 1.

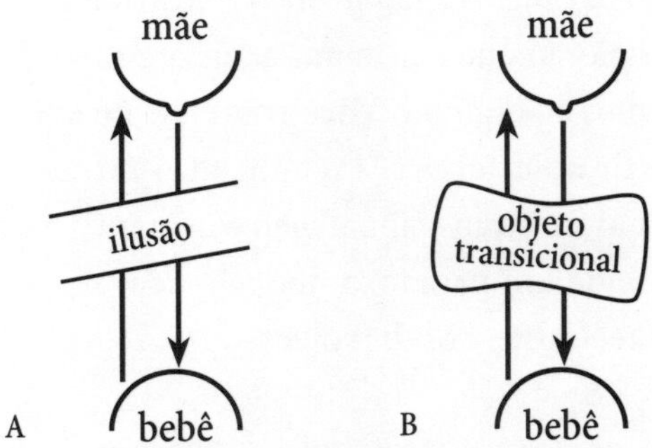

Figura 1 A: bebê < ilusão > mãe; B: bebê < objeto transicional > mãe.

Fonte: Winnicott, 1971/2019, p. 30.

8 Esses fenômenos e objetos transicionais não são nem internos nem externos, mas servem como uma ponte entre a realidade subjetiva e a realidade objetiva. Com o tempo, esses objetos perdem sua importância. Como Winnicott (1971/2019) dizia, eles são "relegados ao limbo"; o que é lindamente ilustrado no filme *Toy Story 3*, quando Andy doa seus brinquedos para uma garotinha, revivendo brevemente os momentos que passou com eles antes de seguir em frente. Esses objetos, outrora tão importantes, são deixados para trás, *mas permanecem internalizados* de alguma forma, embora sua relevância diminua à medida que amadurecemos.

Na Figura 1A, vemos a mãe surgindo para atender à crescente necessidade do bebê, que é desencadeada por uma tensão instintiva – como a fome, por exemplo. O lactente, entretanto, ainda não possui a noção do que precisa ser criado para satisfazer essa necessidade. É nesse momento que a mãe intervém, suprindo as demandas instintivas do recém-nascido. Esse movimento da mãe cria, para o bebê, a ilusão de que existe uma realidade externa que se alinha perfeitamente à sua própria capacidade criativa. "Em outras palavras, existe uma sobreposição entre o que a mãe fornece e o que o bebê consegue conceber" (Winnicott, 1971/2019, p. 31). "Psicologicamente, o bebê mama de um peito que é parte dele, enquanto a mãe dá de mamar para um bebê que é parte dela" (p. 31).

A Figura 1B apresenta um contorno delineado para a área de ilusão, abrangendo os objetos e fenômenos transicionais. "Pode-se dizer do objeto transicional que existe um acordo entre nós e o bebê, de que nunca faremos a pergunta: 'Você criou isso ou apresentaram isso para você a partir do exterior?'" (Winnicott, 1971/2019, p. 31, grifos do autor). Logo, a "área transicional" não é nem interna, muito menos externa. Trata-se de um paradoxo que *não deve ser resolvido*. Nesse sentido, Gurfinkel (2017) nos dirá que:

> *ao propor a "terceira área" da experiência, Winnicott conferiu um status teórico e epistemológico para o* entre*: um lugar para os encontros potenciais, bem como os desencontros mais ou menos inevitáveis. Não se trata apenas de uma fronteira entre o interno e o externo, mas de um espaço específico primordial . . . . Este espaço é o reino das passagens, das travessias, das jornadas – entre o autoerotismo e a relação de objeto, entre o Eu e o outro, entre o* self *e o mundo –, o reino do experimentar e do experimentar-se na relação com a realidade; enfim, o reino do brincar e do sonhar, concebidos como formas simbólicas e*

> *altamente sofisticadas de comunicação* intra *e* intersubjetiva. *(Gurfinkel, 2017, p. 383, grifos meus)*

Esses objetos, que a criança cria e encontra de modo simultâneo, têm uma importância quase mágica. Eles se tornam defesas essenciais contra as ansiedades que começam a surgir e, ao mesmo tempo, são experiências que iniciam a criança no mundo das relações. Não se trata de um simples bichinho de pelúcia ou cobertor; trata-se de algo que auxilia a criança a construir uma ponte entre o que é interno e o que é externo, entre o que faz parte dela e o que pertence ao mundo.

Nesse cenário, o caso do "menino do barbante" se torna tão emblemático. O que começou como um uso saudável de um objeto transicional, um mecanismo natural de defesa e desenvolvimento, acabou se desviando, pervertendo-se, até se transformar em algo que aprisionou o menino em um ciclo de adicção. O que era para ser um suporte no crescimento emocional se tornou um fetiche, um ponto de fixação que o acompanhou até a vida adulta e o levou a caminhos perigosos. Cito, a seguir, um trecho do caso em questão:

> *Em uma entrevista posterior, a mãe comentou que, um ano depois da conversa com o menino, ele havia voltado a brincar com barbantes, atando objetos pela casa. Na verdade, ela estava prestes a ser internada no hospital para ser operada e disse ao filho: "Vejo que você está brincando com barbantes porque está preocupado com a minha partida, mas desta vez ficarei longe só por alguns dias. Eu vou ser operada, mas não é nada grave". (Winnicott, 1971/2019, pp. 39-40)*

No que diz respeito ao histórico deste caso, vale dizer que a mãe, que sofria de depressão e havia sido hospitalizada por isso, foi uma figura central no cuidado do menino até o nascimento da irmã mais nova, o que marcou a primeira separação significativa em sua vida. Posteriormente, aos quatro anos, a mãe foi novamente internada, e ele passou a ser cuidado por uma tia. O menino, considerado difícil pelos que o rodeavam, apresentava sintomas como barulhos compulsivos com a garganta e problemas relacionados à evacuação, além de uma ansiedade em relação à deficiência mental da irmã mais velha.

Partindo desses estudos, Winnicott propõe uma perspectiva em que o desenvolvimento emocional, rumo aos fenômenos transicionais, depende de uma *adaptação ativa* do ambiente às necessidades do bebê. No começo, essa adaptação precisa ser quase perfeita, permitindo que o bebê viva na ilusão de que controla o mundo ao seu redor. Trata-se de uma ilusão de onipotência que, gradualmente, vai sendo desfeita conforme o bebê se desenvolve e começa a lidar com as falhas dos seus cuidadores e com as próprias frustrações. Winnicott descreve de forma poética esse momento de dependência absoluta, quando a mãe oferece o seio real exatamente onde e quando o bebê está pronto para criá-lo em sua mente.

O objeto transicional, portanto, molda essa área da ilusão primária, permitindo que essa experiência ilusória se conecte com o mundo externo, expandindo-se em direção a uma vida criativa. Winnicott (1971/2019) destaca que uma parte dessa ilusão sobrevive às desilusões da vida, sendo guardada na experiência compartilhada que caracteriza as relações humanas. Para mim, é como se ele estivesse dizendo que, mesmo quando a realidade nos decepciona, uma parte dessa mágica permanece, nos permitindo continuar a criar e encontrar significado no mundo que nos cerca.

Direcionemos a nossa atenção agora sobre o papel fundamental que o ambiente desempenha na construção interna dos objetos que, mais tarde, vão se transformar nos fenômenos transicionais. Esses fenômenos são o que realmente permite que a pessoa entre no mundo das relações compartilhadas – uma espécie de porta de entrada para o viver criativo. Winnicott (1971/2019) descreve essa ideia de uma maneira que nos faz pensar no quão frágil é esse equilíbrio:

> *O bebê pode utilizar um objeto transicional enquanto o objeto interno está vivo, é real e suficientemente bom (não muito persecutório). Porém, no que tange a suas qualidades, esse objeto interno depende da existência, da vivacidade e do comportamento do objeto externo. (p. 27)*

"O bebê pode utilizar um objeto transicional enquanto o objeto interno está vivo, é real e suficientemente bom" (p. 27), diz o autor. Todavia, esse objeto interno só mantém suas qualidades positivas se o ambiente externo – o cuidado, a presença, o calor materno – continuar vivo e constante. Se o ambiente falha, se o seio ou a figura materna se tornam fontes de ansiedade em vez de conforto, esse objeto interno começa a se deteriorar. E, quando isso acontece, o objeto transicional também perde o sentido, deixando o bebê à deriva.

O que Winnicott nos mostra, aqui, é que o sucesso ou o fracasso do ambiente tem um impacto direto no desenvolvimento emocional do sujeito. Se o ambiente sustenta o bebê, ele cresce com a capacidade de viver de forma criativa, de encontrar significado na vida. Entretanto, se o ambiente falha repetidamente, o resultado tende a ser uma experiência de aniquilamento por parte do lactente; uma perda de sentido que ameaça a continuidade do self. O bebê, agora vulnerável, tenta se defender como pode, muitas vezes construindo um falso self – uma máscara que o protege de um ambiente que ele sente como ameaçador.

Esse falso self compromete a capacidade de viver de forma criativa e gera sentimentos de inutilidade e irrealidade que, muitas vezes, aparecem na clínica. Neste ponto, Winnicott nos dá uma chave para entender o vazio existencial que permeia o campo das adicções. O verdadeiro self, no qual reside a capacidade criativa, fica enterrado, escondido atrás de um self protetor, submisso, que emerge como resposta a um ambiente percebido como hostil.

Winnicott vê nessa falha ambiental desastrosa, que ocorre em um momento de dependência absoluta, a raiz de muitas psicopatologias. Ele considera que é essa falha que está na origem das toxicomanias e outras condições graves, em que a constituição do ego não se integrou plenamente. Para ele, a perda desse ambiente sustentador não só desestrutura o desenvolvimento saudável, mas também rouba do sujeito a capacidade de brincar, de criar, de sonhar – elementos fundamentais para uma vida emocionalmente rica.

Quando Winnicott menciona que suas pesquisas se expandem para incluir o brincar, a criatividade, a religião, e até comportamentos como mentir, roubar e a adicção, ele está apontando a complexidade da vida emocional. Tanto as experiências positivas quanto as negativas têm suas raízes nesse processo de desenvolvimento. Ele sugere que o entendimento de muitos desses fenômenos – desde a apreciação artística até o vício em drogas – depende de como o ambiente inicial foi capaz ou não de apoiar o amadurecimento do bebê.

A emergência do sonho e a reconstrução de si

Mais vale sonharmos a nossa vida do que vivê-la,
embora vivê-la seja também sonhar.

(Proust, 2017)

A partir dessa perspectiva, considero que o paciente adicto, em algum momento distante da sua história, provavelmente enfrentou uma falha profunda na sustentação e na confiabilidade do ambiente ao seu redor. Essa falha, talvez esquecida conscientemente, se reativa sempre que a privação bate à porta. A defesa que ele encontrou? A solução adictiva. A droga, ou qualquer outro objeto fetichizado, surge como uma espécie de negação daquela falta primordial, criando uma realidade paralela na qual o euforizante efeito do objeto não só apaga temporariamente o vazio, como também constrói mundos dissociados da realidade. No caso do "menino do barbante", Winnicott ilustra isso de forma brilhante.

Nesse mesmo ensaio, ele afirma que uma criança só consegue suportar até certo ponto a ausência de um objeto externo que ela ama e do qual depende. Se a ausência ultrapassa esse limite, a representação interna desse objeto começa a desaparecer e, com ela, o sentido dos fenômenos transicionais, o que coloca em risco a continuidade do self. Winnicott argumenta que, pouco antes de essa representação se apagar completamente, o objeto é hiperinvestido como uma tentativa desesperada de negar essa perda. No caso do "menino do barbante", diante do medo de perder sua mãe, o barbante que antes simbolizava a conexão entre eles passou a se transformar em algo mais: em um objeto cujo uso exagerado refletia a insegurança e o pavor de ser aniquilado emocionalmente.

Quando o barbante perde seu sentido simbólico e se torna uma coisa em si, ele deixa de ser um simples objeto transicional, tornando-se algo perigoso que precisa ser controlado. Winnicott nos alerta que, se o uso desse objeto tivesse sido abordado enquanto ainda havia esperança de restaurar seu sentido simbólico, talvez o desfecho deste caso teria sido diferente. Mas, uma vez que esse sentido se perde, surge uma situação muito mais difícil de tratar, na qual os ganhos secundários – como a habilidade e o prazer que o garoto desenvolveu no manejo do barbante – complicam ainda mais o cenário. Aqui, recordo-me dos pacientes que relatam o prazer quase perverso nas habilidades que adquirem ao manipular suas substâncias de escolha, como se a perícia nesse ritual fosse uma última tentativa de controle sobre um mundo que há muito tempo perdeu o sentido.

No cenário descrito, a relação com o cordão acaba virando uma coisa, perde a alma. Acontece o mesmo com quem se entrega às drogas, ou seja, a substância se transforma em algo bruto, sem significado, reduzida a uma ação sem alma, a um objeto sem história. O objeto se transforma, quase como um amuleto, investido de uma energia mágica (Winnicott, 1971/2019). Ele se descola da função de representar algo e vira um pedaço de realidade, uma coisa que, por mais inerte que seja, garante a sobrevivência do self diante da iminência de um colapso existencial.

Ao longo das sessões, Fernando trouxe à tona memórias fragmentadas de sua infância, revelando como a ausência de um ambiente consistentemente sustentador moldou sua trajetória. Ele se lembrava, por exemplo, de como a presença da mãe, embora amorosa, era interrompida por períodos de ausência devido às suas demandas de trabalho. Esses momentos de separação geraram em Fernando uma sensação de desamparo e uma necessidade de encontrar algo que preenchesse o vazio causado por essas ausências.

Lembro-me de um dia em que ele entrou no consultório com um sorriso que eu ainda não tinha visto antes. Era uma felicidade diferente, quase infantil. Ele sentou-se e, sem esperar que eu perguntasse, disse: "Eu sonhei!". Foi como se o silêncio, que por tanto tempo dominou suas noites, finalmente tivesse sido quebrado.

No sonho, Fernando dirigia um carro por uma estrada cheia de curvas. A cada curva, ele sentia o carro escapar de seu controle, até que, em um determinado momento, o carro despencou de um precipício. Mas, surpreendentemente, em vez de acordar em pânico, ele continuou sonhando. Ele se viu saindo do carro, machucado, com alguns arranhões, *mas vivo*. O impacto desse sonho era claro: ele estava começando a enfrentar as curvas da vida de maneira diferente, com a certeza de que, mesmo caindo, poderia se levantar, tendo o controle de si e não mais sendo controlado pelo "objeto-droga".

Esse sonho foi um marco. Um ponto de virada. Fernando começou a perceber que sua vida não precisava ser uma série interminável de quedas sem fim, de tropeços sem recuperação. Pela primeira vez, ele sentiu que poderia sair dos escombros da própria existência com a chance de construir algo novo, algo real.

Ele continuou em análise por mais alguns anos, e, durante esse tempo, as mudanças em sua vida começaram a se manifestar de forma significativa. Fernando conheceu alguém, e o que inicialmente parecia ser apenas mais um relacionamento passageiro, como tantos outros que ele teve, transformou-se em algo sólido, genuíno. Eles se casaram, e, pouco tempo depois, ele se tornou pai de uma menina. A chegada da filha trouxe para Fernando uma nova perspectiva, algo que nunca havia experimentado antes: a responsabilidade de cuidar de alguém, de ser a figura presente de que ele tanto sentiu falta em sua própria infância. Ser pai não representava somente uma nova fase; significava, pois, uma redenção, uma oportunidade de oferecer à filha o que ele nunca teve – segurança, amor incondicional e um lar onde as noites fossem preenchidas por sonhos (e confiabilidade).

No âmbito profissional, Fernando finalmente encontrou um caminho. Ele começou a trabalhar com o pai na empresa da família – lugar que antes lhe parecia tão distante quanto inatingível. O trabalho, que, antigamente, era encarado apenas como mais um fardo impossível de ser carregado, se tornou uma oportunidade de se reconectar, de estabelecer laços que, até então, pareciam perdidos. Ele encontrou no ambiente familiar uma forma de criar raízes, de se sentir parte de algo maior, de se distanciar cada vez mais daquele "Zé-ninguém" que ele acreditava ser.

Fernando, que um dia se sentiu perdido, sem direção e sem sonhos, agora dirigia sua vida com uma nova visão. As curvas ainda estavam lá, as dificuldades não desapareceram magicamente, mas ele sabia que, mesmo diante de precipícios, havia sempre uma chance de sair do outro lado, mais forte, mais vivo.

O "Zé-ninguém" que ele tanto temia ter se tornado foi, gradualmente, se dissolvendo. Aquele rótulo que ele próprio tinha colocado em si mesmo, como uma marca indelével, foi substituído por algo mais sólido: uma identidade construída sobre as ruínas de um passado difícil, mas que agora sustentava um futuro cheio de possibilidades. Ele deixou de ser o homem sem sonhos, sem rumo, sem esperança, para se tornar alguém que, mesmo machucado, encontrava forças para seguir em frente. Fernando descobriu, enfim, que o significado da vida não está na ausência de quedas, mas na capacidade de levantar-se, sacudir a poeira e continuar, com a certeza de que, na maioria das vezes, haverá um novo sonho esperando para ser sonhado.

Referências

Almeida, A. P. (2023). *Por uma ética do cuidado: Winnicott para educadores e psicanalistas* (Vol. 2). Blucher.

Gurfinkel, D. (2007). Adicções: da perversão da pulsão à patologia dos objetos transicionais. *Psyche*, *11*(20), 13-28.

Gurfinkel, D. (2011). *Adicções: paixão e vício*. Casa do Psicólogo.

Gurfinkel, D. (2017). *Relações de objeto*. Blucher.

Proust, M. (2017). *Em busca do tempo perdido* (*E-book*). Nova Fronteira.

Sheff, D. (2008). *Beautiful boy: a father's journey through his son's addiction* (*E-book*). Houghton Mifflin Harcourt.

Winnicott, D. W. (2019). Objetos transicionais e fenômenos transicionais. In D. W. Winnicott, *O brincar e a realidade*. Ubu. (Trabalho original publicado em 1971).

7. Com os pés no chão: sobre como se pode sonhar a conquista de um corpo próprio num processo de análise[1]

Alfredo Naffah Neto

Um caso de análise

Descrever casos de análise, considerando os caminhos e descaminhos do, geralmente, longo processo de cura, constitui uma das principais ferramentas do psicanalista para rever e ampliar a teoria de base. É com essa finalidade que um caso será aqui descrito.[2]

Quando me procurou para análise, Salim queixava-se de que tudo em sua vida era falso, irreal e sem sentido. Havia cursado uma faculdade de psicologia, quiçá – como veio a concluir depois – com o objetivo de se curar, já que isso justificaria, com mais facilidade, a busca de uma

1 Este artigo é baseado numa conferência realizada no VIII Colóquio Winnicott de Belo Horizonte – O Corpo em Winnicott –, em outubro de 2016. A mesma conferência, com algumas modificações, foi apresentada no Centro de Estudos Psicanalíticos (CEP), em São Paulo, em abril de 2017. Em seguida, foi publicado na *Revista Brasileira de Psicanálise*, 52(2), 141-150, 2018. Para a presente edição, o texto sofreu algumas revisões, transformações e acréscimos.

2 Por questões éticas e de sigilo profissional, para não permitir o reconhecimento do paciente em questão, construo sempre um paciente fictício, mas que inclui, em sua descrição, características psicopatológicas fundamentais do paciente verdadeiro. São disfarces necessários ao psicanalista pesquisador.

psicoterapia aos olhos de sua família, de origem libanesa e caracteristicamente tradicional. Mas isso, naquele início, não lhe era de forma alguma consciente, somente vindo a revelar-se bem mais tarde.

Nessa época, ele não vivia da psicologia; dava aulas de português para imigrantes da colônia, que tinham o árabe como língua-mãe. Bastante inteligente, era um professor esmerado e muito bem avaliado pelos alunos. Ao longo do processo de análise, foi ficando claro que Salim tinha a área intelectual hipertrofiada, mas totalmente cindida da esfera afetivo-emocional – portanto, uma espécie de falso self patológico de cunho eminentemente mental.

Pouco a pouco, fui percebendo que se tratava de um paciente *borderline*, do tipo que, em dois artigos publicados, e retomando Helene Deutsch, vim a chamar de *personalidade como se* (Naffah Neto, 2007, 2010). Em resumo, é um paciente que tem seu eixo de personalidade centrado nesse falso self patológico, constituído pela mimetização de traços ambientais, porém, bem estruturado e cindido do restante da personalidade. No caso, tratando-se de um falso self formado por hipertrofia intelectual, ele funciona, nas relações objetais, por meio de uma filtragem mental e reduz tudo o que o indivíduo capta da realidade a um conjunto de ruminações lógicas.

As afetações emocionais, produzidas pelos objetos, não podem ser destiladas nem metabolizadas, mantendo-se em estado bruto, portanto caótico, uma vez que permanecem marginais, impossibilitadas, em grande parte, de atingir o self verdadeiro e de ser por ele absorvidas, apropriadas e elaboradas, dado o seu potencial efeito traumatizante. Por essa razão, são em geral deslocadas, suprimidas ou encobertas. No caso aqui descrito, Salim não tinha qualquer contato com seu mundo subjetivo afetivo-emocional. Ele dizia claramente: "Não sei se tenho desejos. Se tenho, não consigo acessá-los".[3]

---

3 Ao longo de análise, foi ficando claro que Salim tinha uma mãe bastante falha, dessas que nunca conseguem olhar o filho com o devido respeito pelas singularidades

Por essa razão, como esse tipo de paciente não tem contato com seu self verdadeiro (que vive protegido, encoberto) – portanto, com sua criatividade primária[4] –, a vida funciona somente por meio do falso self, no nível do como se fosse, sem verdadeiramente sê-lo – daí o nome *personalidade como se*. Era exatamente essa dinâmica que produzia em Salim o sentimento de que, em sua vida, tudo era falso, irreal e sem sentido.

Também cabe considerar que essa cisão entre o intelecto e a esfera emocional refletia um processo de *personalização* não realizado ou, pelo menos, cheio de lacunas. Isso mostra que a psique da Salim não se ancorava em seu corpo, formando uma unidade psicossomática – tal como acontece no desenvolvimento saudável –, mas se constituía quase que tão somente da esfera intelectual do falso self.[5] Assim,

---

dele; que sempre o refletira como se fosse um prolongamento de si mesma, dos valores e desejos dela, sempre postos como absolutos. Nesses casos, o falso self forma-se como um escudo protetor do self verdadeiro, do gesto espontâneo do bebê, escudo esse constituído por uma hipertrofia intelectual. O intelecto hiperdesenvolve-se aí com a finalidade de prever falhas ambientais e preparar o bebê para enfrentá-las. Entretanto, quando essas falhas produzem afetos insuportáveis, ocorre uma clivagem na personalidade, a fim de proteger o self do bebê. Então, esse falso self, constituído por hipertrofia intelectual, passa a funcionar como um filtro protetor, que impede a passagem dos "pedaços de realidade" capazes de produzir afetos traumatogênicos e somente deixa passar, e atingir o self do bebê, uma construção intelectual e fragmentária dos acontecimentos reais. Com isso, a esfera afetivo-emocional do bebê não se desenvolve, permanecendo, em grande parte, protegida, encoberta e em estado embrionário.

4 Segundo Winnicott, todo bebê nasce com uma criatividade primária, ativa desde o nascimento e responsável pela *criação* do objeto subjetivo.

5 Winnicott entende que a psique se desenvolve apoiada nas funções corporais, por meio de uma elaboração imaginativa delas. Dessa forma, funções fisiológicas dão origem a funções psíquicas, criando uma unidade psicossomática, formada pela gradativa alocação da psique no corpo, o que Winnicott chamou de *personalização*. Nas patologias *borderline*, esse processo de personalização pode não se realizar ou se realizar de forma incompleta, como no caso de Salim, cuja psique era formada basicamente pela área intelectual hipertrofiada.

quando os afetos emergiam do corpo, eles vinham em estado bruto, sem qualquer apropriação, elaboração e canalização por parte de seu ego. Podemos dizer que, nessas ocasiões, Salim era como que "possuído" por sentimentos e emoções, sem qualquer controle sobre eles.

Propus a Salim uma análise de quatro sessões semanais, ao perceber que tinha diante de mim um paciente *borderline*. Ele aceitou a proposta, muito embora, para que isso fosse possível, eu tivesse de reduzir consideravelmente o valor das sessões. E começamos a análise.[6]

Os três primeiros meses consistiram numa espécie de teste de paciência para mim, como analista. Salim atacava as sessões de todas as formas possíveis, usando seus conhecimentos de psicólogo, num nível altamente intelectualizado. Dizia-me que psicanálise não era aquilo que eu fazia, que eu não sabia trabalhar etc. Eu simplesmente escutava, sem retaliar de nenhuma forma. Às vezes, fazia alguma interpretação do tipo: "Você parece muito bravo pelo fato de eu não trabalhar segundo o seu modelo de análise". E ele, após uma saraivada de ataques, às vezes comentava: "Não sei se você vai me aguentar. Tenho medo de que me expulse daqui". Ou então: "Tenho medo de estar destruindo as minhas possibilidades de análise".[7]

---

6 Posteriormente, precisei adaptar-me às necessidades do paciente: as quatro sessões semanais foram transformadas em duas sessões duplas e, doze anos depois, reduzidas a uma sessão dupla. As sessões duplas foram instituídas quando percebi que os cinquenta minutos habituais, a partir de certo ponto da análise, passaram a não ser suficientes para Salim, que, além de chegar sempre atrasado, ficava os primeiros dez ou quinze minutos totalmente recolhido e calado; quando, por fim, começava a falar, o tempo que restava não era o bastante para um desenvolvimento razoável da sessão. Esse procedimento foi prescrito por Winnicott e adotado por ele no tratamento de Margaret Little (Little, 1990).

7 Num de meus artigos, ponderei o quanto essa dinâmica – de ataque ao analista nos períodos iniciais da análise – constitui a retomada de um processo de *uso do objeto*, no sentido que Winnicott lhe dá: "Nesse processo, o sujeito tenta situar o analista fora de sua área de controle onipotente, atacando-o e tentando destruí-lo. ... A experiência, nesses casos, é bem-sucedida se o analista consegue 'sobreviver' e 'não retaliar' os ataques do paciente, ou seja, *não entrar* na avalanche destrutiva

Minha sobrevivência aos ataques de Salim, pouco a pouco, transformou a dinâmica, até uma parcial aceitação da minha pessoa e do meu trabalho analítico por parte dele. Hoje penso que esses três meses iniciais representaram uma espécie de teste do analista, para ver o quanto eu seria capaz de tolerar sua agressividade destrutiva sem retaliar.[8]

A análise de Salim durou cerca de dezenove anos, tendo sido a mais longa que realizei até hoje. Contudo, após todo esse tempo, ele sem dúvida não é mais aquele paciente *borderline* que me procurou. Ao longo desse percurso, posso afirmar que a sua psique se personalizou, adquirindo maior unidade psicossomática; desfez-se a cisão entre intelecto e emoções, e o processo analítico caminhou para a constituição de uma terceira área, um *espaço potencial*, que inicialmente não existia.[9]

---

que lhe é dirigida, tornando-se parte dela (e, então, misturando-se com o paciente). Ao sobreviver, sem retaliar, ele advém como um ente *real*, *independente*, e não mais como a projeção de uma parte do self do paciente" (Naffah Neto, 2004, p. 60). Esse processo de uso do objeto é aquele pelo qual o bebê constitui a existência de um mundo exterior, discriminando-o de um mundo interior, e acontece quando, ao viver um processo de *sadismo oral*, ele ataca e destrói imaginariamente o seio materno. Ao longo do tempo, ao perceber que o seio destruído sobrevive a seus ataques, o bebê vem a discriminar um seio objetivo (que ele não consegue destruir) de um seio subjetivo (que permanece destruindo, na fantasia). No caso aqui descrito, podemos concluir que Salim estava revivendo e retomando o processo de uso do objeto por meio da transferência analítica.

8 Possivelmente, um analista referenciado em Bion teria operado de maneira diferente, analisando as provocações de Salim como ataques ao vínculo e considerando essa dinâmica o reflexo de um excesso de instinto de morte.

9 O espaço potencial, no desenvolvimento saudável, forma-se a partir dos fenômenos transicionais, quando a presença da mãe começa a ser substituída por *objetos transicionais*, como uma fralda ou um ursinho de pelúcia, ou seja, quando têm início os processos de simbolização. Contudo, nas patologias *borderline*, na medida em que o self verdadeiro do bebê permanece protegido e isolado, o espaço potencial não se desenvolve ou se desenvolve de forma precária, ficando os

No entanto, a análise de Salim envolveu momentos de *turning point*: tão logo conseguiu constituir, via análise, um mundo subjetivo razoavelmente apropriado, entrou numa espécie de *retraimento esquizoide*, para evitar, a qualquer custo, o retorno a uma complacência às demandas ambientais – tal como funcionou em grande parte de sua vida.[10] Lentamente, foi preciso ajudá-lo a perder o medo que as exigências ambientais causavam – e, em parte, ainda lhe causam –, ou seja, entrarmos ambos num longo exercício, que implicava manter o princípio de realidade sem perder contato com o mundo subjetivo. Foi para garantir esse trânsito entre mundo subjetivo e mundo objetivo que, na última fase da análise, gradualmente, se construiu a terceira área.

Ao final desse processo, sobraram-lhe as cicatrizes dos eventos traumáticos que marcaram sua vida. Essas marcas não podem ser apagadas por nenhuma análise. Elas formam uma geografia afetivo-emocional, que compõe o caráter de cada pessoa, sua história de vida, suas lutas e seus percalços. Sempre que algum novo acontecimento vital tocar nessas cicatrizes, eclodirão emoções passadas, nebulosas, o que implicará novas elaborações, sendo essa uma tarefa por toda a vida.

Um exemplo típico desse tipo de acontecimento é a dificuldade que Salim continua tendo de se submeter às demandas ambientais quando elas ultrapassam o seu tempo subjetivo de suportabilidade. Por exemplo, em eventos coletivos que implicam certas regras de etiqueta, diante de todo o burburinho das pessoas presentes, ele – muitas vezes –, *depois de algum tempo*, necessita ausentar-se por alguns

---

processos de simbolização bastante prejudicados. Para mais detalhes, conferir Naffah Neto (2015, p. 18, nota 2).

10 Foi exatamente nessa época que substituí as quatro sessões semanais por duas sessões duplas, dado que Salim começou a evidenciar uma dinâmica esquizoide, de se esconder no seu refúgio psíquico no início das sessões, somente começando a se comunicar depois de dez, quinze minutos em completo silêncio.

minutos para poder, em solidão, retomar-se emocionalmente e poder retornar e continuar socializando com os presentes. Mas são coisas que ele aprendeu a fazer, como forma de preservar o seu mundo subjetivo, com os seus limites próprios.

Quando concluiu sua análise, Salim era um homem razoavelmente bem realizado, casado, com dois filhos, e com um trabalho criativo em franco progresso.

Os sonhos na dinâmica borderline *e a elaboração imaginativa das funções corporais*

Aprendemos com Freud (1900/1987), quando analisava a dinâmica neurótica, que os sonhos geralmente traduzem realizações de um desejo sexual inconsciente.[11] Entretanto, conforme salientei, em pacientes *borderline*, grande parte das vezes, a sexualidade não se encontra ainda formada ou se constituiu como uma sexualidade falsa.

> *Para Winnicott, a sexualidade infantil somente será uma sexualidade* verdadeira *se constituída* a partir da experiência própria do bebê, *ou seja,* de dentro para fora, *partindo da experiência subjetiva da criação do seio rumo ao processo de personalização e temporalização, cabendo à mãe oferecer o seio no momento oportuno e sustentar toda a experiência ao longo do tempo. Quando isso não*

11 Evidentemente, a teoria freudiana dos sonhos não se reduz a essa afirmação, sendo muito mais complexa. Somente à guisa de exemplo, em textos posteriores, Freud (1920/2010) falaria de sonhos traumáticos, que se repetem compulsivamente, com a finalidade de descarregar a angústia acumulada, relacionada a eventos traumáticos; portanto, de sonhos que não representam a realização de desejos (desses sonhos, e de outros elementos mais, Freud deduziria a pulsão de morte). No entanto, como a finalidade deste artigo não é reavaliar a teoria freudiana dos sonhos (o que exigiria um estudo à parte, bem mais complexo), não pretendo aprofundar-me nessas questões.

> *acontece – e a sexualidade forma-se* de fora para dentro, *por imposições e invasões ambientais –, pode-se constituir o que denomino* sexualidade falsa, *como parte de um falso self patológico, cindido do restante da personalidade e formado por mimetizações ambientais. . . . A sexualidade falsa cria uma impressão errônea de desfrute erótico – para o observador externo – e está presente na maior parte dos pacientes de tipo* borderline, *servindo geralmente a fins mais primitivos do que os ligados à busca do prazer. (Naffah Neto, 2014, pp. 90-91, grifos do texto original)*

No caso do paciente aqui descrito, tratava-se de uma sexualidade falsa. Em momentos de grande angústia, Salim procurava prostitutas e dizia que precisava transar para não se sentir "dissolvendo no nada"; isto é, na falta de uma unidade psicossomática, a relação "sexual" propiciava uma integração momentânea entre psique e corpo, diminuindo o terror de um colapso. Avalio que esse uso da "sexualidade" não tinha a ver com qualquer busca de prazer erótico.[12]

Dadas as razões expostas, na análise desse tipo de paciente, é mais apropriado interpretar os sonhos a partir de outros referenciais, que não se limitam à pura tradução de um desejo sexual inconsciente; inclusive porque, ao longo do processo, a falsa sexualidade tende a se desmantelar – em decorrência da dissolução do falso self patológico, do qual faz parte – para dar lugar à constituição de uma sexualidade verdadeira. Somente então a teoria freudiana do sonho passa a ter algum sentido e, assim mesmo, se o caso do paciente evoluir para uma dinâmica neurótica.

---

12 Sem dúvida, é possível, se quisermos, esticar o sentido da palavra "prazer erótico" *ad infinitum*, entendendo pelo termo qualquer forma de redução ou descarga de energia, mas, assim fazendo, o termo pode chegar a não significar mais nada, tornando-se um mero jargão metapsicológico.

Salim sonhava com frequência que voava e que se exibia para outras pessoas por meio de seus voos. Eram verdadeiros malabarismos acrobáticos realizados em pleno ar, que lhe rendiam boas gratificações narcísicas.

Com o desenvolvimento da análise – e do processo de personalização, pelo qual seu psiquismo veio gradativamente alocar-se no corpo –, seus sonhos ganharam o solo firme do mundo real. Ou seja, Salim passou a sonhar que se deslocava num *skate*, pelo chão. Então, muito embora as imagens antigas, do voo, ainda voltassem de quando em quando, especialmente em períodos em que tinha de responder a maiores demandas ambientais e seu psiquismo regredia, elas eram muito menos frequentes.

Ora, interpretar esses sonhos como a realização de desejos sexuais infantis, da maneira que Freud postulava para seus pacientes neuróticos, seria ser pouco fiel ao fenômeno onírico em questão, tal qual se apresentou em dois períodos marcadamente distintos da análise. Para interpretá-los, foi necessário recorrer à noção winnicottiana de *elaboração imaginativa das funções corporais*, em que o sonho constitui uma das principais modalidades.

No exemplo citado, pode-se dizer que *voar* ou *pisar no chão firme* são traduções oníricas de diferentes formas de habitar o mundo: a primeira por meio de um funcionamento intelectual cindido, com seus voos desencarnados, destituídos de qualquer possibilidade de sentimento, mas buscando compensação numa forma de exibição onipotente infantil; a segunda por meio de uma psique encarnada, com seu peso sujeito à gravidade, na qual sentimentos e pensamentos podem constituir algum tipo de unidade psicossomática.

O que significa, porém, interpretar o sonho como uma modalidade de elaboração imaginativa das funções corporais?

A elaboração imaginativa das funções corporais é um conceito central da psicanálise winnicottiana e descreve um processo – que existe desde o início da vida – de constituição da psique humana, que nasce, então, integralmente apoiada nas funções corporais, como uma espécie de tradução psíquica delas. Apenas para dar um exemplo, os processos de introjeção e projeção são os correspondentes psíquicos dos processos corporais de ingestão alimentar e de eliminação intestinal e/ou urinária.

Cabe dizer ainda que, segundo Winnicott, a elaboração imaginativa é realizada pelo próprio bebê, quando sustentado de modo devido por uma *mãe suficientemente boa*. A princípio, ela assume uma forma bastante rudimentar,[13] a qual vai aos poucos tornando-se complexa, até atingir a forma da fantasia e do sonho.

O sonho constitui, assim, uma das modalidades de elaboração imaginativa das funções corporais, traduzindo sempre o estágio de amadurecimento em que o indivíduo se encontra e sua forma característica de habitar o mundo. No caso do paciente descrito, *voar* ou *viver com os pés no chão* expressavam diferentes formas existenciais, a primeira totalmente desencarnada, sem gravidade, no período em que a psique era puro intelecto, e a segunda encarnada, sofrendo o efeito da gravidade, quando a psique ganhou unidade psicossomática, alocando-se no corpo.

---

13 Escrevi um artigo descrevendo em detalhes essa noção fundamental, e tão pouco estudada, do pensamento de Winnicott (Naffah Neto, 2012). Mas, *grosso modo*, pode-se dizer que, de início, essa elaboração, em sua forma rudimentar, produz um *sentido* para experiências corporais. Entretanto, *sentido*, aqui, tem de ser entendido como uma *direção* – associada à suficiência ou insuficiência da experiência – e não como um *significado*, na sua acepção mais ampla, segundo a compreensão de Elsa Oliveira Dias (dita a mim numa conversa informal). Ou seja, uma mamada é sentida e elaborada como *satisfatória*, quando permite um tempo de elaboração imaginativa, para além da satisfação fisiológica, ou *insatisfatória*, quando é mecânica, controlada pela mãe; um colo é sentido e elaborado como *seguro*, quando produz conforto, ou *inseguro*, quando gera pavor de queda etc. Somente com o gradativo amadurecimento do bebê é que a elaboração imaginativa vai podendo se complexificar.

Quando Salim passou a sonhar que percorria longos caminhos de *skate*, deslizando pelo chão, isso sinalizou que havia conquistado um corpo próprio, via processo de análise. Essa conquista mostrava-se também por meio de outros sinais de integração psicossomática, sendo o principal deles a sensação, expressa por Salim, de que sua vida ganhara sentido, realidade e, principalmente, uma qualidade de *verdade*, indicada pelo acesso a seu mundo subjetivo, a seus desejos e sentimentos, os quais se tornaram capazes de informar e conduzir ações no mundo real.

Convém salientar que essa maneira de conceber o sonho, apesar de envolver elaborações que escapam ao modelo freudiano, não o exclui completamente, englobando-o como uma das formas de elaboração imaginativa das funções corporais: a *elaboração imaginativa da função sexual*. Isto é, em um paciente neurótico, o sonho geralmente traduz um desejo sexual inconsciente, especialmente porque todas as neuroses giram em torno de conflitos edipianos. Entretanto, também é verdade que a psique humana, segundo Winnicott, forma-se a partir de experiências eróticas e não eróticas.[14] Nesse sentido, podemos dizer que, na teoria winnicottiana, o sentido do sonho transcende a dimensão sexual do ser humano, estando ancorado nas múltiplas facetas de sua existência.[15]

---

14 De acordo com Winnicott, o bebê vive estados excitados – quando é atravessado pela fome e busca o seio – e estados relaxados – quando relaxa, dorme e é acalentado pela mãe-ambiente. Os estados excitados, devido à *presença* do instinto, acabam ao longo do tempo eivando-se de sensações eróticas, vindo a constituir a sexualidade infantil. Os estados relaxados, porém, devido à *ausência* de impulsos instintivos, são de outra índole, compostos de experiências não eróticas. É a partir desse tipo de experiência não erótica que a terceira zona, o espaço potencial, vai se formar. Winnicott chega a descrever algo que denomina *orgasmo do ego*, presente no brincar e que não tem nada a ver com os *orgasmos do id* (Winnicott, 1957/1990a). Alguns comentadores de Winnicott discutiram essa problemática de modo exaustivo (Lejarraga, 2012; Naffah Neto, 2014).

15 Como indicado, este artigo procura apenas assinalar as diferenças entre a concepção winnicottiana e a concepção freudiana do sonho (especialmente nas

Como um importante sinalizador do tipo de elaboração imaginativa que está em curso em cada período do processo analítico, o sonho é uma das bússolas que podem guiar a condução do processo de cura, constituindo uma das formas principais daquilo que Winnicott denominava *cooperação inconsciente*.

> *O analista apreende as pistas e faz as interpretações. Frequentemente, o paciente falha em dar essas pistas, tornando inevitável, então, que o analista nada possa fazer. É importante para o paciente essa limitação do poder do analista representada pela interpretação correta, feita no momento correto e baseada nas pistas e na* cooperação inconsciente *que o próprio paciente está suprindo, que constitui o material que constrói e justifica a interpretação. [Caso contrário] o analista pode aparecer como muito sabido e o paciente expressar admiração, mas no fim a interpretação correta torna-se traumática, e o paciente tem de rejeitá-la, porque ela não é sua. Ele se queixa de que o analista tenta hipnotizá-lo, ou seja, de que o está convidando a uma severa regressão à dependência, puxando-o para uma fusão consigo mesmo. (Winnicott, 1960/1990b, pp. 50-51, grifo meu)*

Cabe, pois, ao analista seguir sempre as pistas que lhe são propiciadas pela cooperação inconsciente do paciente, na qual, sem dúvida, o sonho ocupa uma posição de destaque.

---

patologias *borderline*), não tendo nenhuma pretensão de rever a teoria freudiana do sonho como um todo.

Referências

Freud, S. (1987). La interpretación de los sueños. In S. Freud, *Obras completas* (Vols. IV e V). Amorrortu. (Trabalho original publicado em 1900).

Freud, S. (2010). Além do princípio do prazer. In S. Freud, *Obras completas* (Vol. 14). Companhia das Letras. (Trabalho original publicado em 1920).

Lejarraga, A. L. (2012). *O amor em Winnicott*. Faperj; Garamond.

Little, M. I. (1990). *Psychotic anxieties and containment: a personal record of an analysis with Winnicott*. Jason Aronson.

Naffah Neto, A. (2004). A escuta musical como paradigma possível para a escuta psicanalítica. *Percurso*, *33*, 53-60.

Naffah Neto, A. (2007). A problemática do falso self em pacientes de tipo *borderline*: revisitando Winnicott. *Revista Brasileira de Psicanálise*, *41*(4), 77-88.

Naffah Neto, A. (2010). Falso self e patologia *borderline* no pensamento de Winnicott: antecedentes históricos e desenvolvimentos subsequentes. *Natureza Humana*, *12*(2), 1-18.

Naffah Neto, A. (2012). Sobre a elaboração imaginativa das funções corporais: corpo e intersubjetividade na constituição do psiquismo. In N. Coelho Jr., P. Salem & P. Klatau (Orgs.), *Dimensões da intersubjetividade*. Fapesp; Escuta.

Naffah Neto, A. (2014). A problemática da sexualidade infantil, segundo D. W. Winnicott: desfazendo mal-entendidos. *Revista Brasileira de Psicanálise*, *48*(4), 81-94.

Naffah Neto, A. (2015). Sobre a alegria de estar escondido e o desastre de não ser encontrado: a lógica paradoxal de D. W. Winnicott. *Sig: Revista de Psicanálise*, *4*(2), 11-19.

Winnicott, D. W. (1990a). The capacity to be alone. In D. W. Winnicott, *The maturational processes and the facilitating environment*. Karnac. (Trabalho original publicado em 1957).

Winnicott, D. W. (1990b). The theory of the parent-infant relationship. In D. W. Winnicott, *The maturational processes and the facilitating environment*. Karnac. (Trabalho original publicado em 1960).

8. Entre o intelecto cindido e a concretude indiscriminada: a fantasia como um refúgio da realidade

Filipe Pereira Vieira

Apresentando o caso

E quero aceitar minha liberdade sem pensar o que muitos acham: que existir é coisa de doido, caso de loucura. Porque parece. Existir não é lógico.

(Lispector, 2020)

Nosso primeiro contato ocorreu de maneira inusitada, pelo Instagram. Helena[1] me enviou uma mensagem educada e objetiva, solicitando atendimento. Marcamos nossa primeira sessão para a manhã seguinte. No horário combinado, ela demonstrou seu comprometimento ao solicitar pontualmente o *link* para a nossa conversa no Zoom. Fiquei admirado, logo de início, com o senso de compromisso (e responsabilidade) da paciente.

---

1 A paciente de quem falo é real, mas, para preservar sua identidade, acrescentei detalhes fictícios que impedem qualquer reconhecimento. Mantive, porém, os traços essenciais de sua psicopatologia e do processo psicanalítico, para que os argumentos aqui apresentados possam ser fielmente desenvolvidos.

Helena tinha acabado de completar 50 anos, era mãe solo de três filhos e vivia com o pai. Desde o início, apresentava-se como uma mulher de força admirável, mas marcada profundamente pelas adversidades que enfrentou ao longo da vida. Ela fazia questão de destacar o quanto foi necessário ser corajosa diante de um ambiente que, em suas palavras, estava longe de ser ideal.

Com uma narrativa rica em detalhes, Helena frequentemente se envolvia no mundo que narrava – como se estivesse *vivendo dentro dele*. Quando perguntei a ela por que havia buscado análise, ela me disse que precisava encontrar "o sentido da sua vida".

Certa vez, Helena disse que, se a sua vida fosse um livro, seguramente seria o *Meu pé de laranja-lima*. Trata-se de um romance escrito por José Mauro de Vasconcelos, publicado em 1968, que narra a vida de Zezé, um menino de 5 anos *sensível* e *criativo*, de família pobre, no Brasil. Em meio às dificuldades financeiras e emocionais, seus pais e irmãos, apesar de amorosos, muitas vezes não conseguiam entender a sua natureza sonhadora.

É nesse cenário de desamparo que, no quintal de casa, Zezé encontra um pequeno pé de laranja-lima, com o qual desenvolve uma intensa amizade. Ele atribui *vida humana* à árvore, conversando com ela como se fosse um amigo de verdade. Em um ambiente muitas vezes hostil e insensível às suas necessidades emocionais, a árvore rapidamente se torna a sua maior fonte de conforto e companhia.

Pergunto à Helena como a história de Zezé se conecta com sua vida, e ela me responde que em quase todos os aspectos. Ela me conta que sua mãe era uma mulher de origem muito humilde, apaixonada por seu marido, que, infelizmente, não retribuía o mesmo sentimento. Segundo ela, seu pai era um homem extremamente agressivo. Durante o relato, seu corpo treme diante da câmera, e ela faz uma breve pausa, permanecendo em silêncio por alguns segundo antes de continuar:

"Morávamos no interior de Minas Gerais, em uma casa simples, com apenas três cômodos. Meu pai saía cedo para trabalhar como segurança, e eu, minhas três irmãs e minha mãe ficávamos em casa. Eu gostava desses momentos, porque, por algumas horas, tudo parecia mais calmo".

Ela prossegue: "Não havia comida em casa. Muitas vezes, passávamos o dia inteiro sem comer nada. Minha mãe molhava farinha e nos dava para tentar enganar a fome. Era tudo o que tínhamos por dias a fio". Escuto o seu relato em silêncio, notando como, nesses momentos, seu olhar ficava distante – como se ela desaparecesse. Era como se tudo que existisse fosse a história que ela contava, e a maneira como foi vivida – ou, talvez, *sobrevivida*.

Helena narrou que, quando a fome se tornava insuportável, sua mãe ia de porta em porta, pedindo aos vizinhos algum alimento. Se tivesse sorte, conseguia trazer algo para casa; quando não, colocava as filhas na cama e começava a contar histórias, tentando desviar a atenção da fome e criar um ambiente seguro para que pudessem adormecer.

As descrições minuciosas de Helena frequentemente prolongavam nossas sessões por mais de uma hora. Eu observava que, por mais doloroso que fosse para ela reviver essas lembranças, ao compartilhá-las comigo, elas pareciam adquirir um novo significado. Em vários momentos de sua narrativa, a voz de Helena se transformava, adaptando-se às memórias que trazia à tona. Seu corpo acompanhava essas mudanças, expressando fisicamente cada emoção que revivia. Curiosamente, Helena só se preocupou com o tempo na primeira sessão. Nas seguintes, ela *se perdia* no tempo e no espaço, como se deslocasse para dentro da sua lembrança, me puxando pelo braço a fim de me mostrar cada detalhe.

Notei que a paciente não completou o relato sobre seu pai, então a indaguei: "E quando o seu pai retornava para casa, como era?". Nesse instante, ela parece ter tido um sobressalto, como se *despertasse de um sonho* e voltasse à realidade. Helena me olha e, com um tom irônico, pergunta: "Quem? O bicho?". Ela explica que, às vezes, ele desaparecia por três dias. Gastava todo o salário em festas, bebendo e se envolvendo com garotas de programa, voltando para casa apenas quando o dinheiro acabava. Retornava com os olhos vermelhos, chutando tudo que via pelo caminho.

Com o olhar distante, ela continua: "Minha mãe, tentando nos proteger daquele caos, saía do quarto onde dormíamos juntas e fechava a porta, tentando conter a fúria do meu pai e nos manter seguras. Encolhidas sob o cobertor, tremíamos de medo, ouvindo os gritos e o som dos vidros se estilhaçando".

Embora suas lembranças fossem intensas, Helena salientava que muitos detalhes lhe escapavam. "Era como se meu anjo da guarda me protegesse, afastando-me daquela realidade", dizia. Ela acrescentou que, nesses momentos, costumava se apegar às lembranças das brincadeiras do dia, o que a ajudava a adormecer. E, no dia seguinte, tudo parecia normal, ainda que a realidade fosse outra.

Em uma das sessões, Helena compartilhou o sonho de ter uma boneca. Lembrou-se de uma noite de Natal em que as meninas do bairro celebravam seus presentes, simples, mas ainda assim, presentes. "Eu e minhas irmãs ficávamos no portão, assistindo às outras meninas com suas lindas bonecas, enquanto sonhávamos com o dia em que também teríamos uma", contou, com lágrimas nos olhos.

Apesar do caos ao seu redor, Helena ainda encontrava tempo para "brincar". Na escola, era a melhor aluna, sempre alcançando as notas mais altas em todas as matérias – algo de que ela se orgulhava muito. Para ela, *aprender* era uma das brincadeiras mais fascinantes: "Eu me deleitava com as equações matemáticas. Naqueles momentos, eu *me tornava a equação*. Vivia cada fórmula em minha cabeça, desafiando-me a resolvê-las sem precisar de papel". Ela prossegue, dizendo que sua mente era a sua *melhor companhia* nessas brincadeiras. Para mim, parecia que a mente de Helena funcionava como um objeto separado, cindido do corpo, ao qual ela recorria sempre que precisava se salvar por meio da racionalização. Contudo, quando o raciocínio não era necessário, ela retornava a um estado de profunda cisão intelectual, e quase se fundia ao ambiente ao seu redor.

Como analista, eu sabia que não existem saídas fáceis para o caos, e que, muitas vezes, recorremos inconscientemente à cisão, como uma defesa do self verdadeiro. A meu ver, Helena parecia ter sido arrancada de uma percepção ainda subjetiva da vida e arremessada para a concretude – mas sem ainda ter realizado uma distinção clara entre mundo subjetivo e mundo objetivo. Pois, se não pusesse os pés na realidade desde muito cedo, poderia facilmente sucumbir.

Era assim que Helena parecia moldar a realidade ao seu redor, como se trouxesse cor para um mundo preto e branco. Às vezes, ela se adaptava à realidade; outras vezes, transformava-a a seu favor, *apercebendo-a*. Para mim, quando o intelecto hipertrofiado não estava comandando a cena, ela parecia agir como uma criança vivendo em um conto de fadas.

Embora esse modo de funcionamento pareça ser eficaz – no sentido prático –, ele é falho. Isso se tornava evidente em muitas sessões, quando Helena chegava tão objetiva e racional que parecia ter perdido completamente o contato com suas emoções. Ela podia passar horas detalhando suas lembranças, mas sem demonstrar qualquer sentimento por elas. Em outras ocasiões, ela chegava tão cindida que parecia incapaz de elaborar o que estava acontecendo; faltava uma conexão entre seu mundo interno e externo. Por vezes, eu via Helena afundada em suas fantasias – quando boas, pareciam fábulas; quando ruins, se transformavam em um caos real (pesadelos). Em outros momentos, ela parecia desprovida de vida, relatando sua história de maneira mecânica, quase como um robô programado para entregar resultados.

Em meio a esse mundo de fantasias, Helena confidenciou que, apesar das dificuldades, ainda conseguia sonhar – e sonhava muito. "Na minha imaginação, eu me via usando aqueles lindos vestidos vermelhos das moças do bairro, acompanhados por seus belos chapéus *cloche*, além de ser uma médica renomada". Nessas situações, ela se perdia em suas fantasias, como se elas estivessem acontecendo em tempo real.

Pois bem, acho importante salientar que Helena nunca teve a oportunidade de cursar uma graduação, embora esse tenha sido um dos seus maiores sonhos. Ela chegou a relatar em análise que constantemente *se via* como uma médica, trabalhando em missões no exterior. Acredito que as responsabilidades da maternidade e a ausência de uma rede de apoio a impediram de consolidar esse sonho. Apesar dessa trajetória difícil, ela se tornou funcionária pública e alcançou estabilidade financeira.

Nas próximas linhas, explorarei a compreensão de Winnicott sobre a noção de fantasia, abordando seu desenvolvimento e os momentos em que pode se tornar patológica. Em seguida, retomarei o caso de Helena, buscando estabelecer uma conexão entre a teoria e a prática clínica.

A realidade subjetivamente percebida e as relações de objeto

> *O ponto é que na fantasia as coisas funcionam de modo mágico: não há freios na fantasia, e o amor e o ódio têm consequências alarmantes. A realidade externa tem freios, e pode ser estudada e conhecida, e a verdade é que o impacto total da fantasia pode ser tolerado somente quando a realidade objetiva é reconhecida e valorizada.*
>
> (Winnicott, 1945/2021, pp. 293-294, grifos meus)

Para Winnicott (1945/2021), todas as aptidões do bebê precisam ser vivenciadas para serem efetivamente integradas, promovendo, assim, uma coesão entre psique e soma. É por meio desse processo (integração) que surgem as distinções essenciais entre "dentro e fora", "eu e não eu" e "mundo interno e externo", além dos processos de introjeção e projeção. Assim, a *fantasia* se desenvolve como uma capacidade interna de destruir internamente aquilo que é experienciado no *uso* do objeto externo.

Com efeito, há uma enorme diferença entre o "uso" do objeto externo e a "relação" de objeto. A distinção pode parecer sutil, mas é fundamental no pensamento de Winnicott (1971/2019). A *relação* de objeto refere-se ao vínculo emocional que o indivíduo estabelece com ele (sendo ele um objeto parcial ou total). Já o *uso* do objeto envolve um estágio mais avançado, em que o bebê não apenas se relaciona com o objeto, mas o utiliza como algo independente de sua subjetividade.

Na fase de *dependência absoluta* dos cuidados ambientais, o bebê interage com o meio principalmente nos "estados excitados". O cuidado adequado da mãe nesses períodos de maior agitação do bebê envolve – além da sustentação (*holding*) e do manuseio (*handling*) – a apresentação gradual de objetos, sempre respeitando o *gesto espontâneo* da criança. Por exemplo, ao despertar do sono, o bebê passa de um estado de tranquilidade para um de maior excitação: ele chora, grita e manifesta suas necessidades. A partir da sensibilidade da mãe, refletida em sua *preocupação materna primária*, essas demandas do bebê são percebidas e atendidas. Assim, uma vez satisfeito, o bebê pode retornar a um "estado tranquilo".

Nesse estágio inicial, o bebê vive imerso em uma *realidade subjetivamente percebida* que precisa ser resguardada com cuidado, uma vez que ele ainda não está preparado, em termos psíquicos, para enfrentar as adversidades do mundo externo. Para Winnicott (1945/2021), o bebê vem ao mundo em um estado de "não integração"; no entanto, com uma tendência inerente que o impulsiona em direção à integração, um processo que se desenrola de maneira natural sob a proteção de um ambiente suficientemente bom.

Esse processo de integração e personalização só ocorre por meio das experiências vividas em primeira pessoa por parte do bebê. Ele vive as experiências e essas vivências passam pelo processo de elaboração imaginativa das funções corporais.[2]

É por meio desse percurso que o bebê começa a se apropriar das sensações corporais e das elaborações psíquicas, contribuindo para uma maior coesão entre psique e soma, ou seja, integrando o que é sentido pelo corpo e trabalhado pela psique.

Nessa primeira fase do desenvolvimento, o bebê só é capaz de *criar* aquilo que encontra – sendo esse um dos paradoxos centrais da teoria winnicottiana. Para que o bebê possa criar os objetos necessários para seu desenvolvimento, é fundamental que alguém os *apresente* no momento adequado, de forma que seja compreensível e compatível com o tempo do bebê. A apresentação do objeto no momento da criação do bebê o mantém em um estado de ilusão de onipotência.

A partir dessa ilusão primária, a criança gradualmente começa a aceitar a existência independente de um mundo externo e a lidar com as inevitáveis desilusões. Como afirma Winnicott (1963/2022), "a adaptação ao princípio da realidade deriva espontaneamente da experiência de onipotência – isto é, no contexto do relacionamento com objetos subjetivos" (p. 230). Quando essa ilusão está bem estabelecida,

2 "A noção de elaboração imaginativa se refere ao trabalho da psique pelo qual as funções corpóreas e as excitações instintuais vão sendo integradas na pessoa total. Desse modo, o corpo vivo do bebê vai sendo gradualmente personalizado pela elaboração imaginativa. Cabe ressaltar que a elaboração imaginativa, nos primórdios, não significa representar em imagens auditivas ou visuais, e muito menos verbalizar. A elaboração imaginativa alude à totalidade da realidade psíquica pessoal do bebê, que existe com anterioridade às operações de representação ou simbolização. Embora em alguns textos Winnicott utilize indistintamente os termos 'fantasia' e 'elaboração imaginativa', em anos posteriores os dois termos se diferenciam, já que a fantasia passa a ser uma aquisição posterior do amadurecimento, que ocorre quando se distingue realidade psíquica interna de mundo externo, conquistando-se a capacidade de usar objetos" (Lejarraga, 2012, p. 52).

a criança passa a reconhecer que a realidade externa sempre existiu, mesmo sem a sua percepção direta. Contudo, o sentimento de que o mundo foi, de alguma maneira, criado pessoalmente persiste.

Desse modo, nessa primeira fase do desenvolvimento, em que é predominante uma percepção subjetiva da realidade, não existe uma diferenciação do eu e do não eu; o bebê vive como se ele e o ambiente fossem uma só coisa. Trata-se de um momento no qual o bebê ainda não percebe o objeto (geralmente a mãe) como algo separado de si; e, portanto, relaciona-se com ela como se ela fosse uma extensão de si próprio. O objeto é, então, *subjetivo* e ainda não reconhecido como algo independente ou pertencente ao mundo externo.

Chegada a fase de *dependência relativa* – por volta dos 4 meses de idade –, a "desadaptação" gradual da mãe se torna fundamental no processo de desilusão do bebê, funcionando como o motor que o leva a desvendar o mundo ao seu redor. Embora, nessa etapa do desenvolvimento, o bebê ainda se relacione com o mundo de maneira predominantemente subjetiva, ele não possui a maturidade necessária para *usar* objetos concretos de forma independente. Nesse contexto, o bebê ainda depende do ambiente para começar, aos poucos, a perceber a existência do mundo externo, mas sem ainda ser capaz de manipulá-lo ou compreendê-lo de forma total como algo separado de si.

Durante essa fase do amadurecimento, se o bebê puder contar com um "espaço potencial" propício ao desenvolvimento de suas habilidades, poderá selecionar objetos e ações específicos para aliviar o desconforto causado pela ausência momentânea da mãe. Aqui, entramos no terreno dos *objetos e fenômenos transicionais*. Alguns exemplos comuns da escolha do objeto transicional incluem a ponta de um cobertor, um pano velho, um ursinho de pelúcia; como fenômenos transicionais, vemos, com frequência, a escolha do bebê por balbuciar uma canção reconfortante ou o ato de enrolar os dedos nos cabelos. Esses elementos funcionam como consoladores na ausência da mãe, auxiliando na construção da autonomia emocional da criança. Esses objetos e fenômenos transicionais servem como pontes entre a realidade subjetiva do bebê e o mundo externo.

Pois bem, na perspectiva winnicottiana, para o indivíduo se relacionar com objetos reais (concretos), é necessário que atravesse a fase do uso do objeto, pautada em sua respectiva *sobrevivência*. Caso contrário, ele permanece vinculado a objetos subjetivos (ou parciais). Em outras palavras, para que o bebê possa se relacionar com objetos totais, ele precisa "aprender" a usar esses objetos. Isso implica que o bebê deve "destruir" simbolicamente a imagem subjetiva da mãe que ele mesmo criou e, ao mesmo tempo, reconhecê-la como parte da realidade externa, independente de sua percepção subjetiva, na medida em que a mãe sobrevive à sua destruição. Esse processo de destruição e sobrevivência do objeto é fundamental para o desenvolvimento emocional e para a aceitação da realidade como algo além de sua própria subjetividade.

Nesse sentido, há uma diferença essencial na ideia de "relação de objeto" e "uso do objeto", como explicita Lejarraga (2012):

> *Winnicott distingue as expressões "relação de objeto" e "uso do objeto", considerando que enquanto a relação de objeto descreve uma experiência do sujeito na qual os objetos são subjetivos, o uso do objeto descreve uma experiência em que os objetos são objetivos, formando parte da realidade externa. Assim, o contato inicial entre o bebê e sua mãe é teorizado como "relação de objeto" – essa teorização se aplica a muitos relacionamentos da vida adulta, em casos patológicos – já que embora exista alguma forma de "relacionamento" entre ambos, a mãe não é reconhecida pelo bebê como tendo existência própria. A capacidade de usar objetos é uma conquista do amadurecimento, que significa que o sujeito reconhece que a realidade existe por direito próprio. (pp. 58-59)*

A entrada na realidade objetivamente percebida e o uso do objeto

Quando o bebê começa a diferenciar, ainda que de forma incipiente, entre o eu e o mundo externo, e alcança um certo grau de integração entre psique e soma, pode-se afirmar que ele conquistou um estágio de *dependência relativa* dos cuidados maternos. Nesse ponto, ele já é capaz de lidar minimamente com a ausência da figura materna – embora ainda dependa de maneira significativa do ambiente para sustentar sua segurança emocional e psíquica. Tais mudanças assinalam uma transição importante no desenvolvimento maturacional, no qual o bebê começa a se relacionar com o mundo de forma menos fusional.

Em outras palavras, apesar de o bebê ter iniciado o processo de desilusão e de começar a utilizar objetos transicionais – que ele percebe como algo que não é inteiramente subjetivo nem totalmente objetivo –, a mãe continua sendo vista como um objeto subjetivo por um tempo prolongado.

"Os objetos transicionais e os fenômenos transicionais iniciam os seres humanos naquilo que eles sempre considerarão importante, ou seja, uma área neutra de experiência que não será posta à prova" (Winnicott, 1971/2019, p. 31). Isto é: o objeto transicional, escolhido pela própria criança, serve como uma representação simbólica dos cuidados maternos durante a ausência da mãe. É importante observar que o bebê só será capaz de eleger um objeto transicional se sentir que o ambiente ao seu redor é seguro e confiável. O objeto transicional não precisa ser testado, pois, para a criança, ele representa a segurança e o cuidado materno, funcionando como um suporte emocional que não necessita de validação externa. Ele existe entre a ilusão de onipotência e a desilusão gradual, sendo uma escolha única e exclusiva da criança. Como afirma Almeida (2023), "é justamente na lacuna que há entre a subjetividade e a objetividade que surge a terceira área – o espaço potencial que, com a dedicação e o suporte do ambiente, se tornará a área transicional" (pp. 88-89).

A partir da fase do uso do objeto, se o infante soubesse falar, diante de tudo que experienciou e elaborou até este momento, ele diria: "EU SOU". O eu alcançado é o resultado do árduo processo de integração que teve início lá nos primórdios. Entretanto, o estatuto de unidade do eu não é todo coeso, sem fraturas ou ausente de conflitos, mas um estado de integração espaçotemporal em que há um eu que possui algumas de suas características unidas e agrupadas, ao invés de elementos dissociados, dispersos ou abandonados (Dias, 2017). Com essa aquisição alcança-se, paradoxalmente, um término e um começo, pois a conquista do EU SOU, o sentimento de ser real e de existir como identidade "não constituem um fim em si mesmo, mas uma 'posição a partir da qual a vida pode ser vivida'" (Winnicott, 1954/2009, p. 175, tradução minha).

A criança, agora, habita mais consistentemente o próprio corpo; percebe-se tendo uma membrana limitante, a pele, que a separa de tudo o que é não eu. Todo não eu é repudiado como externo. Ao mesmo tempo, o infante passa a ter um *interior*, uma realidade psíquica pessoal, onde podem ser colecionadas e relacionadas as memórias de experiências, inclusive todas as formações do inconsciente reprimido que, acrescentadas ao inconsciente originário, enriquecem a estrutura infinitamente complexa que pertence ao ser humano – incluindo, aqui, as *fantasias*.

Winnicott enfatiza a ideia de que a fantasia se apresenta como o *contraponto do objeto real*, quando o mundo externo é, enfim, criado e, por conseguinte, descoberto pelo bebê. É nesse sentido que Winnicott (1971/2019) dirá que, "para que possa ser usado, o objeto deve necessariamente *ser real*, no sentido de que faz parte de uma realidade compartilhada, e não de um conjunto de projeções" (p. 144, grifo meu).

De forma geral, para que alguém consiga utilizar um objeto, é necessário ter desenvolvido a habilidade de fazer uso desse objeto. Essa habilidade é essencial para a introdução do princípio de realidade. No entanto, do ponto de vista winnicottiano, essa capacidade não é algo com o qual nascemos, nem é garantido que se desenvolverá em todos. Seu surgimento está profundamente ligado à presença de um ambiente que ofereça suporte e facilitação.

Aqui, há uma mudança importante na forma como o bebê experiencia o objeto. Antes, o objeto era *criado* de maneira onipotente e *encontrado* pelo lactente; agora, o objeto tem vida própria. Até que se prove que o objeto é *confiável*, ele será testado pelo bebê. Se ele sobreviver ao teste de resistência, resistindo à destruição, ele poderá ser usado pelo bebê.

É nesse ponto que a fantasia começa a existir: quando o bebê pode *usar* o objeto que sobreviveu – tanto em termos subjetivos quanto objetivos; o objeto tem vida própria, e isso é inegável. "Desse modo, o objeto desenvolve sua própria vida e autonomia e (quando sobrevive) contribui com o sujeito, conforme propriedades específicas" (Winnicott, 1971/2019, p. 147). Nesse sentido, Winnicott (1971/2019) afirma: "devido à sobrevivência do objeto, o sujeito pode começar a viver no mundo dos objetos, obtendo ganhos imensuráveis; porém, o preço é a aceitação da destruição em curso na fantasia inconsciente vinculada à relação de objeto" (p. 147).

> A fantasia somente se constitui como a contraparte do objeto sobrevivente – *este que permanece imune à destruição do bebê, passa a designar o objeto real. Não obstante, o objeto que continua a ser destruído ao bel prazer do bebê (por um amor impiedoso/instintual), passa a designar a fantasia. (Almeida & Naffah Neto, 2024, p. 14, grifo meu)*

Acho importante, a essa altura, levantar o seguinte questionamento: por que o bebê continua a destruir o objeto em fantasia? Pode-se dizer que esse ato é essencial para *preservar a distinção entre fantasia e realidade* – uma separação que ainda não está totalmente consolidada e que, convenhamos, dura a vida inteira.

Dentro de uma abordagem mais precisa de Winnicott, podemos entender que é

> *Por meio da elaboração imaginativa da sobrevivência do "objeto seio", destruído por seus ataques sádicos, o bebê poderá ir, paulatinamente, discriminando um objeto real, objetivo, independente da sua área de onipotência, de um outro objeto subjetivo, que continua a destruir na sua fantasia. (Naffah Neto, 2023, pp. 147-148)*

É somente por meio do atravessamento desse árduo processo psíquico que o indivíduo adquire a capacidade de usar objetos reais, enquanto também aprende a se retirar para seu mundo interno quando necessário, como quem retorna ao lar após enfrentar as exigências da realidade externa. Essa habilidade de interagir com o mundo externo não se resume à mera adaptação automática; ela oferece ao indivíduo a experiência de que viver tem significado.

É sob essa circunstância que a fantasia exerce uma função mediadora essencial entre o eu e o ambiente. A fantasia, construída agora a partir de mecanismos mais sofisticados, como a projeção e a introjeção, permite ao indivíduo um trânsito saudável entre o interno e o externo.

A dimensão patológica da fantasia

Winnicott, muito bem comentado por Almeida e Naffah Neto (2024), descreve, em sua reflexão sobre a fantasia, uma dimensão psicopatológica desse conceito, em contraste com a fantasia saudável. No artigo "Sonho, fantasia e vida: caso clínico que descreve uma dissociação primária",[3] disponível no livro *O brincar e a realidade* (Winnicott, 1971/2019), ele investiga esse tema de maneira minuciosa, mostrando que a incapacidade de acessar a fantasia pode ser fruto de uma dissociação, e não apenas de uma repressão, como ocorre em fantasias comuns e funcionais.

Para ilustrar essa ideia, Winnicott compartilha o caso de uma paciente que, embora estivesse aparentemente envolvida em brincadeiras com outras crianças, estava, na verdade, imersa em uma fantasia dissociada. Ele descreve como essa paciente "vivia essa fantasia através de uma atividade mental dissociada" (Winnicott, 1971/2019, p. 56). Na análise do caso, fica claro que a dissociação cria uma espécie de divisão interna, na qual uma parte dela, que nunca se integrou ao todo, passava longos períodos em um estado "fantasioso". Nessa fantasia, ela observava a si mesma interagindo com o grupo de crianças como se estivesse assistindo a outra pessoa, deslocada de sua experiência direta.

Conforme essa paciente amadurecia, construiu uma vida na qual nada do que acontecia em sua realidade concreta tinha verdadeira importância para ela. A dissociação persistente fez com que ela se tornasse alguém que, sem perceber, sentia-se incompleta. A vida parecia fluir em dois níveis paralelos: de um lado, a vida cotidiana e, de outro, uma vida interior dissociada, que funcionava como seu "eu central". As experiências reais e palpáveis, aquelas vividas durante suas interações,

---

3 Foi somente no seu último livro inacabado, *Natureza Humana*, que Winnicott distinguiu os conceitos de "dissociação" e "cisão", sendo a dissociação um processo menos patológico, descrevendo a falta de contato entre partes da personalidade de um ser humano relativamente integrado no tempo e no espaço, e cisão, um processo patológico, característico das defesas psicóticas. No caso aqui descrito, para sermos mais fiéis à posterior distinção winnicottiana, teríamos de falar em cisão e não em dissociação.

eram relegadas a uma parte secundária de sua psique, como se essa parte fosse um *duplo de si mesma*, separado de seu núcleo emocional.

No contexto desse relato clínico, observamos que, em alguns casos patológicos, a fantasia assume um papel defensivo, tornando-se um refúgio predominante para o indivíduo. Ao invés de interagir com a realidade e enriquecer as experiências do sujeito, a fantasia se desconecta do mundo externo, passando a ocupá-lo de forma isolada e substitutiva. Nessa dinâmica, não há uma troca entre o mundo interior e o externo, o que gera uma cisão entre ambos, impedindo que se influenciem mutuamente. Trata-se de uma existência marginal, em que a fantasia se transforma em uma espécie de abrigo esquizoide, utilizado como uma defesa contra as demandas do mundo real (Almeida & Naffah Neto, 2024).

Para Winnicott (1971/2019), a fantasia só ocupa um lugar saudável quando se insere no que ele define como "terceira área" ou "espaço potencial", que emerge no período dos fenômenos transicionais. Além disso, eles oferecem um caminho primitivo para o universo simbólico, representando o outro, em especial a mãe, em sua ausência.

Grosso modo, é somente nesse espaço intermediário, onde fantasia e realidade coexistem, que a fantasia pode desempenhar um papel saudável na vida. Para Winnicott (1971/2019), a fantasia tem o poder de ser uma forma tardia de elaboração imaginativa – uma ferramenta essencial para a unidade psicossomática do ser humano –, além de ser um meio de recriação e reinvenção da realidade. Ela não apenas se sobrepõe à realidade, mas atua de forma criativa, permitindo ao indivíduo transformar e reinventar o mundo ao seu redor, desde que pertença a um "funcionamento" saudável.

Construindo um espaço potencial: da cisão à integração

À medida que Helena avançava em suas sessões, ficou claro que sua mente havia se tornado tanto um refúgio quanto uma prisão. A fantasia, que para muitas crianças é um espaço de crescimento e liberdade, para ela se transformou em uma fortaleza isolada, devido ao seu contexto de vida traumático. A boneca que ela nunca teve e o vestido vermelho que tanto desejava haviam se tornado símbolos de uma infância roubada, aprisionada em devaneios que, em vez de nutrirem seu ser, afastavam Helena ainda mais da realidade.

Ora, Helena usava sua inteligência como um escudo, um instrumento que a separava de suas emoções mais profundas. Ela havia aprendido a viver na superfície, onde a mente dominava tudo e os afetos eram deixados para trás. Como Winnicott (1960/2022) descreveu, o verdadeiro self se esconde, enquanto o falso self toma as rédeas. Com Helena, o falso self era a sua mente brilhante, capaz de resolver equações complicadas e alcançar as notas mais altas, mas incapaz de sentir, de verdade, a dor de sua infância ou o peso de suas lembranças. Ela habitava uma dualidade em que seu intelecto era usado como uma máscara, e sua criança interior permanecia trancada, incapaz de encontrar expressão.

Penso que a cisão que Helena vivia era visível em cada detalhe. Quando ela relatava seus devaneios sobre os vestidos vermelhos ou o sonho de ser médica, era como se estivesse narrando a vida de outra pessoa. As fantasias, que deveriam proporcionar um espaço de criatividade e elaboração emocional, tornaram-se refúgios nos quais ela escapava daquilo que não podia enfrentar. E, ao mesmo tempo, a realidade, que exigia que ela fosse prática e objetiva, era como um deserto árido, desprovido de qualquer cor emocional.

Naquele momento do tratamento, compreendi que minha paciente estava presa entre dois mundos. De um lado, havia sua mente lógica, em que tudo era matemático e resolvível; do outro, havia seu mundo de fantasia, onde ela tentava colorir os traumas que vivia, mas sem nunca realmente integrá-los ao restante do seu ser. Ambos os mundos estavam cindidos, e ela se movia entre eles como quem se equilibra em uma corda bamba, sem nunca tocar o chão.

Sua inteligência parecia funcionar como uma espécie de defesa, muito bem erigida, usada para afastar a dor, para controlar o caos interno que ameaçava emergir. Porém, como todas as defesas maníacas, ela também falhava em protegê-la completamente. Havia momentos em que o vazio tomava conta, e a cisão tornava-se tão intensa que Helena não conseguia mais se encontrar.

Essa situação trouxe à tona a importância de criar, em análise, condições para que Helena pudesse fazer uso do objeto – ou seja, do próprio analista. Conforme mencionado, o uso do objeto, na perspectiva winnicottiana, é um estágio crucial no desenvolvimento emocional, pois marca o momento em que o indivíduo é capaz de ver o outro como uma realidade separada e externa, e não somente como uma extensão de suas próprias fantasias e necessidades. O uso do analista, nesse sentido, exige que o paciente se depare com a alteridade e, ao mesmo tempo, que essa figura externa resista e sobreviva às suas projeções e ataques.

No caso de Helena, minha tarefa era justamente essa: sobreviver à sua tentativa de me transformar em algo que se encaixasse em seus devaneios ou em sua lógica rígida. Eu precisava estar ali, presente e firme, quando ela me tratava como um mero ouvinte de suas histórias desconectadas ou como uma figura que deveria oferecer respostas prontas. Minha sobrevivência a esses ataques simbólicos – o que Winnicott chamaria de "sobrevivência do objeto" – permitiria que Helena percebesse que eu, enquanto analista, permanecia inabalável e real, algo que ela não conseguia encontrar em suas relações externas (ver Abram, 2023). A relação analítica, aos poucos, consolidou-se como uma realidade capaz de transformar sua vivência cindida, permitindo que ela, enfim, integrasse o que antes estava dividido. Nas palavras de Abram:

> *O objeto não sobrevivente ocorre como uma consequência do trauma psíquico precoce e constitui um elemento da*

> *história psíquica que está à espera de ser posto em relação com um objeto que seja capaz de sobreviver no* après-coup *da matriz transferência-contratransferência. É então, e só então, que o trauma do passado tem uma chance de ser experenciado pelo self. A partir daí, surge a possibilidade de elaborar a história inicial do paciente e, sob este movimento, relegar o trauma ao passado. (Abram, 2023, p. 111)*

Gradualmente, construímos um "espaço potencial", como diria Winnicott, onde suas fantasias não mais precisariam ser um refúgio, mas um caminho para a integração – servindo, inclusive, para alavancar o processo de elaboração imaginativa das funções corporais. A direção do tratamento consistia, pois, em permitir que a realidade subjetiva e a objetiva começassem a se comunicar, que suas lembranças dolorosas encontrassem palavras (símbolos) e que seus sonhos pudessem coexistir com a realidade. O vestido vermelho, a boneca, os devaneios de ser médica – tudo isso poderia ser trazido para a superfície, não como uma fuga, mas como parte de sua narrativa, em que ela se permitiria sentir, viver e elaborar suas dores.

Com o tempo, Helena não precisava mais se esconder em sua mente ou em suas fantasias. O caminho era a construção de uma ponte entre esses mundos, uma integração em que o verdadeiro self – aquela menina que olhava o portão e sonhava com a boneca – pudesse finalmente ser acolhido e se sentir seguro para existir, sem medo de desaparecer diante das pressões da realidade compartilhada.

Ao final de seu processo analítico, Helena me enviou a foto de uma boneca que havia comprado para decorar sua casa. Para mim, essa imagem carregava um significado: a menina que, um dia só pôde sonhar com a boneca pelas grades do portão agora a integrava em sua vida.

Assim, a boneca, longe de ser apenas um objeto de desejo do passado, tornava-se um elo concreto entre o que ela havia vivido e o que estava construindo. Não era mais uma peça inalcançável de suas fantasias, mas um símbolo de sua trajetória – uma forma de acolher, finalmente, a criança que um dia foi, e que agora habitava em paz ao lado da mulher que havia se tornado.

Referências

Abram, J. (2023). *O objeto sobrevivente: ensaios clínicos psicanalíticos sobre a sobrevivência psíquica do objeto.* Dublinense.

Almeida, A. P. (2023). *Por uma ética do cuidado: Winnicott para educadores e psicanalistas* (Vol. 2). Blucher.

Almeida, A. P., & Naffah Neto, A. (2024). Um estudo comparativo entre as teorias de Klein e Winnicott: analisando o conceito de fantasia. *Revista Latinoamericana de Psicopatologia Fundamental, 27*, 1-23.

Dias, E. O. (2017). *A teoria do amadurecimento de D. W. Winnicott.* DWW Editorial.

Lejarraga, A. L. (2012). *O amor em Winnicott.* Garamond.

Lispector, C. (2020). *A hora da estrela* (*E-book*). Rocco.

Naffah Neto, A. (2023). *Veredas psicanalíticas: à sombra de Winnicott.* Blucher.

Winnicott, D. W. (2009). Michael Balint. In D. W. Winnicott, *Exploraciones Psicoanalíticas* (Vol. 2). Paidós. (Trabalho original publicado em 1954).

Winnicott, D. W. (2019). *O brincar e a realidade.* Ubu. (Trabalho original publicado em 1971).

Winnicott, D. W. (2021). Desenvolvimento emocional primitivo. In D. W. Winnicott, *Da pediatria à psicanálise*. Ubu. (Trabalho original publicado em 1945).

Winnicott, D. W. (2022). Comunicação e falta de comunicação levando ao estudo de certos opostos. In D. W. Winnicott, *Processos de amadurecimento e ambiente facilitador.* Ubu. (Trabalho original publicado em 1963).

Winnicott, D. W. (2022). Distorção do ego em termos de self verdadeiro e falso self. In D. W. Winnicott, *Processos de amadurecimento e ambiente facilitador*. Ubu. (Trabalho original publicado em 1960).

Winnicott, D. W. (2024). *Natureza Humana.* Ubu. (Trabalho original publicado em 1988).

9. Trauma e relações abusivas: uma leitura winnicottiana

Alexandre Patricio de Almeida

Um encontro em meio ao caos

> *Acordei hoje com tal nostalgia de ser feliz. Eu nunca fui livre na minha vida inteira. Por dentro eu sempre me persegui. Eu me tornei intolerável para mim mesma. Vivo numa dualidade dilacerante. Eu tenho uma aparente liberdade, mas estou presa dentro de mim.*
>
> (Lispector, 1978/2020)

Vou contar a história de uma paciente que me procurou durante a pandemia de 2021, um período em que o mundo ainda estava imerso em incertezas. Ela me encontrou pelo Instagram em meio a uma fase de grande angústia. Havia acabado de se mudar para outro país, acompanhando o namorado, um pesquisador que conhecera no Brasil. A conexão entre eles foi imediata e, tomada por uma paixão intensa, ela decidiu deixar tudo para trás e seguir com ele para o exterior, onde iniciou um mestrado.

No Brasil, sua vida profissional era estável e bem-sucedida. Trabalhava muito, era independente, mas o amor a fez buscar uma mudança radical. Contudo, a transição foi mais difícil do que imaginava. Além das dificuldades normais de adaptação – cidadania, visto de estudante –, a pandemia intensificou sua solidão e sua angústia.

Ela chegou até mim após ouvir um episódio do meu podcast. Encantada com o conteúdo, decidiu que precisava de uma "nova escuta". Antes de mim, ela havia feito análise durante nove anos com uma analista em sua cidade natal – uma senhora conhecida por todos no pequeno município em que morava. A proximidade com essa analista a deixou desconfortável para abordar certas questões, já que até sua mãe era paciente da mesma profissional. Seu namorado, percebendo o incômodo, sugeriu que ela experimentasse uma nova abordagem, incentivando-a a encontrar alguém com quem se sentisse mais à vontade.

Quando recebi sua mensagem, minha vida também estava em ebulição. Eu estava finalizando o doutorado, com a agenda lotada e lidando com uma crise de ansiedade que emergiu no fim desse processo. A pandemia trouxe à tona mudanças complicadas tanto no meu trabalho quanto na minha vida pessoal.

Respondi dizendo que, infelizmente, não tinha disponibilidade para atender novos pacientes e sugeri que ela procurasse um colega. No entanto, ela insistiu: "Eu realmente gostaria que fosse você. O episódio que ouvi me tocou de uma maneira especial, sua sensibilidade me fez sentir compreendida. Não há nenhuma chance de me encaixar em algum horário?".

Expliquei que estava enfrentando um período de extrema pressão e realmente não via como encaixá-la. Mas ela foi firme: "Eu espero o tempo que for necessário, veja o que pode fazer, por favor". Aquilo mexeu comigo. Conversei com meu namorado, que também é psicanalista, e ele sugeriu que eu considerasse, desde que não me sobrecarregasse.

Decidi, então, fazer um esforço. Havia algo nela que me tocava profundamente, uma identificação imediata que talvez também tenha me motivado a tentar abrir este espaço. Levei essa questão para a supervisão. Com o tempo, ficou evidente que essa identificação mútua poderia ser um terreno fértil para o nosso processo – desde que fosse bem trabalhada. Tanto ela quanto eu estávamos lidando com angústias intensas, cada um à sua maneira, e isso criava uma espécie de espelho no qual nossas vivências se refletiam e se encontravam.

Logo na primeira sessão, a conversa fluía como se houvesse uma intimidade antiga entre nós. Falamos longamente sobre o relacionamento dela com o namorado e a mudança para o exterior. A consulta se estendeu por mais de uma hora, e, mesmo exausto e sobrecarregado, percebi que queria muito atendê-la. Sentia-se ali, no ar, uma transferência mútua começando a se desenhar, como se ambos estivéssemos prontos para esse encontro.

A queixa central dela girava em torno da solidão e de uma sensação de estar perdida. Recém-chegada a um país estrangeiro, onde começou um mestrado, enfrentava uma cultura e um ambiente completamente novos. Não parava de se perguntar se havia feito a escolha certa ao deixar para trás sua família, sua cidade, e a estabilidade que tinha no Brasil. Precisava de ajuda para entender e lidar com esses sentimentos.

Também falou sobre o namorado, descrevendo-o como alguém extremamente atencioso, que fazia o possível para preencher o vazio deixado pela ausência dos laços que ela precisou renunciar. Vale salientar, mais uma vez, que foi ele quem sugeriu que ela trocasse de analista, acreditando que a análise anterior havia perdido o rumo.

Combinamos sessões duas vezes por semana, e, no segundo encontro, ela começou a desvelar os desafios da adaptação no novo país. Havia a necessidade de validar sua profissão para trabalhar ali, mas rapidamente a conversa foi além, mergulhando nas questões familiares que tanto a inquietavam. Ela me contou que não havia deixado o Brasil apenas por amor, mas também porque viu nessa oportunidade uma chance de fuga. Quando perguntei do que ela precisava escapar, respondeu, com um peso na voz, que sua família a sufocava.

Profissionalmente, ela estava crescendo, mas o pai tinha um comportamento autossabotador. Ele ganhava muito dinheiro, mas o perdia com a mesma facilidade. Nessas situações, recorria a ela, pedindo dinheiro emprestado, o que a deixava extremamente aflita. Em uma dessas ocasiões, ela precisou vender o carro para ajudá-lo. Essa desorganização familiar pesava muito sobre ela, e foi um dos motivos que a impulsionou a sair do Brasil, para poder *respirar*.

A partir daí, a paciente começou a mergulhar em questões ainda mais profundas. Comentou que o episódio do meu podcast sobre o trauma a tocou profundamente, pois se via como uma criança traumatizada. Quando perguntei o motivo, ela revelou que teve uma mãe extremamente deprimida. Como irmã mais velha, percebeu desde cedo o quanto sua mãe se mostrava infeliz com o exercício da maternidade, especialmente após o nascimento da irmã mais nova, três anos depois.

Além de enfrentar uma depressão severa, sua mãe também lidava com surtos psicóticos e havia sido diagnosticada com esquizofrenia. Em alguns momentos, demonstrava lucidez, porém, em outros, durante as crises, agredia as filhas com violência intensa. Minha paciente, em uma tentativa desesperada de proteger a irmã mais nova, colocava-se no meio, recebendo os golpes em seu lugar. Perguntei onde estava o pai durante esses episódios, e ela, com um suspiro pesado, contou que ele era um homem passivo, quase uma sombra ocupada demais com seus negócios para se envolver. Nunca as defendia.

A função de proteção ficava a cargo da avó paterna, que vivia no mesmo quintal. Nas situações de desespero, elas corriam para a casa dela, buscando abrigo. Contudo, essa ligação tão vital se rompeu de maneira repentina quando, no início da pandemia, a avó faleceu. Como médica, minha paciente foi a única que pôde estar ao lado da avó nos seus últimos dias, em meio ao caos dos hospitais lotados e à sua própria angústia esmagadora. Essa experiência, de estar entre a vida e a morte de alguém tão querido, foi devastadora.

Ela me contou uma cena que ficou gravada na sua memória: nos minutos finais, a avó lhe entregou um colar com um crucifixo, dizendo: "Para você se lembrar de como é boa, de como é uma neta maravilhosa". Pouco depois, a avó partiu. Essa narrativa, mesmo permeada de dor, traz à tona a resiliência gigantesca dessa mulher que, apesar de tudo, se tornou uma médica brilhante. Sempre foi a melhor, desde a primeira colocação na universidade federal até a formação com méritos. Corajosa e autossuficiente, ela construiu um caminho de sucesso apesar de carregar dentro de si as cicatrizes de uma infância turbulenta.

Em um dos nossos encontros, ela relembrou, com um misto de dor e resignação, o dia em que a mãe, em um ataque de fúria, pegou um cinto e bateu nas filhas com o lado da fivela, deixando suas pernas em carne viva. Quando o pai chegou e ela mostrou as marcas, ele simplesmente disse, sem qualquer emoção: "Sua mãe é assim mesmo. Vocês deveriam estar acostumadas". Na época, ela tinha apenas 9 anos, e a irmã, 6.

Ela cresceu envergonhada de sua família, uma família que, como costuma repetir, era um caos ambulante, sem qualquer estabilidade. Um dia tudo estava bem, no outro, estavam falidos, devendo para todos na pequena cidade onde viviam, alimentando as fofocas locais. Essa montanha-russa emocional a deixou sempre na expectativa do próximo desastre.

Nas sessões que se seguiram, ela começou a desenterrar mais detalhes dessa infância dolorosa e da adolescência carregada de vergonha. Falou sobre o esforço constante de se distanciar dos pais, sobre o quanto demorava para sair da escola quando a mãe ia buscá-la, encolhida pelo constrangimento de ser filha de uma mulher que, aos olhos da pequena cidade, era uma figura instável e imprevisível.

Quando perguntei sobre sua relação atual com a mãe, ela a descreveu como uma mulher que vive reclamando da vida. Sempre que minha paciente está animada com alguma conquista e liga para compartilhar sua alegria, a mãe responde com frases carregadas de pessimismo: "A vida é péssima, tudo é cinza, o mundo vai acabar, nada disso faz sentido". Ou seja, em vez de oferecer apoio, a mãe acaba desmotivando a filha, sabotando sua felicidade.

Enquanto minha paciente buscava expandir seus horizontes, a irmã, mais introvertida e conformada com a realidade da família, seguiu um caminho mais tradicional. Casou-se e foi morar em uma casa linda e imensa, vivendo o que parecia ser o casamento dos sonhos. Embora minha paciente a ame profundamente, noto que, em alguns momentos, a irmã demonstra atitudes agressivas e impulsivas em relação a ela.

Tais reações geralmente são carregadas de ressentimento; a irmã acusa minha paciente de ter abandonado a família, de seguir a vida de forma egoísta, enquanto os demais ficaram para trás, "naquela loucura" – segundo as expressões dela. Apesar dessas tensões, a relação entre elas é boa, porém, pequenos incidentes revelam um conflito latente. Por exemplo, certa vez, quando minha paciente pegou uma roupa emprestada, sua irmã cobrou o pagamento – um gesto aparentemente banal, mas que carregava uma agressividade velada.

Essas questões iniciais foram se sustentando ao longo das sessões, e então começamos a explorar mais o relacionamento da minha paciente com o namorado. Ela o descrevia como um homem perfeito, maravilhoso, que cuidava muito dela. Essa imagem idealizada aparecia frequentemente em nossas conversas. Ela o colocava em um pedestal, ressaltando o quanto ele a ajudou a crescer, a entrar no mestrado, a começar uma vida do zero no exterior.

No entanto, havia alguma coisa que a deixava desconfortável. Embora ele nunca tenha demonstrado comportamentos abusivos ou violentos, algo intuitivo nela dizia que essa perfeição não era tão sólida quanto parecia. Havia uma estranheza na forma como ela o idealizava, como se ele fosse tudo para ela, o que a fazia questionar se essa relação era realmente tão perfeita quanto acreditava.

Com o passar do tempo, pequenos detalhes começaram a surgir. Ela me contou que, como ainda não havia validado seu registro profissional, dependia financeiramente do seu parceiro, que sustentava a casa. Em troca, ele esperava que ela cuidasse de tudo: que preparasse o café, que fizesse o almoço etc. Ela, por sua vez, renunciava às suas próprias necessidades para atender às dele.

Certo dia, ela compartilhou, toda feliz, que havia conseguido passar na primeira tentativa do teste de validação do diploma. Entretanto, seu namorado reagiu a essa conquista de uma forma um tanto quanto inesperada, por assim dizer. Em vez de celebrar, ele soltou um comentário ácido: "Ah, mas é claro que você passou de primeira, né? Você não está fazendo nada além disso, enquanto eu estou aqui bancando a casa para nós dois". Naquele instante, ficou evidente para mim que ele não era o príncipe encantado que ela tanto idealizava, mas alguém que escondia ciúmes e inseguranças por trás de uma máscara de perfeição.

Outro episódio que me deixou em alerta foi quando ele não só pediu, mas exigiu que ela retirasse o crucifixo que sua avó havia lhe dado, um objeto que carregava um profundo significado emocional para ela. Segundo ele, aquilo era uma "bobagem", uma "infantilidade" que não combinava com alguém tão inteligente e racional quanto ela. Esse gesto, disfarçado de uma crítica intelectual, parecia, na verdade, uma tentativa de minar algo muito mais profundo: sua conexão com as raízes, com a fé e com a memória de uma figura que lhe dava força, a avó.

A violência emocional implícita nesse pedido foi difícil de ignorar, e ficou claro o quanto ele estava tentando corroer não só sua fé, mas a própria essência dela. Quando ela me contou isso, sua voz ficou embargada. Havia algo naquela exigência que a feria profundamente, mas que, ao mesmo tempo, ela não conseguia expressar por completo.

Ela buscava aprovação, um simples reconhecimento de alguém que deveria ser seu parceiro, mas tudo que ele oferecia era indiferença, como se suas conquistas fossem irrelevantes. Ela, tentando justificar, disse que ele provavelmente estava cansado, que não tinha entendido o contexto.

Quando ela me narrou esses episódios, especialmente o do crucifixo, fui acometido por um intenso desconforto, quase visceral. Havia ali uma identificação difícil de ignorar, pois eu também tinha uma conexão forte com a minha avó, que havia falecido recentemente. A raiva que senti em relação ao namorado foi instantânea, como se a dor dela tivesse despertado a minha própria.

Naquela circunstância, notei o "risco" que eu estava correndo. Isto é, compreendi que qualquer intervenção direta minha, criticando o namorado e apontando seu comportamento abusivo, poderia ser perigosa. Em situações de abuso, é comum que o paciente, ao se reconciliar com o parceiro abusivo, acabe vendo o analista como o verdadeiro vilão, como alguém que se intrometeu na relação. Por mais que aquilo tudo me angustiasse e que meu instinto me impulsionasse a fazer uma intervenção imediata, decidi me conter. Sabia que precisaríamos trabalhar essa questão com delicadeza ao longo das sessões.

Com o auxílio da minha supervisora, afastei-me dessa turbulência emocional. Entendi que havia, na dinâmica psíquica da minha analisanda, uma *repetição* peculiar da forma como ela lidava com as experiências traumáticas – algo característico em relações abusivas.

Diante disso, percebi que era fundamental fortalecer o ego dela, para que ela mesma pudesse, em primeira pessoa, reconhecer sua situação e desenvolver uma visão crítica por conta própria, sem depender das minhas intervenções diretas, no sentido de "aconselhamentos". Não era sobre "salvá-la", era sobre prepará-la para salvar a si mesma.

A noção de trauma para Winnicott

Ao adentrar na obra de Winnicott, é preciso destacar que suas noções de trauma, agonias impensáveis e o conceito de falso self são inseparáveis de sua visão sobre o desenvolvimento emocional. Para ele, tudo começa nas relações de dependência, naquelas ligações entre um ser que traz consigo uma inclinação natural para amadurecer e um ambiente que facilita esse desenvolvimento. O bebê, com suas potencialidades ainda em estado bruto, precisa de um ambiente favorável para que possa se integrar ao tempo, ao espaço, para que sua psique encontre abrigo no corpo, e para que, enfim, consiga estabelecer um contato real com o mundo.

Se a mãe oferece um cuidado suficientemente bom, o bebê consegue atravessar as primeiras tarefas do desenvolvimento com certa fluidez. É nesse período que surge a "continuidade de ser", como Winnicott (1945) coloca, na qual a vida flui sem rupturas, sem quebras, e o bebê consegue simplesmente existir.

Mas o curioso é que o verdadeiro centro de tudo isso não está no bebê sozinho, mas sim na dupla mãe-bebê. No começo, eles são um só. Não existe uma separação clara entre o eu e o não eu. Para o bebê, olhar para o rosto da mãe é o mesmo que se olhar no espelho; ele vê a si mesmo. Na sua pequena onipotência, alimentada pela devoção da mãe, ele acredita ser o criador do seio que tanto deseja. E por quê? Porque o seio aparece no momento exato em que ele o alucina. Esse jogo de ilusão e realidade cria uma experiência de "mutualidade", uma forma de comunicação que vai além das palavras, feita de afeto e confiança. É nesse terreno, portanto, que o bebê aprende a confiar, sustentado pela fidedignidade do cuidado materno. Nesse estado de fusão, ele pode simplesmente "ser", vivendo a experiência mais simples e ao mesmo tempo mais profunda: a de existir.

Essa vivência inicial de "ser" é o embrião da identidade, isto é, a raiz do sentimento de si-mesmo. O self, para Winnicott, está sempre ligado à ideia de um impulso ou gesto espontâneo, algo que se opõe à reação ao que vem de fora. Quando o ambiente – aqui representado pela mãe – consegue se adaptar às necessidades do bebê, ele interage com o mundo de forma espontânea, e, assim, sua sensação de si mesmo se fortalece. Mas, quando o ambiente falha, o bebê é obrigado a se adaptar ao que vem de fora, reagindo às intrusões.

Nesse ponto, podemos pensar no conceito de trauma. Para Winnicott, trauma é essa quebra na continuidade do ser, uma falha tão intensa no ambiente que faz com que o bebê erga defesas primitivas, na tentativa desesperada de evitar a repetição da agonia impensável, aquele estado confuso que ameaça desintegrar o ego que mal começou a se formar. Trata-se de uma dor tão profunda que não pode ser pensada, representada ou integrada.

Embora o trauma, na perspectiva winnicottiana, esteja sempre ligado a uma falha externa – uma falha ambiental –, isso não significa que seja algo óbvio, como uma violência escancarada. A falha pode ser sutil, como uma mãe deprimida que, ao olhar para o bebê, não consegue refletir sua identificação com ele, mas apenas seu humor depressivo. Assim, ela impede o bebê de viver a experiência de ser por meio da função especular e interrompe seu processo de vir-a-ser. O trauma, portanto, não se limita a uma falha brutal, embora isso possa ocorrer; ele também é construído por uma série de pequenas falhas que se repetem, criando um padrão de inadequação do ambiente às necessidades psíquicas do bebê. Muitas vezes, o trauma é silencioso, marcado mais pelo que não aconteceu, "quando algo poderia (e deveria) proveitosamente ter acontecido". Nas palavras de Winnicott (1960/2022):

> *Nesse lugar caracterizado pela existência essencial de um ambiente sustentador, o "potencial herdado" está se tornando uma "continuidade do ser". A alternativa a ser é reagir, e reagir interrompe o ser e aniquila. Ser e aniquilação são*

> *as duas alternativas. O ambiente, portanto, tem como principal função reduzir ao mínimo as intrusões a que o bebê precisará reagir, e que resultam na aniquilação do ser pessoal. Sob condições favoráveis o bebê estabelece uma continuidade da existência e assim começa a desenvolver as sofisticações que permitem que essas intrusões sejam incorporadas à área da onipotência. (pp. 58-59)*

As falhas ambientais que traumatizam um bebê atingem-no em seu núcleo mais profundo. Essas falhas rompem a continuidade do ser, trazendo à tona as agonias impensáveis, aquelas que ameaçam com o risco do aniquilamento. Para se proteger dessa dor insuportável, o bebê se agarra às defesas mais primitivas que consegue organizar. É nesse contexto que Winnicott afirma: a doença psicótica não é o colapso em si, mas sim a organização defensiva que surge como resposta às agonias impensáveis. E, entre essas defesas, a mais básica e primordial é a cisão.

Embora existam várias formas de defesa primitiva – como a invulnerabilidade, a desintegração e a despersonalização –, a cisão é, por assim dizer, a raiz de todas elas, sendo parte essencial de qualquer organização defensiva mais complexa. A cisão, ou clivagem, é o mecanismo que isola o self, separando-o do resto do ser, para evitar novos ferimentos.

Na teoria winnicottiana, a cisão mais emblemática é aquela que separa o falso do verdadeiro self. O falso self, apesar de tudo, tem sua utilidade na preservação do sentimento do self, sendo necessário para a saúde psíquica. Porém, quando essa cisão entre falso e verdadeiro self se torna patológica, ela se destaca como uma característica marcante dos casos *borderline*.

O papel do falso self cindido patológico é encobrir o verdadeiro self, protegendo-o do risco de aniquilamento. Quando a mãe falha em complementar a onipotência do bebê, não conseguindo responder ao gesto espontâneo dele, o bebê acaba por sobreviver de forma falsa, ocultando seu self nascente e se submetendo às demandas do ambiente. Em situações extremas, esse verdadeiro self fica tão bem escondido que a espontaneidade deixa de fazer parte das experiências do bebê. A submissão se torna a marca registrada do falso self, que passa a se especializar em mimetizar o ambiente.

A cisão faz com que uma parte do self se desenvolva de forma artificial, adaptando-se de modo exagerado às exigências da realidade, enquanto a outra parte fica oculta e empobrecida. Como resultado, o falso self, sendo uma construção reativa, sacrifica a espontaneidade e a originalidade criativa do indivíduo, gerando sentimentos profundos de inutilidade e inautenticidade. Em casos mais graves, os impulsos e a espontaneidade ficam tão confinados pela cisão que o indivíduo perde completamente o contato com essas partes de si mesmo, resultando em uma sensação constante de vazio e irrealidade. Quando o falso self se consolida como a única alternativa, a comunicação com o verdadeiro self se perde, levando consigo a base do sentimento de autenticidade e empobrecendo também a vida cultural e a capacidade simbólica do indivíduo.

Minha paciente, ao longo das sessões, trouxe alguns episódios de sua adolescência que ilustravam bem a busca incessante por situações de risco e uma constante sensação de estar no limite. Ela me contou que, por volta dos 16, 17 anos, costumava sair com os amigos para festas e bares – situações nas quais o álcool sempre estava presente. O curioso é que ela bebia não somente para se divertir, mas para sentir algo, como se estivesse anestesiada de si mesma e precisasse do impacto de uma experiência extrema para quebrar esse vazio.

Uma das lembranças que ela narrou com surpreendente clareza foi a de uma noite em que, após beber excessivamente, decidiu dirigir de volta para casa. Com uma racionalidade impressionante, descreveu como pegou o carro do pai e acelerou pelas ruas desertas, indiferente às possíveis consequências. "Eu queria ver até onde conseguia ir.

Era como se eu não me importasse com nada, nem com a minha vida. Naquela hora, parecia que o perigo me fazia sentir viva de verdade", disse ela, sem grandes demonstrações de arrependimento, como se fosse apenas uma história que contasse de longe.

Essas situações, tão frequentes em sua adolescência, envolviam uma mistura de impulsividade, descaso com a própria segurança e uma necessidade de preencher o vazio emocional. Ela buscava, de forma desesperada, por algo que a fizesse sentir, mesmo que fosse por meio de experiências de extremo risco. A dificuldade em estabelecer limites e a sensação de estar à deriva, sem um senso sólido de identidade, me levaram a associar seus comportamentos a traços de um quadro *borderline*.

Quando minha paciente falava sobre o seu relacionamento, era como se estivesse descrevendo a vida de alguém distante, uma espécie de narrativa descolada das próprias emoções. Havia uma desconexão evidente entre o que ela experienciava e o que realmente sentia, como se seguisse cegamente as expectativas impostas pelo namorado, sem questionar ou refletir. Essa mesma dinâmica, vale ressaltar, repetia-se em todos os seus relacionamentos anteriores, revelando um padrão de submissão emocional que parecia ter se tornado parte de sua maneira de se relacionar com os outros.

A repetição como cura para o trauma

Freud, em seu clássico (e emblemático) ensaio *Além do princípio de prazer* (1920), introduz a ideia de compulsão à repetição ao observar a tendência de revivermos experiências traumáticas, mesmo que isso nos cause sofrimento. Ele toma como exemplo a brincadeira de uma criança com um carretel, na qual o ato de fazer o objeto desaparecer e reaparecer representa uma tentativa de controlar a situação que antes era vivida de maneira passiva – a ausência da mãe. Esse comportamento ilustra a busca por transformar um trauma, inicialmente passivo, em uma experiência ativa, ou seja, passível de ser dominada. Freud também percebe esse padrão em casos de neuróticos de guerra, cujos pesadelos repetitivos revelam a tentativa de descarregar uma excitação que não foi processada por completo. A compulsão à repetição, para Freud, é, portanto, uma expressão da tentativa do aparelho psíquico de se livrar de uma excitação que permanece sem resolução.

Considerando que Freud associou a compulsão à repetição à atuação do instinto de morte em sua teoria metapsicológica, é relevante destacar que Winnicott se posicionou de forma contrária a essa ideia. Ele rejeitou o conceito de instinto de morte,[1] classificando-o como um equívoco freudiano e defendendo que tal noção deveria ser abandonada.

O psicanalista britânico introduz um ponto de vista diferente. Para ele, a repetição não é apenas um mecanismo inconsciente de tentar reviver os traumas, mas um esforço de integração. Em vez de focar a descarga de excitação, como propôs Freud, Winnicott afirma que o indivíduo, ao repetir uma situação dolorosa, busca recriar um ambiente em que possa vivenciar de forma saudável aquilo que inicialmente não pôde ser integrado. Em sua visão, a repetição está vinculada à falha do ambiente, que teria sido incapaz de oferecer o suporte necessário no momento de desenvolvimento do self.

---

1 Em uma carta destinada a Roger Money-Kyrle, escrita em 27 de novembro de 1952, Winnicott deixa clara sua posição sobre isso: "Lamento que [Freud] tenha introduzido aqui a pulsão de morte, porque ela confunde tudo e, do meu ponto de vista, é um conceito que Freud introduziu porque não tinha nenhuma noção a respeito do impulso primitivo de amor. *Numa discussão não teria a menor utilidade introduzir a expressão pulsão de morte*, a menos que se volte diretamente a Freud e se fale da tendência dos tecidos orgânicos de retornar ao estado inorgânico, o que, no que diz respeito a psicologia, *não significa absolutamente nada*, exceto uma afirmação do óbvio. Provavelmente não é verdade nem mesmo na sua forma mais crua e simples" (Winnicott, 2017, p. 50, grifos meus).

Em 1951, Winnicott, ao resenhar com Masud Kahn o livro de Fairbairn, *Psychoanalytic studies of the psychoanalysis*, aponta algo interessante sobre a compulsão à repetição:

> *É possível obter algo do trabalho de Fairbain sobre os sonhos, considerando o relacionamento de seu conceito de introjeção do objeto mau ao trabalho de Freud sobre a compulsão à repetição. Se o objeto mau introjetado (a fim de ser coagido ou controlado) constitui uma experiência penosa, isto é, algo percebido, mas não tolerado, então a experiência introjetada repetidamente clama por atenção e dá origem a um tipo específico de sonho. O conceito de compulsão à repetição nos faz atravessar período que precisamos para a compreensão de que, para chegar atrás da compulsão à repetição, o paciente tem de redescobrir a situação penosa externa tal como foi originalmente percebida, embora na ocasião não pudesse ser tolerada como um fenômeno situado fora do controle onipotente. (Winnicott & Kahn, 1953/1994, pp. 317-318)*

Ele critica Fairbairn por não considerar a imaturidade do bebê e salienta que a compreensão dessa fase inicial do desenvolvimento, em que o bebê ainda não distingue a si mesmo dos objetos, é essencial. Para Winnicott, o bebê não interage inicialmente com objetos bons ou maus; tudo o que ele experimenta faz parte de sua onipotência primitiva, em que ele cria o objeto que atende às suas necessidades.

Esse processo de criação ilude o bebê, fazendo-o acreditar que o que surge no ambiente é fruto da sua própria vontade. A mãe, ao se adaptar às necessidades do bebê, permite essa ilusão, que é fundamental para a construção do self. No entanto, quando o ambiente falha, essa ilusão se rompe e o bebê é forçado a reagir, o que pode resultar em uma experiência dolorosa que fica "congelada", esperando condições mais favoráveis para ser vivida e integrada.

Quando o ambiente não é suficientemente bom e falha de forma abrupta e/ou frequente, a criança não tem como processar o que está acontecendo. Essa experiência não vivida fica guardada, à espera de ser descongelada, como um bulbo de jacinto que carrega o perfume da flor, mas que só será liberado quando o ambiente permitir que ele floresça (Winnicott, 1965/1994).

Para pacientes que enfrentaram falhas ambientais significativas durante fases precoces do desenvolvimento, a necessidade de corrigir uma experiência traumática passada também se faz presente, mas com um foco diferente. O que está em questão aqui é o impacto direto dessas falhas no desenvolvimento do ego e na dependência. Winnicott (1954/2021), em seu artigo "Aspectos clínicos e metapsicológicos da regressão no contexto analítico", fala sobre a regressão à dependência como algo que só é possível quando o paciente já possui uma organização egoica mínima:

> *Estou considerando, claro, a ideia da regressão no contexto de um mecanismo de defesa do ego altamente organizado, que abarca a existência de um falso self. Na paciente mencionada acima, esse falso self havia aos poucos se transformado num "self cuidador", e só depois de alguns anos foi possível que esse "self cuidador" fosse entregue ao analista, e que o self se rendesse ao ego. (p. 467)*

Cabe retomar aqui o fato de que minha paciente precisou amadurecer rápido demais para cuidar de sua irmã, assumindo um papel de "self cuidador" ainda na infância. Ela se viu forçada a ocupar o espaço de proteção e responsabilidade que deveria ter sido garantido pelos pais, especialmente pelo pai, que era ausente e passivo diante da situação caótica em casa. Essa necessidade de precocidade emocional resultou na formação de um falso self altamente funcional, um self que cuidava dos outros, mas que, ao mesmo tempo, ocultava sua verdadeira fragilidade e suas necessidades.

Esse "self cuidador" foi construído sobre uma base de defesas que a protegiam do sofrimento imediato; porém, ao longo do tempo, tais defesas se tornaram uma armadura pesada, dificultando o acesso ao seu verdadeiro self. Ao cuidar da irmã, minha paciente aprendeu a negligenciar suas próprias emoções, a silenciar seu sofrimento para manter o equilíbrio do ambiente familiar. A angústia dela foi, assim, congelada em camadas de dever e abnegação, impedindo-a de viver a espontaneidade e a autenticidade de sua própria experiência.

No *setting* analítico, o trabalho de descongelar essas defesas tornou-se central. Aos poucos, com a confiança estabelecida na relação terapêutica, foi possível que ela começasse a entregar esse "self cuidador" ao espaço de análise, permitindo-se regredir e experimentar uma nova forma de dependência – uma dependência saudável, que pudesse finalmente ser acolhida em sua vulnerabilidade. Esse processo exigiu paciência, tanto da parte dela quanto da minha, pois o falso self não se dissolve rapidamente. Ele resiste, temendo a perda completa do controle e o caos que sempre esteve à espreita.

Sobre se (re)inventar em primeira pessoa

O olhar winnicottiano sobre o trauma e a compulsão à repetição nos abre novas possibilidades de compreensão, especialmente quando falamos de relacionamentos abusivos. Para Winnicott, a compulsão à repetição não está ligada à ação do instinto de morte, mas a uma tentativa do verdadeiro self de emergir em um ambiente que, no passado, não foi suficientemente bom para acolhê-lo. Nos casos de abuso, a repetição de padrões destrutivos pode ser vista como uma forma de o indivíduo tentar recriar, ou até mesmo controlar, uma situação dolorosa anterior, buscando uma reparação inconsciente. A pessoa se submete a um ciclo de dor e submissão, não por desejo de autodestruição, mas como uma maneira de tentar lidar com feridas profundas, muitas vezes invisíveis até para ela mesma.

Isso dá margem para pensarmos em como esses padrões de repetição estão intensamente enraizados na tentativa de preencher lacunas deixadas por um ambiente que falhou em oferecer suporte emocional. No caso da minha paciente, os relacionamentos abusivos que ela experimentou refletem justamente essa busca por validação e acolhimento, que, na infância, foram negados por uma figura materna ausente e por um pai emocionalmente distante. A repetição do abuso, então, surge como uma tentativa inconsciente de corrigir esse passado, como se ela estivesse sempre à espera de que, dessa vez, o outro finalmente a reconheça e a valorize.

Gostaria aqui de retomar a narrativa do caso clínico. Após alguns meses de análise, minha paciente compartilhou um episódio que marcou uma virada significativa do seu processo de analítico. Ela e o namorado foram jantar com os amigos dele, em um restaurante no país em que estavam morando. A maioria dos amigos falava outro idioma, que ela dominava muito bem. Antes de saírem, ele a advertiu: "Meus amigos são muito cultos, eles pertencem a uma realidade muito diferente da sua. Cuidado com o que você fala e com as brincadeiras". A meu ver, tratava-se de um gesto desesperado de controle da parte dele.

Durante o jantar, ela brilhou. Participou ativamente de conversas sobre filosofia e psicanálise, assuntos que a interessavam muito. Os amigos ficaram impressionados com seu conhecimento. No entanto, no caminho de volta para casa, seu companheiro surtou. Começou a gritar, dizendo que ela havia roubado seu momento, que era ele quem deveria brilhar. Ela tentou se defender, porém, ele estava cego de ressentimento. Esse episódio resultou em uma briga séria entre os dois, e ele ficou uma semana em silêncio, frio e agressivo.

Ela, então, me procurou perdida: "O que vai ser de mim se ele terminar? Deixei tudo para viver com ele". Havia um paradoxo nessa relação – ela era extremamente dependente dele, mas ao mesmo tempo começava a vislumbrar uma autonomia nascente. Alguns dias depois, ela relatou outra situação. Ela tinha começado a fazer crossfit, algo que adorava, e isso despertou ciúmes nele. Sentindo-se inferior por não conseguir treinar tanto quanto ela por causa do trabalho, ele começou a criticá-la. As críticas e os desentendimentos por questões insignificantes tornaram-se parte do cotidiano.

Ela também passou a compartilhar sonhos recorrentes, como o de um bebê falando em inglês com ela. Isso me lembrou o "bebê sábio" de Ferenczi[2] – uma representação de partes de si que amadureceram cedo demais por traumas (ver Almeida, 2023). Esse sonho apareceu três vezes durante sua análise. Ela também sonhou com uma menininha que engatinhava, depois começava a andar e a dançar balé – algo que ela sempre quis fazer, mas nunca pôde, devido à instabilidade da família. Esses sonhos com crianças de intelecto hipertrofiado, superdesenvolvido, surgiam com frequência. Perguntei o que ela achava que eles poderiam representar. Ela disse que não fazia ideia, mas depois refletiu e compartilhou uma expressão muito sincera: "Será que esses bebês representam a minha criança que eu não pude cuidar?". Complementei sua interpretação, indagando: "Será que é a criança que você não pôde cuidar ou a criança que não foi cuidada?" Sugeri que ela refletisse sobre o papel de responsabilidade que sempre

2 Em 1931, Ferenczi utiliza essa ideia para descrever a subjetividade de pacientes que foram forçados a amadurecer precocemente devido às exigências externas. Por meio da condensação, um processo comum nos sonhos, a imagem da vulnerabilidade infantil se funde à sabedoria de um adulto. Isso ilustra os processos de clivagem desencadeados por traumas, em que a figura de um bebê, que representa a fragilidade, contrasta nitidamente com um comportamento que expressa maturidade adulta.

assumiu – cuidando da irmã, tentando revitalizar a mãe, mantendo a casa em ordem, preocupando-se com as perdas financeiras do pai.

Sabendo da fragilidade da sua relação, tentei manter uma postura de suporte, mesmo quando ela, chorando após uma briga, enviou um áudio perguntando se deveria voltar para o Brasil. Eu sabia que era uma decisão que ela precisava tomar por si e, assim, a encorajei a refletir.

Em um dia marcante, ela fez as malas e foi para a casa de uma amiga, determinada a não voltar. Disse-me com firmeza: "Não quero reviver a minha história de infância. Minha criança interior merece uma segunda chance". Apesar da preocupação com a possibilidade de recuo, apoiei sua decisão. Compreendia que toda separação carrega sua dose de dor, mas esse era um processo que ela precisava atravessar.

Ele tentou contato algumas vezes, mas ela recusou. Com o tempo, parou de falar dele com rancor, mágoa ou ressentimento, reconhecendo que aquela relação foi um passo importante para o seu desenvolvimento emocional.

Após a separação, os sonhos com a família voltaram. Em um deles, ela se via no aeroporto, alertando o pai e a irmã para não embarcarem em um avião. Eles, no entanto, ignoravam o aviso e o avião caía. Mesmo assim, apesar dos ferimentos, ambos sobreviviam. Ao ouvir o relato, refleti em voz alta: "Percebe? Seguir sua própria vida e conquistar sua independência não destrói sua família. Eles podem até cair, se machucar, mas continuam vivos".

Em outra sessão, compartilhou um sonho em que nadava com a irmã em um rio agitado, e, em determinado momento, suas mãos se soltavam e ela seguia sozinha, nadando contra a correnteza. Sugeri que talvez aquela irmã no sonho representasse uma parte dela mesma, uma parte que estava se desprendendo e avançando, mesmo em meio às dificuldades.

Passados alguns meses, ela me contou algo que nunca havia feito antes: foi ao cinema sozinha, tomou um café, caminhou pela cidade como quem explora uma nova vida. "Descobri que posso ser minha própria companhia", disse, com um brilho nos olhos que eu ainda não tinha visto. Era como se, ao soltar aquela mão no sonho, ela tivesse finalmente soltado o peso de ser sempre para o outro.

Nosso processo começou a se encerrar com a mesma delicadeza que permeou cada palavra compartilhada. As conversas espaçadas cederam lugar a uma confiança tranquila, até que, espontaneamente, ela decidiu seguir seu próprio caminho. A beleza do nosso encontro se revelou, então, na simplicidade: a liberdade verdadeira não estava no mundo externo (lá fora), mas no ato de reconhecer que, dentro de si, sempre existiu um lar à espera de ser habitado.

Referências

Almeida, A. P. (2023). A teoria do trauma de Sándor Ferenczi e sua importância à prática educacional. In A. P. Almeida, *Por uma ética do cuidado: Ferenczi para educadores e psicanalistas* (Vol. 1). Blucher.

Ferenczi, S. (2011). Análises de crianças com adultos. In S. Ferenczi, *Obras completas* (Vol. 4). Martins Fontes. (Trabalho original publicado em 1931).

Freud, S. (2010). Além do princípio de prazer. In S. Freud, *Obras completas* (Vol. 14). Companhia das Letras.

Lispector, C. (1978/2020). *Um sopro de vida* (*E-book*). Rocco.

Winnicott, D. W. (1994). A psicologia da loucura: uma contribuição da psicanálise. In D. W. Winnicott, *Explorações psicanalíticas*. Artmed. (Trabalho original publicado em 1965).

Winnicott, D. W. (2017). *O gesto espontâneo.* Martins Fontes.

Winnicott, D. W. (2021). Aspectos clínicos e metapsicológicos da regressão no contexto psicanalítico. In D. W. Winnicott, *Da pediatria à psicanálise.* Ubu. (Trabalho original publicado em 1954).

Winnicott, D. W. (2021). Desenvolvimento emocional primitivo. In D. W. Winnicott, *Da pediatria à psicanálise*. Ubu. (Trabalho original publicado em 1945).

Winnicott, D. W. (2022). A teoria do relacionamento pais-bebê. In D. W. Winnicott, *Processos de amadurecimento e ambiente facilitador*. Ubu. (Trabalho original publicado em 1960).

Winnicott, D. W., & Kahn, M. (1994). Resenha de *Psychoanalytic Studies of the Psychoanalysis*, de Fairbairn. In D. W. Winnicott, *Explorações psicanalíticas*. Artmed. (Trabalho original publicado em 1953).

10. A dependência e os cuidados terapêuticos de um paciente sem lugar no mundo

Alfredo Naffah Neto

José, um Gato Borralheiro[1]

José é meu paciente há muitos anos, não sei dizer quantos, provavelmente mais do que dez. É difícil para mim avaliar o tempo cronológico transcorrido em análises como a de José, talvez porque ele mesmo ainda não possua claras marcações de tempo e de espaço no seu existir e isso torne a contratransferência também um pouco solta no tempo e no espaço. Com ele, sinto-me sempre caminhando sobre as nuvens, bocejando sonolento como se não tivesse dormido bem na noite anterior, mas sei que isso é provocado pelo tipo de transferência, porque, tão logo a sessão termina, volto rapidamente ao meu estado normal.

José tem atualmente 27 anos, sendo o caçula de uma prole de quatro filhos, tendo um irmão seis anos mais velho e duas irmãs do meio, com uma diferença de dois anos entre eles. Com tudo o que já

1 Os pacientes descritos em meus escritos são sempre personagens fictícios, mas compostos a partir de pessoas reais. Nessa direção, várias características pessoais são sempre modificadas e outras tantas criadas, de forma a não permitir a identificação dos pacientes reais.

conseguimos reconstruir da sua história de vida, a partir de vários indícios surgidos ao longo dos anos, tudo indica que José não foi um bebê desejado, mas nasceu por descuido e, quando veio ao mundo, não encontrou um lugar próprio no seio da família. Há indícios abundantes dessa falta de lugar ao longo de toda a sua vida; exemplo disso é que – nas idas e vindas familiares – ele sempre ocupa o lugar que sobra, em geral o mais desconfortável. Durante uma viagem com a família, por exemplo, apesar de ser o mais alto dos irmãos e ter as pernas mais longas, ele sempre se sentava no assento do meio no banco de trás do carro, o lugar com menos espaço para as pernas. Nesse contexto, seus protestos não adiantavam de nada, pois nenhum dos irmãos se dispunha a trocar de lugar com ele, nem mesmo por parte do percurso. Era quase como se ele não existisse fisicamente, como se fosse uma espécie de fantasma, que não precisasse de espaço físico, mas apenas pairasse no ar.

Outro exemplo ocorreu quando um dos irmãos de José, que moravam fora de São Paulo, vinha visitar a família. José sempre se sentia coagido e quase forçado pela mãe a ceder seu quarto para o irmão visitante, obrigando-o a dormir na sala e no sofá. Dessa maneira, ele perdia o único espaço físico onde guardava seus pertences, estudava e desfrutava de alguma privacidade. Por essas razões, passei a vê-lo como uma espécie de "Gato Borralheiro".

Quando José iniciou o processo de análise, ele parecia habitar uma espécie de "refúgio psíquico",[2] formado por uma hipertrofia

2 "Refúgios psíquicos", conceito originalmente definido por John Steiner (1997), referem-se a mecanismos psicológicos desenvolvidos pelo indivíduo para escapar de experiências emocionais insuportáveis. Esses refúgios funcionam como estruturas mentais onde a pessoa se protege da dor psíquica, criando um espaço interno seguro, mas ao custo de um isolamento da realidade e das relações humanas. Para Steiner, os refúgios psíquicos são uma defesa contra a angústia e o desamparo, mas, paradoxalmente, também podem aprisionar o indivíduo, impedindo-o de enfrentar e elaborar seus conflitos internos.

intelectual cindida do restante da personalidade, com pouquíssimo – quase nenhum – processo de personalização realizado, o que quer dizer com uma corporeidade quase inexistente. Relatos de sua mãe descrevem que, quando ele era bebê, sofreu uma cirurgia após uma queda, por volta de 1 ano e meio de idade. Durante o período pós-cirúrgico, ele sentiu dores intensas e chorava muito. Sua mãe, depois de tentar de tudo para acalmá-lo sem sucesso, acabava deixando-o entregue ao próprio choro e sofrimento.

Relata ter tido, a partir daí e durante toda a vida, uma resistência muito grande à dor, mas que é conquistada – segundo a minha hipótese – por um desligamento da psique do corpo, isto é, por um processo de despersonalização. Nesses períodos, ele se refugia no intelecto, ficando então imerso em um meio fluido, sem raízes corporais e sem marcos temporais, com grande dificuldade de focar qualquer atividade construtiva; ou seja, com o que poderíamos denominar de incapacidade de concentração. É como se ele estivesse envolto por um fluxo de pensamentos soltos, difusos, sem muita forma definida e sem muito conteúdo discriminável, uma espécie de nuvem caótica de ruminações mentais.

Mas não é somente na dor física que esse refúgio psíquico é buscado, mas sempre que surge algum imprevisto ambiental, gerando alguma paranoia. Nesse sentido, ele tem grande dificuldade de frequentar ambientes desconhecidos, frequentado por pessoas estranhas, como festas, por exemplo. E, andando na rua, sozinho, sente-se sempre constrangido, como se estivesse sendo olhado e criticado pelas pessoas em torno. Atualmente, por meio da análise, já consegue perceber que é a sua própria autocrítica que ele enxerga como que plasmada no outro. Sendo a alteridade ainda pouco discriminada de si mesmo, ela é vivida como uma extensão do seu espaço subjetivo, como um certo tipo de espelho-reflexo. Por aí, concluo que – nessas vivências paranoicas – é o seu superego que está em jogo, refletido no olhar do outro.

Entretanto, se está acompanhado por algum amigo conhecido, no qual deposita confiança, José sente-se confortável e seguro. Esse é um dos indícios de que ele ainda vive num nível de grande dependência ambiental, tendo buscado muito cedo na companhia de amigos a sustentação emocional que não lhe era dada pela família. Assim, possui alguns amigos bastante próximos, cuja casa frequenta desde pequeno e com os quais consegue se abrir, conversar sobre questões íntimas. Nesse contexto, ele sente possuir um lugar próprio ou, dizendo em outros termos, percebe-se acolhido e confirmado. Ainda assim, esse não é o ambiente familiar e primário para ele; é como se vivesse em exílio, distante de sua terra natal. Mas, se não fosse por esse entorno amigável ter-lhe dado suporte desde muito cedo, acredito que o seu quadro emocional seria ainda mais grave.

José teve grandes dificuldades no curso universitário de física, pois todo problema a ser resolvido necessitava ser entendido racionalmente nos mínimos meandros e, com isso, perdia muito tempo nas provas e exames, ficando dando voltas a esmo em torno da questão, muitas vezes sem conseguir sair do lugar, na tentativa de uma análise racional minuciosa. Sendo o seu intelecto cindido e hipertrofiado, este operava com um falso self patológico que atuava como um filtro protetor entre ele e o problema a ser resolvido. Essa defesa o impelia a buscar uma segurança máxima, obrigando-o a decifrar racionalmente a questão de maneira compulsiva e interminável, pois todo o esforço despendido nunca era percebido como gerador de um resultado suficientemente seguro.

Então, embora muitas vezes dispusesse de uma fórmula que, aplicada, resolveria com rapidez a questão, sentia-se totalmente inseguro de utilizá-la sem ter percorrido toda a compreensão racional do problema. Era uma angústia intensa e paralisante, algo próximo daquilo que Winnicott denominou de *agonia impensável*. Isso o levou à reprovação por mais de uma vez, culminando, então, com a abandono do curso em questão. Atualmente, tendo conquistado, por meio da análise, uma maior autoconfiança, conseguiu passar no vestibular para um curso de economia.

José ainda relata possuir uma memória bastante lacunar e fragmentária, que não chega a se articular como uma história de vida. Grande parte do que sabe sobre a sua existência ao longo do tempo foi-lhe contado pela mãe ou por outros familiares. Cabe dizer que ele já fazia uso de medicação psiquiátrica para depressão quando iniciou a análise; atualmente, entretanto, mudou de psiquiatra e está revendo a questão dos medicamentos.

Como era de se esperar, não consigo identificar qualquer convergência entre esse diagnóstico psiquiátrico simplificado de depressão e a estrutura emocional complexa que tem se revelado ao longo da análise. A meu ver, trata-se de um quadro mais consistente com esquizoidia, caracterizado por um intelecto cindido e hipertrofiado, acompanhado de um estado depressivo que, ocasionalmente, pode se manifestar por meio de defesas maníacas.

Como sabemos, o paciente esquizoide não possui uma estrutura de personalidade capaz de integrar os seus instintos no self; podendo, assim, vir a desfrutar deles e empregá-los para fins vitais. Sendo esses instintos vividos como forças ameaçadoras, são frequentemente reprimidos, advindo daí um baixo tônus vital, vivido como depressão, e que pode facilmente gerar defesas maníacas de quando em quando (ver Naffah Neto, 2022).

A análise iniciou-se de forma presencial, com a frequência de duas sessões por semana, mas, desde a pandemia, assumiu o formato virtual, pelo WhatsApp, e vem continuando assim desde então, inclusive porque sua família se mudou para uma cidade do Nordeste brasileiro. Tenho observado que, para pacientes esquizoides, a análise em presença virtual pode, muitas vezes, ser mais bem tolerada, pois evita o contato da presença real, mais intensa e potencialmente mais invasiva.

José nem mesmo usa a minha imagem no WhatsApp, sendo a minha presença analítica marcada apenas pela minha fala. Curiosamente, ele sempre se mostra a mim com imagem, – ou seja, precisa e deseja ser visto por mim como um corpo habitado por um espírito –, mas percebi que nunca olhava para a minha imagem no WhatsApp. Certo dia, perguntando-lhe o porquê, recebi como resposta que, para ele, tanto fazia olhar-me ou não me olhar. Desde então, retirei a minha imagem do WhatsApp e tudo continuou como antes, sem qualquer mudança, já que, quando a minha imagem existia em cena, não era utilizada.

Entendo que, para ele, o importante é que possa ser visto e confirmado por mim como um *psique-soma* – por isso precisa manter sua imagem em cena –, enquanto eu posso existir, para ele, somente como uma voz que fala por meio de suas inflexões próprias. Talvez porque, como uma pura voz, eu possa mais facilmente – e na maior parte do tempo – ser absorvido pela sua área de onipotência, funcionando como um prolongamento seu. Cada paciente tem certa geografia emocional própria, singular, e é preciso respeitá-la sem questionamentos.

Ao longo da análise, José vem fazendo progressos a olhos vistos: hoje em dia possui uma consciência das suas defesas psíquicas e de quando e como as utiliza, que antes era inexistente, além de ter adquirido uma maior consistência psicossomática. Dois anos atrás, para minha surpresa, arranjou uma namorada, vindo a desfrutar de um relacionamento amoroso e sexual muito bem vivido e curtido por ele ao longo de quase um ano, ainda que sentisse a presença constante e permanente de um medo de perda – que, de fato, veio a acontecer, com o término do namoro, por questões da garota. Depois, ele enfrentou um processo de luto difícil, mas que foi bem vivido e elaborado, com o apoio das nossas sessões. Embora sofresse, conseguia expressar seu sofrimento sem se sentir à beira de uma agonia impensável. Intuo que ele está começando a construir seu próprio eixo.

Com o desenvolvimento da análise, José veio a conquistar uma forma de personalização, mas que eu chamaria de intermitente, porque rompe-se rapidamente sempre que ele entra numa ansiedade de tipo paranoide, provocada pelo pressentimento de algum perigo no ambiente. Esse tipo de ansiedade intensificou-se agora, pelo fato de José estar descobrindo a existência objetiva e compartilhada do mundo externo, pelo atingimento de alguma integração espaçotemporal, tendo conquistado a integração de um ego insipiente a ser defendido e protegido.

Em um outro dia, ele comentou: "Descobrir que as pessoas existem em si mesmas, torna o olhar delas muito invasivo e ameaçador!". Isso porque, até agora, no plano afetivo-emocional, José experienciava as pessoas como prolongamentos seus, ou seja, como parte do seu mundo subjetivo, muito embora, em um nível eminentemente intelectual, sempre soubesse da sua existência objetiva.[3]

Winnicott (1952/1992) nos adverte que esse tipo de paranoia costuma acontecer sempre que o bebê (ou paciente) constitui um ego a ser protegido, mas que o suporte emocional ambiental pode neutralizar, em parte, essa sensação de perigo (p. 99). Entretanto, em uma análise realizada online, como a de José, essa neutralização pode ser menos efetiva ou demorar um tempo maior para se efetivar. É o que tenho observado no seu processo de análise.

Conforme mencionei anteriormente, quando José se desliga do seu corpo, por paranoias ambientais, em um processo de despersonalização, perde seus referenciais de tempo e de espaço e qualquer foco de atenção. Esse processo constitui o que Winnicott (1962/1990) denomina *desintegração ativa* (p. 61), na qual o bebê (ou paciente) – diante do medo de uma desintegração produzida pelo ambiente, portanto menos passível de controle – produz, ele mesmo, um estado

---

3 Essa é mais uma evidência da grande cisão existente entre o plano intelectual e o plano afetivo-emocional do paciente.

de caos, mas que, por ser autoinduzido, é mais passível de controle. Somente quando se sente mais seguro é que José retorna ao estado de personalização.

No entanto, ele tem feito progressos. Noutro dia, contou-me que precisava ir a uma feira livre comprar mantimentos e estava muito apreensivo, achando que não ia se sentir bem e conseguir comprar o que precisava. Mas aí pensou que precisava mesmo ir e, por isso, "resolveu se lançar no mundo" (segundo a sua expressão), expondo-se totalmente. Então, me disse: "Aí percebi que o tempo interno podia se ajustar ao tempo do mundo. E que eu podia ver o mundo em três dimensões, em vez de duas. Nesse dia, não senti a angústia que sinto sempre. Mas isso implicou num grande esforço". Concluí a partir dessa fala que, nesse episódio, ainda que com grande empenho, ele conseguiu manter a integração psicossomática na maior parte do tempo.

A dependência de José e os cuidados clínicos que dispensa

José possuía um alto grau de dependência ambiental quando chegou na análise, necessitando estar sempre acompanhado de pessoas altamente confiáveis – seus amigos – quando saía para algum compromisso. Como isso nem sempre era possível, sentia-se extremamente inseguro, seja caminhando na rua, seja adentrando algum ambiente pouco conhecido. Isso revela que seu amadurecimento emocional ficou, de fato, congelado no tempo, tendo o intelecto hipertrofiado assumido as relações com o mundo compartilhado. Hoje em dia, graças à análise, já consegue tomar um avião sozinho e ir visitar uma de suas irmãs na cidade onde ela mora (também no Nordeste brasileiro), podendo caminhar sozinho pela cidade desconhecida sem entrar em pânico.

Na análise, veio, ao longo do tempo, formando um vínculo de confiança e hoje consegue falar com desenvoltura sobre a maioria das suas questões pessoais, revelando um conhecimento fino sobre o seu funcionamento psicossomático. Entretanto, muito embora o seu quadro tenha evoluído bastante ao longo do tempo, ainda sofre com insegurança e um nível elevado de autoexigência, pois costuma se medir com outras pessoas conhecidas de idade semelhante, e, quando o faz, sente-se, muitas vezes, um "fracassado". Isso revela um *ideal de ego* (Freud, 1914/2010) um tanto quanto severo e que funciona impondo-lhe exigências performáticas das quais não consegue dar conta.

Entendo esse *ideal de ego* como parte do seu falso self, formado por mimetizações e introjeções ambientais. Não tenho clareza se José chegou a elaborar questões edipianas, mas, se o fez, suponho que isso aconteceu de forma bastante lacunar; portanto, falta-lhe um *superego* saudável, formado pela introjeção das figuras parentais, esse tipo de superego que advém da elaboração mais completa do complexo de Édipo (ver Almeida & Naffah Neto, 2022). Sendo assim, intuo que a sua formação superegoica seja de tipo impessoal, formada por forças anônimas, portanto, mais difícil de enfrentar no cotidiano da vida (Winnicott, 1960/1986, p. 470).[4]

Durante o processo de análise, tenho oferecido suporte para que ele alcance um nível mais profundo de autoaceitação, centrado em sua singularidade e nas transformações que tem vivido. Reforcei repetidamente que as pessoas não são comparáveis entre si; cada ser

---

4 Winnicott, no artigo citado, fala-nos de dois tipos de *superego*. O primeiro, formado pela introjeção das figuras parentais na forma de *objetos totais*, ao longo da elaboração do complexo de Édipo, portanto, em torno dos 4, 5 anos de idade, constitui o que ele denomina *superego pessoal* – já que é formado por *pessoas* – e é uma forma de superego mais saudável, mais fácil de enfrentar, desafiar, entrar em acordo, ou seja, mais passível de diálogos internos. O segundo tipo é formado pela inculcação de regras morais desde etapas primitivas, num período em que o bebê ainda vive relações de *objetos parciais*; esse tipo Winnicott denomina *superego impessoal*, dizendo que ele é formado por forças anônimas e, nesse sentido, muito mais difícil de ser enfrentado ao longo da vida, sendo, portanto, um tipo de superego mais patológico.

humano é único, com uma trajetória de vida própria. Compará-los é o mesmo que desconsiderar as dificuldades e desafios que cada um enfrentou, assumindo erroneamente que todos partem de um mesmo ponto de partida. José é extremamente inteligente e, atualmente, evidencia um uso bastante sofisticado da linguagem verbal, com amplo uso de metáforas e metonímias. Isso torna o nosso diálogo rico de nuanças e coloridos emocionais.

Não observei, até agora, ao longo da análise, regressões a estágios de dependência de longa duração, mas a minha impressão é que, quando chegou a mim, José já vivia de uma forma muito regredida, utilizando o suporte dos amigos como se fosse uma criança pequena, desprotegida. Nesse sentido, penso que o suporte emocional dos amigos possa ter-lhe favorecido regressões episódicas ao longo da vida. Ocorrem, muitas vezes, ao longo das sessões, longos períodos de silêncio, em que José sai de cena, como se ficasse recolhido no seu refúgio psíquico, e somente retorna minutos depois, em geral mais seguro e confiante; esse recolhimento, sendo acolhido e sustentado por mim, talvez possa designar certo tipo de regressão em análise, segundo a formulação winnicottiana, quando descreve a primeira parte da análise do caso B:

> *Gostaria de comunicar um incidente na análise de um paciente que, na verdade, não regrediu clinicamente, mas* cujas regressões se localizavam em estados momentâneos de retraimento que ocorriam durante as sessões analíticas. *O meu manejo desses estados de retraimento foi grandemente influenciado pela minha experiência com pacientes regredidos. (Winnicott, 1954/1989, p. 187, grifo meu)*

Os cuidados clínicos que tenho dispensado a José, ao longo dos anos, consistem, basicamente, na criação de um espaço terapêutico confiável em que ele possa habitar; buscando, com isso, criar condições para que possa criar/encontrar um lugar no mundo. Sob esse aspecto, ele vem conseguindo, durante esse tempo, conquistar um lugar na sua família de origem, especialmente por meio de uma retomada do vínculo com o pai e com as irmãs – relações estas que estavam fragilizadas há bastante tempo. Sua relação com a mãe vem se tornando mais amorosa com o passar dos anos, mas com o irmão mais velho continua ainda um tanto problemática.

Na relação transferencial com José posso, como já disse, funcionar como um prolongamento seu, como também, em outros períodos, representar uma mãe, um pai ou mesmo um amigo, dependendo do que esteja sendo vivido e elaborado. Minhas intervenções, na maior parte das vezes, consistem em perguntas, com o sentido de ampliar a pesquisa do tema tratado, e algumas poucas interpretações que, com mais rigor, deveriam ser denominadas reconstruções do ambiente primitivo ou das falhas ambientais originárias, associadas às defesas psíquicas em foco (Naffah Neto, 2023). Por exemplo, disse-lhe, certa vez: "Você deve ter tido experiências corporais difíceis, quando era um pequeno bebê; por isso teve de se refugiar no intelecto, se desligando do corpo sempre que sente alguma ameaça". Foi justamente essa interpretação que trouxe à tona a cirurgia com 1 ano e meio, as dores pós-cirúrgicas e o choro ininterrupto, não propriamente como uma lembrança, mas a partir de uma investigação realizada por ele com a sua mãe.

Mas, nos seus períodos de recolhimento/regressão, permaneço em absoluto silêncio. Nesse estágio da análise, nossa relação é de grande intimidade, revelando bastante calor humano.

Até agora, nunca experimentei nenhum ataque agressivo-destrutivo de José dirigido a mim, mas intuo que, em algum período futuro da análise, ele possa retomar transferencialmente a dinâmica do ciclo benigno, formado por ataques destrutivos, seguido de sentimentos de culpa e atos reparatórios, como forma de melhor integrar os seus impulsos instintivos. Ou isso acontecendo na sua forma reversa, os atos reparatórios antecedendo os ataques destrutivos (Winnicott, 1960/1986).[5]

Porém, isso é apenas uma aposta, pois nada garante que as coisas acontecerão dessa forma. Percebo em José, já nesse momento, um direcionamento e uma utilização mais vitais da sua agressividade, integrados em uma postura mais assertiva diante do mundo. Ou seja, essa apropriação dos instintos já vem acontecendo, mesmo sem a retomada do ciclo benigno na relação transferencial. Quiçá esteja acontecendo alhures. Segredos do processo analítico.

Como já disse várias vezes, penso que a clínica é sempre soberana em relação à teoria, tendo em vista que uma das suas funções é, justamente, poder confirmar ou vir a transformar as construções conceituais. Pois psicanálise significa, antes de tudo, criação contínua.

Referências

Almeida, A. P. & Naffah Neto, A. (2022). O estágio da concernência e a elaboração do complexo de Édipo: revisitando Winnicott e o caso Piggle. *Psicologia Revista*, *31*(1), 27-50.

Freud, S. (2010). Introdução ao narcisismo. In S. Freud, *Obras completas* (Vol. 12). Companhia das Letras. (Trabalho original publicado em 1914).

Naffah Neto, A. (2022). Darkness visible: uma interpretação da patologia depressiva a partir de D. W. Winnicott. In A. P. Almeida & A.

5 Cabe lembrar aqui que, segundo Winnicott, o bebê – ou o paciente adulto, em transferência, no processo de análise – somente consegue integrar no *self* os seus impulsos agressivos-destrutivos, impedindo que eles sejam sentidos como ameaças e, por essa razão, reprimidos, quando consegue perceber que o que "destrói" (em um tipo de fantasia ainda pouco discriminada da realidade) é capaz de reparar. Ou seja, quando consegue diminuir os sentimentos de culpa associados aos impulsos destrutivos, podendo, então, apropriar-se deles.

Naffah Neto (Orgs.), *Perto das trevas: a depressão em seis perspectivas psicanalíticas*. Blucher.

Naffah Neto, A. (2023). A reconstrução do ambiente traumatogênico a partir da dinâmica transferencial na clínica winnicottiana. In A. Naffah Neto, *Veredas psicanalíticas: à sombra de Winnicott*. Blucher.

Steiner, J. (1997). *Refúgios psíquicos: organizações patológicas em pacientes psicóticos, neuróticos e fronteiriços*. Imago.

Winnicott, D. W. (1986). Aggression, guilt and reparation. In D. W. Winnicott, *Home is where we start from*. Penguin Books. (Trabalho original publicado em 1960).

Winnicott, D. W. (1989). Withdrawal and regression. In D. W. Winnicott, *Holding and interpretation: fragment of an analysis*. Karnac Books. (Trabalho original publicado em 1954).

Winnicott, D. W. (1990). Ego integration. In D. W. Winnicott, *The maturational processes and the facilitating environment*. Karnac Books. (Trabalho original publicado em 1962).

Winnicott, D. W. (1992). Anxiety associated with insecurity. In D. W. Winnicott, *Through paediatrics to psychoanalysis*. Karnac Books. (Trabalho original publicado em 1952).

Winnicott, D. W. (1997). Joseph Sandler: comments on "On the concept of superego". In D. W. Winnicott, *Psycho-analytic explorations*. Harvard University Press. (Trabalho original publicado em 1960).

11. O silêncio da névoa: um encontro com a depressão e a psicanálise de Winnicott

Alexandre Patricio de Almeida

No limbo do vazio

> *A tristeza profunda não precisa de um motivo; ela simplesmente existe, como a noite segue o dia.*
>
> (Plath, 2019)

Ela me procurou durante a pandemia, quando tudo parecia mais difícil, inclusive a vida. Tinha quase 50 anos e sua vitalidade parecia ter ficado em algum lugar do passado, junto com o marido que havia perdido três anos antes. Nossas sessões eram tão apáticas quanto ela; eu me pegava lutando contra o sono, quase desistindo. Mas, por alguma razão, insisti. Talvez fosse a intuição, talvez o desejo de não abandonar quem já estava à beira de desistir de si mesma.

Ela havia tido uma carreira de respeito, admirada por muitos, mas esse brilho profissional parecia um eco distante. Vivia à sombra desse passado glamuroso, como se qualquer vestígio de criatividade ou entusiasmo tivesse se esgotado, se esvaído pelas veias. Suas falas eram sempre desprovidas de emoção, e, quando eu arriscava uma interpretação, ela a descartava com um aceno vago, como se nada mais pudesse tocar aquela carapaça.

As sessões se arrastavam com um marasmo quase insuportável, como se a vida, para ela, tivesse se transformado em um campo árido, onde nada brotava. Mas havia algo na maneira como ela insistia em continuar, mesmo que sem saber por quê, que me fazia acreditar que ainda existia uma fagulha. Talvez ela estivesse esperando que alguém percebesse, que alguém não desistisse dela, mesmo quando ela própria já havia desistido.

Houve momentos em que me perguntei se ela era apenas o reflexo de um tempo que já não existia, uma imagem desfocada de quem foi e que não sabia mais ser outra coisa. A apatia dela se misturava com a minha frustração, e eu me via tentando puxá-la para a vida de volta, com a força que ela não tinha mais.

Atender um paciente deprimido é como entrar em uma névoa espessa, onde cada passo é incerto e o caminho parece não ter fim. A análise se torna uma batalha constante, em que o analista se vê frequentemente diante de um vazio que parece sugar qualquer tentativa de intervenção. Com essa paciente, em particular, a sensação de impotência era avassaladora. Cada sessão era um esforço para não me perder em sua apatia, para não me deixar engolir pelo desânimo que permeava o ar.

Lembro-me de dias em que ela se acomodava diante da câmera, e eu já sabia que a conversa seria uma dança lenta e desajeitada, sem ritmo. Minhas tentativas de trazer alguma luz ao que ela dizia eram recebidas com um olhar vazio, ou com respostas que pareciam evaporar no ar, sem deixar vestígios. Eu me via, do outro lado da tela, lutando contra a vontade de desistir, de me render à ideia de que talvez não houvesse nada ali que pudesse ser salvo. Mas "uma força estranha" me impedia de desligar, de abandonar aquela imagem frágil que tentava, ainda que de forma quase imperceptível, manter-se conectada a algo, a alguém.

Em uma das sessões, recordo-me de tentar abordar a dor da perda do seu marido sob outro viés, buscando tocar em um aspecto da sua história que ainda pudesse conectá-la à vida. "Acho que ele não gostaria de ver você assim", arrisquei dizer, mas ela apenas deu de ombros. "Ele se foi. Eu fiquei", respondeu, sem emoção, como se essa fosse a explicação suficiente para a própria existência se tornar tão insípida. Era difícil não sentir uma onda de frustração, de me perguntar se realmente estava fazendo alguma diferença, ou se apenas estava testemunhando, impotente, alguém se afastar lentamente da própria vida.

Havia uma sensação de estagnação que me envolvia toda vez que ela entrava na sala. Eu sabia que ela não estava em um lugar onde pudesse receber o que eu tentava oferecer, mesmo assim, eu não conseguia desistir. Talvez, em parte, fosse um reflexo do próprio desafio, de não querer admitir que havia chegado a um ponto onde nada parecia funcionar.

Brotava, em mim, um cansaço que não era físico, mas emocional, como se a própria energia vital estivesse escoando lentamente, deixando-nos ambos à deriva. Ela chegava, se acomodava em frente à câmera, com a mesma apatia que parecia carregar em todos os aspectos de sua vida. Eu fazia uma interpretação, uma tentativa de romper aquele silêncio opressor, mas era como lançar uma pedra em um poço sem fundo – as palavras caíam e desapareciam, sem eco, sem resposta.

Nas sessões on-line, havia uma distância que ia além da física. Ela se acomodava diante da câmera, e eu, do outro lado, tentava atravessar a barreira digital para alcançar algo que parecia cada vez mais distante. Uma vez, tentei abordar sua antiga paixão pelo trabalho, perguntando como era viver em um mundo onde ela era admirada. Ela olhou para mim pela tela, como se estivesse olhando para um passado que não conseguia mais tocar, e respondeu, sem emoção: "Isso já não me pertence".

Certa vez, a conexão caiu no meio de uma frase, e me peguei desejando que talvez ela não retornasse, mas, surpreendentemente, ela reconectou. A imagem voltou, e lá estava ela, esperando. Um pequeno sinal de que, mesmo em meio à sua apatia, havia, também nela, "uma força estranha" que a fazia continuar.

Outro dia, ela mencionou, quase como se não tivesse importância, que havia conseguido sair de casa para uma caminhada rápida. Foi a primeira vez que a ouvi falar de algo que não fosse sua apatia. A forma como ela disse, sem entusiasmo, quase como uma obrigação, ainda assim trouxe um fio de esperança. Não era o suficiente para quebrar a barreira de sua depressão, mas indicava que algo dentro dela ainda se movia, mesmo que de forma hesitante.

Atender essa paciente era como tentar montar um quebra-cabeça onde faltavam peças. Em uma das sessões, o silêncio era tão denso que eu podia quase ouvi-lo pulsar. "Por que você continua vindo?", perguntei de forma direta, já sem paciência para rodeios. Ela me olhou, e pela primeira vez, uma sombra de surpresa passou por seu rosto. "Porque não tenho mais nada", disse, com uma sinceridade que me pegou desprevenido. A ausência de expectativas era tudo o que a mantinha ali.

Algumas sessões depois desse episódio, ela mencionou, como quem fala do tempo, que havia começado a fazer listas de coisas para comprar no mercado. Algo tão banal, mas que, vindo dela, parecia um ato de resistência. "Por que isso importa?", ela perguntou, já antecipando minha resposta, mas eu insisti. "Porque fazer planos, mesmo que pequenos, é um jeito de lembrar que você ainda está aqui."

Então, houve uma sessão em que o gato dela invadiu o quadro da câmera. Era a primeira vez que eu via alguma coisa viva naquele cenário sempre tão estático, mórbido. Ela riu, sem perceber, e o som daquele riso foi um clarão em meio à escuridão. Para mim, não era apenas o gato que tinha entrado na tela; era um pedaço de vida que, de alguma forma, havia escapado daquela atmosfera apática.

O impacto da pandemia em sua vida foi algo que discutimos uma vez, quando ela mencionou que, antes, a solidão era uma escolha, mas agora era uma imposição. "Não tem diferença", eu pensei em dizer, mas me contive. Para ela, a diferença era crucial, e eu precisava entender isso. Era a solidão forçada que a mantinha trancada em si mesma, e talvez fosse justamente a conexão, mesmo que apenas virtual, que ainda a mantinha no mínimo contato com o mundo exterior.

Outra vez, a câmera ficou desfocada, e eu quase disse que era assim que ela se mostrava para mim – um borrão de alguém que não sabia mais onde começava ou terminava. Mas, quando a imagem se ajustou, vi que ela estava segurando algo: uma foto antiga dela e do marido. "Foi a última vez que fui feliz", disse, sem drama, mas com uma aceitação que me doeu ouvir. Não respondi, apenas observei aquele momento como quem assiste a um pôr do sol que você sabe que vai acabar em breves instantes.

No decorrer dos nossos encontros, percebi que a chave para esse tratamento não era encontrar grandes revelações, mas respeitar os pequenos movimentos, essas aberturas quase imperceptíveis que, mesmo virtualmente, mostravam que havia vida ali. Cada sessão foi uma conquista mínima, uma luta contra a desconexão que parecia permanente. E foi assim, lentamente, que comecei a ver que o caminho não era tirá-la daquele lugar, mas aprender a caminhar ao lado dela, no ritmo que ela permitia.

Algumas notas sobre a depressão para Winnicott

Para Winnicott, o bebê não nasce com uma identidade própria e definida. Ele chega ao mundo completamente fusionado ao ambiente ao seu redor, sem uma noção clara de onde termina e onde começa o outro. Nesse estágio inicial, sua identidade é fluida, quase inexistente, pois ele depende totalmente da resposta do ambiente para se constituir como um ser separado. É por meio das interações com a mãe ou cuidador principal que o bebê começa a formar seu senso de self, uma construção delicada que se desenvolve aos poucos.

Essa fusão inicial significa que o bebê não tem uma percepção de si mesmo como um ser distinto do mundo. Ele vive em um estado em que as necessidades e os desejos são satisfeitos sem a noção de que há um agente externo cuidando disso. Esse processo de separação e individuação só começa a ocorrer quando o ambiente, de forma consistente e responsiva, permite ao bebê sentir que suas necessidades são atendidas de forma confiável – "o bebê cria o seio que está lá para ser encontrado". Essa transição do "ser fundido ao ambiente" para "ser um indivíduo separado do outro" é gradual e depende da capacidade do ambiente de suportar a fragilidade do bebê sem romper a continuidade do ser.

Conforme o bebê se desenvolve, ele começa a reunir suas experiências em uma percepção única de espaço e tempo, mas isso só é possível se o meio ao redor dele for suficientemente acolhedor e constante. No início, o bebê se sente flutuando em espaços temporários, como o colo da mãe ou em seu olhar. Mas, com o tempo, esses lugares transitórios ganham estabilidade à medida que a psique do bebê se forma e se ancora no corpo, o que Winnicott chamou de "personalização". Esse processo é crucial para que o bebê integre corpo e mente em uma unidade psicossomática.

> *Igualmente importante, além da integração, é o desenvolvimento do sentimento de estar dentro do próprio corpo. Novamente, é a experiência instintiva e a reiteração das silenciosas experiências de cuidados corporais que constroem, gradualmente, o que poderíamos chamar de personalização satisfatória. Assim como a desintegração, o fenômeno psicótico da despersonalização também está relacionado ao retardamento da personalização no início da vida. (Winnicott, 1945/2021a, p. 290)*

O tempo, que para o bebê era composto de momentos desconexos, também começa a se organizar. Passado, presente e futuro se unem em uma linha contínua, o que permite ao bebê começar a perceber suas experiências como algo que lhe pertence de fato. Assim, o senso de identidade vai se consolidando, e a criança começa a se apropriar dos impulsos e das sensações que surgem em situações como a amamentação, que inicialmente se expressa como sexualidade oral. No decorrer do amadurecimento, caso tudo corra bem, essa sexualidade "se espalha" para outras áreas do corpo, como as zonas anal e fálica, até alcançar a genital.

À medida que o bebê vai ganhando confiança, ele começa a se separar da mãe por períodos mais longos. Nesses momentos, ele encontra substitutos para a presença materna em objetos como uma fralda ou um ursinho de pelúcia. Esses objetos, chamados de transicionais, ajudam a criança a navegar entre a sua realidade subjetiva e a realidade objetivamente percebida, permitindo a ela criar e descobrir o mundo ao seu redor. Winnicott descreveu essa fase como o "uso do objeto", onde a criança, simbolicamente, "destrói" o objeto ao reconhecer que ele existe de forma independente dela. Cito o nosso autor na íntegra:

> *A mudança (da relação ao uso) significa que o sujeito destrói o objeto. A partir desse ponto, um filósofo de torre de marfim poderia argumentar que o uso do objeto, portanto, não existe na prática: se o objeto é externo, ele é destruído pelo sujeito. Mas, se esse mesmo filósofo descer de sua torre e se aproximar do paciente, descobrirá que existe uma posição intermediária. Em outras palavras, ele descobrirá que, depois que "o sujeito se relaciona com o objeto", o "sujeito destrói o objeto" (à medida que este se externaliza); e, depois disso, pode ser que "o objeto sobreviva à destruição perpetrada pelo paciente". No entanto, essa sobrevivência pode não acontecer. Dessa maneira, chegamos a uma*

> *nova característica da teoria da relação de objeto. O sujeito diz ao objeto: "Eu destruí você", mas o objeto está lá para receber a comunicação. De agora em diante o sujeito diz: "Olá, objeto! Eu destruí você"; "Eu amo você"; "Você tem valor para mim porque sobreviveu quando o destruí"; "Embora ame você, eu o destruo o tempo todo em minha fantasia (inconsciente)". É nesse ponto que a fantasia começa para o indivíduo. O sujeito pode agora usar o objeto que sobreviveu. (Winnicott, 1971/2019, pp. 146-147)*

Grosso modo, Winnicott nos convida a entender que a destruição do objeto não é um ato de violência ou rejeição; trata-se de um processo essencial para que ele se torne independente do controle onipotente do bebê. Em outras palavras, o objeto só ganha vida própria e autonomia depois que o bebê, simbolicamente, o "destrói". Essa destruição simbólica permite que o objeto exista por si só, fora do domínio subjetivo do bebê. E, quando o objeto sobrevive a essa "destruição", ele passa a contribuir para o desenvolvimento do sujeito, agora como algo real e separado, com suas características únicas. Isso ajuda o bebê a reconhecer a existência de um mundo externo, distinto do seu mundo interno (recém descoberto, em virtude da sobrevivência e autonomia do objeto externo), mas ainda relevante e significativo para o seu crescimento. Essa sobrevivência do objeto é fundamental para que a criança comece a diferenciar entre fantasia e realidade, construindo, assim, um entendimento mais claro de seu mundo interno em contraste com o mundo externo.

Para entender melhor a importância da "destruição" do objeto no desenvolvimento infantil, é crucial considerar como isso se conecta com o estágio da consideração (*stage of concern*). Nesse ponto do desenvolvimento, a criança começa a diferenciar, de maneira ainda incipiente, entre o que é fantasia e o que é realidade. A destruição simbólica do objeto permite que ele se torne uma entidade independente, sobrevivendo fora do controle onipotente do bebê. Essa sobrevivência ajuda a criança a lidar com seus impulsos agressivos, como os que surgem durante a amamentação, e a entender que esses impulsos não são tão perigosos quanto parecem.

O estágio da consideração, como Winnicott o descreve, é um momento crucial no desenvolvimento infantil (ver Almeida & Naffah Neto, 2022). Até então, a vida da criança era quase totalmente subjetiva, ou seja, suas necessidades moldavam o mundo ao seu redor. Agora, ela começa a interagir com o mundo objetivo (real), porém, essa transição não é simples. Nesse período, o sadismo oral atinge seu ápice, especialmente durante a amamentação. A criança começa a imaginar que, ao sugar o seio da mãe, está causando danos a ela, o que provoca sentimentos de culpa e a necessidade de reparar esses danos. Winnicott descreve essa fase como um ciclo de destruição e reparação – o que ele chama de "ciclo benigno" –, em que a mãe, ao sobreviver às fantasias destrutivas da criança sem retaliar ou desaparecer, ajuda a criança a entender que seus impulsos agressivos não são tão perigosos assim.

Essa dinâmica de destruir e reparar é essencial para que a criança se aproprie desses impulsos e os integre ao seu self. Quando esses impulsos se tornam parte de quem ela é, eles podem ser controlados e direcionados de maneira construtiva, eventualmente se fundindo com os impulsos eróticos, o que é vital para que a criança possa lidar com os sentimentos complexos que surgem no complexo de Édipo (ver Almeida & Naffah Neto, 2022). Esse processo permite que o sujeito desenvolva o que Winnicott chama de *depressão saudável*, que é a capacidade de se retirar para dentro de si mesmo quando seus sentimentos agressivos e destrutivos ameaçam dominá-lo, reorganizando seu mundo interno e restaurando a primazia dos sentimentos amorosos. Em síntese, o autor inglês afirma:

> *A depressão faz parte da psicopatologia. Pode ser severa e incapacitante e durar a vida inteira; nos indivíduos*

> *relativamente saudáveis, costuma ser um estado de humor passageiro. Na extremidade normal do espectro, a depressão, fenômeno comum e quase universal, se relaciona com o luto, com a capacidade de sentir culpa e com o processo de amadurecimento. A depressão sempre implica força do ego; assim, tende a se dissipar e a pessoa deprimida tende a recuperar a saúde mental.* (Winnicott, 1963/2021b, p. 92)

Nos cenários nos quais a criança não consegue integrar seus impulsos agressivos e destrutivos ao próprio self – talvez porque a mãe ou a figura que a substitua não tenha sido capaz de sustentar o estágio da consideração –, ela desenvolve um medo intenso dessas forças, que permanecem fora de seu controle. Esse medo leva à inibição e à repressão dos impulsos, tornando-os fracos, quase imperceptíveis, ao passo que as lembranças ou fantasias associadas a esses impulsos são empurradas para o inconsciente. O resultado desta vivência pode, entre outras possibilidades (que mencionarei posteriormente), resultar em um humor deprimido,

> *Chega então um período em que a criança se torna uma unidade, torna-se capaz de sentir: eu sou – tem um interior, é capaz de cavalgar sua agitação instintual e também de conter as pressões e os estresses gerados na realidade psíquica interna, pessoal. A criança tornou-se capaz de se sentir deprimida. Essa é uma conquista do crescimento individual.* (Winnicott, 1963/2021b, p. 85)

Volto a afirmar que, para Winnicott, é fundamental distinguir entre depressões saudáveis e patológicas. As primeiras envolvem a capacidade da criança de se retirar para dentro de si mesma, reorganizando seu mundo interno quando ele se torna ameaçador. Esse período de recolhimento é temporário, e, durante ele, o mundo externo perde seu apelo. Em contraste, as depressões patológicas surgem quando há uma repressão instintual intensa, fruto do medo dos próprios impulsos agressivos, que também arrastam consigo parte dos impulsos eróticos (Naffah Neto, 2022).

No entanto, o que é reprimido pode retornar de forma explosiva. Se os impulsos reprimidos conseguem romper a barreira da repressão, eles emergem violentos e incontroláveis, dominando o ego da criança. Isso pode levar a comportamentos descontrolados e violentos. Com medo dessa explosão, a criança passa a evitar qualquer contato com seu mundo interno, tornando-se incapaz de realizar uma depressão saudável, essencial para a elaboração de lutos, como nos ensinou Freud. Sem a capacidade de enfrentar esses impulsos, a criança não consegue lidar com a perda de objetos amados, pois o luto, inevitavelmente, envolve tanto amor quanto ódio pelo que foi perdido.

Assim, a inabilidade de enfrentar o próprio mundo interno torna esse espaço cada vez mais ameaçador, gerando uma angústia difusa e intensa que não encontra um objeto específico ao qual se associar. Isso ocorre porque os sentimentos de ódio e os impulsos destrutivos permanecem escondidos no inconsciente, sem que a criança tenha acesso a eles de forma consciente para poder trabalhá-los (no sentido de experienciar) e, eventualmente, superá-los.

Na visão winnicottiana, portanto, os estados depressivos podem ser interpretados como um sinal de que algo vital está tentando emergir. É como se, mesmo de forma rudimentar, o verdadeiro self estivesse buscando uma maneira de existir e de se conectar, preservando sua espontaneidade. Quando uma criança é acolhida em um ambiente com sintonia e cuidado, essas experiências ajudam a formar uma identidade sólida e um senso de ser. Esse desenvolvimento saudável permite à pessoa lidar com sentimentos contraditórios (ambivalentes), como amor e ódio, sem que sua espontaneidade seja comprometida.

No entanto, quando essas experiências de acolhimento e integração são interrompidas por falhas no ambiente, a constituição do self pode ser prejudicada. Há duas possibilidades aqui: em casos extremos, a falha é tão grave que impede a formação de uma identidade coesa, levando a quadros psicóticos. Ou, mais comumente, a pessoa desenvolve um falso self – uma máscara que oculta o verdadeiro self, mas que permite a interação com o mundo. Esse falso self pode dar a impressão de uma saúde aparente, mas, na verdade, impede o verdadeiro amadurecimento emocional.

Mesmo que o falso self ofereça uma fachada de normalidade, ele impossibilita que a pessoa viva de forma autêntica. Em vez disso, a pessoa se apoia em uma personalidade artificial, que não reflete a sua verdadeira essência. Esse mecanismo de defesa pode se formar em qualquer estágio inicial da vida, e, embora ele proteja o indivíduo de enfrentar a dor emocional diretamente, também limita o crescimento genuíno e a expressão do self real. Em última análise, viver escorado em um falso self significa sacrificar a verdadeira vitalidade e espontaneidade da vida.

Winnicott descreve o falso self como uma das defesas mais sofisticadas que o indivíduo pode desenvolver, e essa defesa pode começar em qualquer estágio inicial da vida, até mesmo antes do nascimento. Ele compara essa fragilidade do self a *Humpty Dumpty*,[1] o personagem dos contos infantis que está sempre à beira de uma queda. Esse mecanismo, vale salientar, é uma forma de adaptação às falhas do ambiente; o bebê, em vez de integrar sua agressividade e instintos de forma saudável, constrói uma fachada que esconde sua verdadeira essência.

---

1 *Humpty Dumpty* é um personagem de uma famosa rima infantil inglesa. Descrito como um ovo antropomórfico, ele é retratado sentado em um muro, de onde cai e se quebra, sem que todas as tentativas de repará-lo tenham sucesso. A origem exata do personagem é incerta, mas ele foi popularizado na cultura britânica por meio da rima, que apareceu pela primeira vez impressa no século XIX. *Humpty Dumpty* é frequentemente usado como uma metáfora para algo ou alguém muito frágil, que, uma vez quebrado, não pode ser restaurado.

Em suma, o verdadeiro self começa a surgir assim que há qualquer tipo de organização psíquica genuína,[2] aquela que vem do amadurecimento autêntico, não de uma mente desenvolvida precocemente para compensar as falhas do ambiente. Nesse contexto, o falso self deixa de ser uma mera defesa e se torna uma barreira que impede o contato com a realidade interna do indivíduo.

Quando isso ocorre, especialmente em estados depressivos, a defesa do falso self pode se manifestar como uma forma de submissão em vez de isolamento. Ou seja, em vez de se afastar completamente, o indivíduo mantém uma fachada de normalidade que, na verdade, esconde a fragilidade da sua integração emocional. Essa submissão pode parecer funcional, mas ela impede o desenvolvimento do verdadeiro self e, em última análise, prejudica a saúde emocional a longo prazo.

Ao falarmos da defesa do falso self, a questão central consiste em analisarmos a força do ego. Não importa em que momento da vida essa defesa se formou; o que realmente importa é o quão sólido ou frágil esse ego é. Uma pessoa que esconde seu verdadeiro self por trás de uma fachada acaba construindo uma estrutura interna vulnerável, o que a deixa exposta e, muitas vezes, incapaz de integrar suas emoções e instintos de forma saudável. Esse ego fraco faz com que experiências intensas, que deveriam contribuir para o desenvolvimento do self, sejam percebidas como ameaças.

No tratamento dos estados depressivos, portanto, o foco não deve ser se restringir ao entendimento da ansiedade ou dos pensamentos

---

2 Winnicott faz uma distinção significativa entre os conceitos de mente e psique. Para ele, a mente é uma função específica, ligada à capacidade de pensar, raciocinar e processar informações, enquanto a psique abrange uma dimensão mais ampla, englobando a totalidade da experiência emocional e subjetiva do indivíduo. A psique, portanto, está profundamente conectada ao corpo e às experiências sensoriais, sendo essencial para a constituição do self, enquanto a mente opera de maneira mais racional e intelectual dentro dessa estrutura mais vasta. Não há mente saudável, por assim dizer, na ausência de um psiquismo bem constituído.

que a acompanham, mas deve se concentrar em "avaliar" a estrutura do ego da pessoa. É fundamental perceber o grau de integração que o sujeito conseguiu alcançar e até que ponto o verdadeiro self está escondido. Somente com um ego fortalecido é que alguém pode enfrentar as ansiedades e as dúvidas que vêm com a depressão de maneira produtiva. "A principal causa do humor deprimido é uma nova experiência da destrutividade e das ideias destrutivas que vêm com o amor. As novas experiências precisam de uma reavaliação interna, e é essa reavaliação que encaramos como depressão" (Winnicott, 1963/2021b, p. 89).

Nos casos em que a depressão se manifesta de forma "impura", ela indica que o ego está fraco. Nesses casos, a pessoa pode não apresentar um humor tipicamente deprimido, mas sim uma série de defesas, como mau humor crônico ou comportamentos antissociais. Essas defesas, muitas vezes associadas ao falso self, surgem como mecanismos para manter uma falsa sensação de integração, mesmo que essa integração seja ilusória e sem valor para o amadurecimento real do indivíduo (Moraes, 2010).

Winnicott conecta essa ideia do falso self com o conceito de defesa maníaca. Nessas situações, a pessoa nega sua depressão de maneira inconsciente, o que interrompe seu processo de amadurecimento. Em vez de usar o estado depressivo como uma oportunidade para se conectar com sua realidade interna, ela se afasta ainda mais dessa verdade. A negação e a repressão, portanto, revelam problemas na organização do ego, e isso pode se manifestar de várias formas, desde depressões esquizoides até hipocondria, delírios persecutórios, e oscilações maníaco-depressivas. Vejamos:

> *Nesta categoria, acrescento outro tipo de impureza, expressa pelo termo psiquiátrico hipomania ou, na terminologia psicanalítica, defesa maníaca. Aqui, a depressão é um fato, mas sua existência é negada. Cada detalhe da depressão (morbidez, severidade, escuridão, sobriedade etc.) é*

> *suplantado pelo oposto (vivacidade, leveza, luminosidade, frivolidade etc.); essa é uma defesa útil, mas o indivíduo paga por ela com o retorno da depressão inevitável, suportada de maneira privada. (Winnicott, 1963/2021b, p. 91)*

Nesses estados de depressões impuras, a defesa do falso self se torna uma armadura que impede o indivíduo de acessar e integrar plenamente suas experiências emocionais, mantendo-o em um ciclo de proteção ilusória que, embora possa oferecer uma sensação temporária de estabilidade, compromete profundamente o crescimento emocional autêntico e a capacidade de enfrentar a realidade de maneira saudável.

No que diz respeito ao tratamento das depressões patológicas, Winnicott afirma:

> *Entretanto, é possível ajudar uma pessoa deprimida por meio da adoção do princípio de tolerar a depressão até que ela se dissipe espontaneamente, partindo do pressuposto de que apenas a recuperação espontânea é verdadeiramente satisfatória para o indivíduo. Certas condições afetam o desfecho, apressam-no ou retardam-no. O mais importante é o estado da economia interna do indivíduo. Será que ela é precária em qualquer circunstância? Ou será que há nessa economia uma reserva de elementos benignos, nas forças alinhadas umas contra as outras, na perpétua neutralidade armada da economia interna? Surpreendentemente, uma pessoa pode sair mais forte, mais estável e mais sábia de uma depressão, se comparada à situação em que se encontrava antes. Mas muito depende de a depressão se libertar daquilo que se poderia denominar "impurezas". Na sequência, tentarei delinear a natureza de tais impurezas. (Winnicott, 1963/2021b, pp. 89-90)*

Contudo, sabemos que, na prática, as coisas não são tão simples assim. É muito difícil para qualquer analista que esteja diante de uma depressão patológica manter a paciência necessária para deixar que a recuperação siga seu curso natural. Afinal, ver um paciente mergulhado em um abismo de desespero, sem qualquer garantia de que ele conseguirá emergir, é angustiante. O analista se vê constantemente tentado a intervir, a tentar acelerar o processo, mesmo sabendo que isso pode ser prejudicial. Acredito que a depressão patológica, acima de tudo, desmonta o nosso narcisismo.

Nas análises de pacientes gravemente deprimidos, o tempo parece se esticar, e a sensação de impotência cresce a cada sessão em que o sujeito não apresenta sinais de melhora. A tentação de fazer algo, de buscar uma solução rápida, é grande. Todavia, Winnicott nos lembra que a verdadeira cura vem da capacidade de tolerar a dor até que ela se dissipe por si só. Isso exige uma confiança profunda na resiliência[3] do analisando e na força dos elementos benignos que, por mais escondidos que estejam, ainda existem em seu mundo interno.

Essa abordagem, um tanto quanto artesanal, exige do analista uma calma quase cruel, uma capacidade de ficar ali, ao lado do abismo, sem tentar puxar o paciente de volta à força. É sobre aguentar o desconforto e confiar que, mesmo nas sombras mais densas, há uma chance de luz. Não se trata de ser passivo, mas de agir com a delicadeza necessária para não quebrar o frágil processo do outro. Refiro-me a uma espera ativa, uma atenção cuidadosa às rachaduras, às "impurezas" que podem transformar a dor em algo ainda mais difícil de suportar.

O papel do analista, nesse contexto, é guiar o paciente na identificação dessas "impurezas" que complicam a *travessia* da depressão. Não se trata de forçar uma cura, mas de criar o espaço seguro onde

3 Recomendo, aqui, a leitura do excelente texto "Vulnerabilidade e resiliência" (Fulgencio, 2024).

o paciente possa enfrentar suas dores, permitindo que a depressão siga seu curso até que, finalmente, o peso seja aliviado. É nesse processo lento e cuidadoso que o paciente encontra a possibilidade de se reconstruir, de emergir com uma nova estabilidade emocional, mais forte e capaz de viver de forma plena.

Uma luz em meio à escuridão

Todo abismo é navegável a barquinhos de papel.

(Rosa, 2024)

Retomo, agora, o caso relatado no início deste texto. Às vezes, eu pensava que ela estava presa em uma espécie de loop, em que suas defesas eram tão bem construídas que se tornaram paredes impenetráveis. Em vez de se isolar completamente, ela mantinha uma fachada de *indiferença*, como se estivesse desempenhando um papel que já não fazia mais sentido. Era como se, ao longo dos anos, ela tivesse construído uma versão de si mesma que funcionava no automático, escondendo todas as fragilidades e angústias que não tinha força para enfrentar.

Essa fachada, a meu ver, ocultava uma submissão disfarçada. Talvez diante do objeto perdido? Talvez perante uma infância repleta de repressões? Acontece que ela não somente se isolava do mundo; ela não se entregava a ele. Permanecia nesse limbo, onde suas emoções estavam amortecidas, protegidas por um ego frágil que não suportava mais o peso de ser genuíno. A cada sessão, eu me via tentando penetrar essa barreira, procurando alguma brecha que me permitisse acessar seu verdadeiro self, mas as defesas estavam sempre lá, rígidas, imóveis.

No fundo, eu sabia que essa armadura que ela vestia era a única coisa que impedia seu colapso total. Mas, ao mesmo tempo, era o que a mantinha presa, incapaz de integrar suas experiências de uma forma que a fizesse crescer e amadurecer emocionalmente. Havia uma espécie de paradoxo nessa situação: o que a protegia também a impedia de viver em plenitude.

Certo dia, no meio daquela rotina monótona e quase desesperançada, ela mencionou que gostava de decoração. Foi um pequeno detalhe, quase despercebido, mas para mim foi como encontrar uma porta entreaberta em uma casa escura. Com uma sensação de risco controlado, virei a câmera do meu computador para mostrar um quadro novo que eu havia comprado para o meu consultório, algo que eu havia escolhido com cuidado, buscando uma nova perspectiva para o espaço.

Ela, com um sorriso tímido, fez o mesmo. Virou a câmera dela e começou a me mostrar algumas obras de arte que tinha em casa, pedaços de sua vida que até então estavam escondidos, assim como seu verdadeiro self. As paredes brancas, que antes pareciam refletir a aridez das nossas conversas, de repente, ganharam cor, e ali, naquela troca aparentemente simples, senti que algo havia mudado. Pela primeira vez, parecia que ela permitia que um pedaço dela fosse visto, sem a armadura.

Mas uma dúvida me assombrou: isso seria analítico? Estávamos traindo o processo, deixando que o concreto – a decoração, as cores, os quadros – invadisse o espaço simbólico da análise? Ou será que, naquele pequeno gesto, havia um vislumbre de algo mais profundo, uma brecha na fachada que ela tanto se esforçava para manter intacta?

Como os leitores puderam notar durante a leitura destas páginas, eu decidi não nomear a paciente. Porque a verdade é que a depressão, essa sombra persistente, não se prende a nomes, rostos, idades ou histórias de vida específicas. Ela é uma força silenciosa, que atravessa todas as barreiras sociais, e que pode transformar até a pessoa mais vibrante em um vulto pálido de si mesma. Minha paciente poderia ser qualquer um. Poderia ser uma amiga, um vizinho, ou até mesmo eu. Ela era o reflexo de uma dor universal, uma dor que não escolhe vítimas, mas que se instala onde encontra uma brecha – mínima que seja.

Ao decidir mudar a dinâmica do *setting*, eu estava arriscando mais do que apenas uma quebra da estrutura analítica tradicional. Estava jogando uma nova luz sobre aquela relação, introduzindo uma variável que poderia tanto abrir um caminho quanto fechar outros. Mas havia algo na troca de olhares entre as câmeras, na revelação tímida das obras de arte, que parecia mais importante do que qualquer regra teórica. Estava desafiando o limite entre o que é considerado "analítico" e o que é simplesmente humano.

A verdade é que, naquele momento, eu não sabia se estava ajudando ou se estava me perdendo na tentativa de trazer alguma vida àquele vazio. Eu sabia, entretanto, que estava caminhando em um território incerto, onde a linha entre o que cura e o que pode machucar se torna tênue. Mas, em meio a essa incerteza, vi um pequeno lampejo. E, mesmo sem saber o desfecho, decidi confiar nesse movimento, trazendo algo de real, de tangível, para o espaço entre nós. Afinal, como dizia Winnicott (1962/2022): "Em análise se pergunta: quanto se deve fazer? Em contrapartida, na minha clínica o lema é: quão pouco é necessário fazer?" (p. 212).

Referências

Almeida, A. P., & Naffah Neto, A. (2022). O estágio da concernência e a elaboração do complexo de Édipo: revisitando Winnicott e o caso Piggle. *Psicologia Revista*, *31*(1), 27-50.

Fulgencio, L. (2024). Vulnerabilidade e resiliência. In L. Fulgencio & L. V. Humberg, *Desenvolvimento emocional e prática psicoterápica na perspectiva psicanalítica de D. W. Winnicott*. Blucher.

Moraes, A. A. R. E. (2010). A defesa do falso si-mesmo e os estados depressivos. *Winnicott e-prints*, *5*(1), 1-16.

Naffah Neto, A. (2022). Darkness visible: uma interpretação da patologia depressiva a partir de D.W. Winnicott. In A. P. Almeida & A.

Naffah Neto (Orgs.), *Perto das trevas: a depressão em seis perspectivas psicanalíticas.* Blucher.

Plath, S. (2019). *A redoma de vidro* (*E-book*). Biblioteca Azul.

Rosa, J. G. (2024). *Primeiras estórias* (*E-book*). Global Editora.

Winnicott, D. W. (2019). *O brincar e a realidade.* (Trabalho original publicado em 1971).

Winnicott, D. W. (2021a). Desenvolvimento emocional primitivo. In D. W. Winnicott, *Da pediatria à psicanálise.* Ubu. (Trabalho original publicado em 1945).

Winnicott, D. W. (2021b). Vivendo criativamente. In D. W. Winnicott, *Tudo começa em casa.* Ubu. (Trabalho original publicado em 1963).

Winnicott, D. W. (2022). Os objetivos do tratamento psicanalítico. In D. W. Winnicott, *Processos de amadurecimento e ambiente facilitador.* Ubu. (Trabalho original publicado em 1962).

12. Uma leitura winnicottiana do suicídio: vida e obra de Virginia Woolf

Alexandre Patricio de Almeida

Um breve percurso sobre a vida da autora

Se você não contar a verdade sobre si mesmo, você não pode contar a verdade sobre as outras pessoas.

(Woolf, 1940/2021, tradução minha)

A vida de Virginia Woolf foi marcada por experiências que ela chamava de "choques" – eventos que, em termos psicanalíticos, podem ser vistos como traumas. No livro *Um esboço do passado*,[1] recentemente traduzido para o português, Woolf revela o impacto desses eventos, afirmando: "E, portanto, eu vou mais longe e imagino que a capacidade de receber choques é o que me faz escrever" (Woolf, 2020,

1 *Um esboço do passado* (*A sketch of the past*) foi escrito por Virginia Woolf entre 1939 e 1940, durante os últimos anos de sua vida, como parte de suas memórias. Embora tenha sido redigido nesse período, o texto só foi publicado postumamente, em 1976, dentro da coletânea *Momentos de vida* (*Moments of being*), organizada por Jeanne Schulkind. Essa obra reúne escritos autobiográficos de Woolf, em que ela discorre sobre sua infância, sua família e os traumas que marcaram sua vida pessoal e literária.

pp. 26-27). Esses traumas geraram um horror paralisante, levando a colapsos físicos e emocionais. Longe de serem episódios isolados, essas vivências moldaram sua sensibilidade criativa e a empurraram para abismos psíquicos, refletidos tanto em sua obra quanto em seu desfecho trágico.

Podemos observar, em sua trajetória, momentos que variam desde situações simples até experiências profundamente complexas. Um exemplo marcante é o episódio em que Virginia, prestes a golpear seu irmão Thoby[2] numa discussão, foi subitamente tomada por uma sensação avassaladora de impotência e tristeza. A memória dessa ocasião nunca se apagou:

> *No momento em que levantei o punho para acertá-lo, pensei: por que machucar outra pessoa? Abaixei a mão instantaneamente e fiquei ali, imóvel, deixando que ele me batesse. Eu me lembro da sensação. Era uma tristeza desesperançada. Como se eu tivesse tomado consciência de alguma coisa terrível, e da minha própria impotência. Eu me esgueirei para longe, sozinha, terrivelmente deprimida. (Woolf, 2020, p. 25)*

A meu ver, essa passagem revela um padrão psíquico recorrente em sua vida: a tensão constante entre o impulso de agir e a paralisia emocional que a fazia recuar. Acredito que o ato de escrever era aquilo que a mantinha "viva", mas, quando as palavras não apareciam para dar sentido aos seus traumas, o desespero a dominava. Virginia costumava cair em profundas crises melancólicas após terminar e enviar seus romances para publicação, passando meses acamada. Por essa razão, sua vasta produção pode ser compreendida tanto como um refúgio quanto como uma armadilha. Aliás, é a própria autora que

---

2 Julian Thoby Stephen era o irmão mais velho de Virginia Woolf. Thoby nasceu em 1880, enquanto Virginia nasceu em 1882.

confessa: "Sinto que ao escrever estou fazendo algo que é muito mais necessário do que qualquer outra coisa" (Woolf, 2020, p. 28).

De modo geral, podemos dizer que, em *Um esboço do passado*, Woolf desenvolve um material que pode ser entendido como uma tentativa de atravessamento do traumático. Nessas páginas, acompanhamos o seu esforço constante de "reviver" e de "elaborar" muitos desses traumas, quase como se os expusesse em carne viva. Ao reconstruí-los literariamente, ela buscava curar uma ferida que as palavras sozinhas não eram capazes de cicatrizar.

A infância de Virginia foi tecida pelo contraste entre o brilho de uma educação intelectual excepcional e a escuridão das sombras deixadas por cenas de violência e por perdas imensuráveis. Nascida em 1882, em uma família de intelectuais renomados, ela teve, desde criança, acesso a um universo cultural que poucos poderiam sonhar. Seu pai, Sir Leslie Stephen, era um crítico literário de prestígio, e sua mãe, Julia Stephen, possuía laços profundos com o meio artístico, o que proporcionava a Virginia uma proximidade natural com autores e pensadores da época. Ela cresceu cercada por livros e figuras importantes da literatura, como Henry James e Thomas Hardy – experiência que, sem dúvida, influenciou sua mente criativa desde muito jovem.

Os verões em Talland House – vividos entre os anos de 1882 e 1894 –, na Cornualha, representavam um raro momento de liberdade e alívio para Virginia. Distante do ambiente rígido de Londres, ela encontrava na costa rochosa e nas paisagens abertas um escape. Essa dualidade entre a opressão emocional do lar urbano e a sensação de expansão proporcionada pela natureza seria um tema recorrente em sua obra, particularmente em *Ao farol* (1927) – em que vemos as paisagens da Cornualha serem evocadas como um reflexo da nostalgia e da saudade.[3]

3 Cito-a: "Quando penso na manhãzinha na cama também ouço o grasnar das gralhas vindo de uma grande altura. O som parece cair por um ar elástico, pegajoso;

Entretanto, a perda de sua mãe, em maio de 1895, quando ela tinha apenas 13 anos, foi um ponto de virada na sua história. Sua reação à morte de Julia foi devastadora, desencadeando sua primeira crise de depressão; uma luta interna que a acompanharia por toda a sua existência. Durante o velório, ela observou uma enfermeira chorando, o que lhe provocou um riso nervoso e incontrolável, seguido por um súbito medo e, logo depois, uma alucinação, como ela expõe no seguinte trecho:

> *"Quando vejo a mamãe, vejo um homem sentado ao lado dela". Stella me olhou como se eu a tivesse assustado. Teria eu dito aquilo para chamar atenção? Ou seria mesmo verdade? Não tenho certeza, pois certamente eu sentia um grande desejo de chamar atenção. Mas certamente era verdade que quando Stella disse: "Desculpe", e com isso evocou a imagem da minha mãe, tive a impressão de ver um homem sentado, debruçado na beira da cama. (Woolf, 2020, p. 58)*

Apenas dois anos depois, a morte de sua meia-irmã Stella Duckworth,[4] outra figura materna para ela, agravou ainda mais o seu sofrimento psíquico.

Em 1902, Virginia começou a escrever ensaios, preparando-os para uma futura publicação. Em janeiro de 1904, seu primeiro artigo

---

que o apara; que o impede de ser claro e distinto. A qualidade do ar acima de Talland House parecia deixar o som suspenso, e ele afundava lentamente, como se preso em um véu azul pegajoso. O grasnar das gralhas faz parte das ondas quebrando – uma, duas, uma, duas – e do som da água quando as ondas recuavam e depois se reuniam, e eu deitada ali, meio acordada, meio adormecida, arrebatada por um êxtase tamanho que sou incapaz de descrever" (Woolf, 2020, p. 18).

4 Stella Duckworth, meia-irmã de Virginia Woolf, faleceu em 1897 devido a uma peritonite, uma inflamação grave do revestimento abdominal que surgiu após complicações de uma cirurgia.

foi publicado no suplemento feminino do jornal *The Guardian*. Pouco tempo depois, em fevereiro de 1904, seu pai faleceu em decorrência de um câncer, marcando um momento de ruptura na vida da escritora. Dez semanas após a morte do pai, ela sofreu seu segundo colapso mental, do qual só se recuperaria no final daquele ano.

Em novembro de 1906, seu irmão mais velho, Thoby, adoeceu de febre tifoide durante uma viagem à Grécia e morreu pouco antes de completar 26 anos. Essa perda foi particularmente devastadora para Virginia.

Além dessas tragédias, Virginia também carregava o profundo trauma do abuso sexual infligido por seu meio-irmão, Gerald Duckworth. Ela descreve esse episódio com imenso pesar:

> *Certa vez, quando eu era bem pequena, Gerald Duckworth me colocou ali sentada e começou a explorar o meu corpo. Eu me lembro da sensação da mão dele enfiando-se por baixo das minhas roupas; descendo mais e mais, firme e continuamente. Eu me lembro de como eu torci para que ele parasse; de como eu enrijeci o corpo e de como me contorcia quando sua mão se aproximou das minhas partes íntimas. Mas ele não parou. . . . Eu me lembro do meu ressentimento, do meu desgosto – qual a palavra para um sentimento tão estupefato e complexo? (Woolf, 2020, p. 22)*

Tais eventos foram inicialmente silenciados e ignorados devido à forte influência da cultura vitoriana que predominava no ambiente em que Woolf vivia.[5] Naquele contexto, a reputação dos homens

5 Podemos, aqui, pensar na noção de *desmentido*, desenvolvida por Sándor Ferenczi, que se refere à negação da realidade traumática pela figura adulta (pelo ambiente) que deveria dar suporte à criança. Ao relatar o trauma, a criança busca um adulto confiável para validar sua experiência e ajudá-la a simbolizar a dor. No entanto, esse adulto, incapaz de lidar com o relato, desmente a história, tratando-a

de "famílias respeitáveis" frequentemente tinha mais peso do que as denúncias de abuso, fazendo com que acusações como essas fossem ignoradas ou desvalorizadas. Segundo algumas biógrafas (DeSalvo, 1989; e Bell, 1972), o abuso só cessou quando sua irmã Vanessa[6] relatou os episódios a um médico, trazendo à tona o que havia sido varrido para debaixo do tapete familiar.

Esse acontecimento traumático aparece de forma marcante em suas produções, especialmente em sua crítica às dinâmicas de poder e às questões de gênero. No influente ensaio "Um teto todo seu" (1929), Woolf argumenta a favor da autonomia feminina, econômica e criativa, defendendo que esse espaço próprio é essencial para que as mulheres possam florescer como artistas e escritoras.

Aos 30 anos, Virginia se casou com Leonard Woolf, um amigo de seu irmão Thoby, com quem havia estudado em Cambridge. O casamento, celebrado em agosto de 1912, foi uma união que trouxe tanto estabilidade quanto desafios emocionais intensos. Leonard desempenhou um papel crucial em sua vida, especialmente no que dizia respeito ao suporte emocional e à parceria intelectual que os dois construíram ao longo dos anos. Logo após o casamento, porém, Virginia enfrentou uma crise depressiva severa, culminando em uma tentativa de suicídio em 1913.

Para ela, o casamento parecia intensificar sua vulnerabilidade psíquica. Leonard, por sua vez, cuidava da esposa com uma dedicação

---

como fruto da imaginação infantil. O desmentido impede a inscrição psíquica do trauma, deixando apenas vestígios sensoriais no corpo, sem representação mental. Ferenczi destaca que esse processo de *desmentido* cria uma dissociação na criança: um "eu que sabe" e um "eu que sente", desconectados entre si, o que contribui para a perpetuação da traumatização, levando à identificação com o agressor e à internalização da culpa (ver Ferenczi, 1933/2011; e Almeida, 2023a).

6 O nome completo de Vanessa, irmã de Virginia Woolf, é Vanessa Bell, nascida Vanessa Stephen. Ela adotou o sobrenome Bell após se casar com Clive Bell, um crítico de arte.

constante, especialmente durante suas crises. Ele monitorava sua saúde, equilibrando suas próprias responsabilidades como escritor e editor com o cuidado que Virginia exigia. Essa dinâmica criou um tipo de cumplicidade que ia além do romance tradicional. Leonard ajudava Virginia a se recuperar após seus colapsos, sobretudo nos momentos em que ela terminava um livro, quando as crises emocionais se tornavam mais frequentes – conforme já mencionado.

Em 1917, o casal fundou a Hogarth Press, que não somente publicou as obras de Virginia, mas também deu espaço a autores influentes, como T.S. Eliot e Sigmund Freud. O projeto editorial foi um alicerce importante para ambos, sendo uma saída criativa que serviu como um ponto de estabilidade emocional para Virginia.

Alguns anos depois, ao escrever *Ao farol*, em 1926, Virginia afirma que, ao finalizar o livro, conseguiu finalmente libertar-se da obsessão pela mãe:

> *Mas escrevi o livro com grande rapidez; e depois de escrito, deixei de me sentir obcecada pela minha mãe. Já não mais escuto a sua voz; já não a sinto. Suponho que fiz comigo mesma o que os psicanalistas fazem com seus pacientes. Expressei alguma emoção antiga e profunda. E, expressando-a, eu a expliquei e em seguida lhe dei descanso. (Woolf, 2020, p. 40)*

Entretanto, a escrita de *Ao farol* não foi capaz de reparar completamente os danos profundos gerados em seu psiquismo. Mesmo após o término do romance, a autora continuava em busca de palavras que pudessem *preenchê-la*.

Enquanto se dedicava a escrever *Entre os atos* (1941), sua última obra, Virginia registrou em seu diário o quanto se sentia sobrecarregada pela dificuldade de concluir o último capítulo. Ela descrevia a sensação de não conseguir avançar, como se cada frase redigida exigisse um esforço descomunal. Esse trabalho, produzido em um período de grande fragilidade, escancarou o auge da fragmentação do seu self – o que tornava o seu processo criativo ainda mais angustiante.

Uma leitura mais atenta demonstra que, no decorrer deste livro, Virginia projetava aspectos da sua própria personalidade em cada uma das personagens femininas, possivelmente como uma tentativa de se identificar e, de certa forma, se encontrar. Todavia, essas identificações, em vez de oferecerem uma base sólida ou trazerem uma sensação de integração, apenas ressaltavam o seu colapso psíquico. As figuras femininas que ela criou refletiam partes de si mesma, mas não eram capazes de lhe proporcionar a consistência emocional que tanto almejava.

Grosso modo, as imagens narcísicas nas quais Virginia tentava se espelhar desmoronavam, impedindo-a de criar uma unidade identitária. Sua própria imagem no espelho, metáfora do eu integrado, se dissolvia. Ou seja, quanto mais Virginia se aprofundava em seu trabalho, mais ela se afastava do que realmente procurava: o reencontro com algo irrecuperável. Era como se uma hemorragia emocional tomasse conta do seu ser, e a escrita fosse sua única forma de tentar estancá-la. No fim das contas, o ato de escrever representava um remendo frágil sobre uma ferida que, apesar dos esforços, jamais se fecharia por completo:

> *O passado só retorna quando o presente transcorre tão suavemente que mais parece o deslizar da superfície de um rio. Então se enxergam as profundezas, mais além da superfície. Pois o presente, quando sustentado pelo passado, torna-se mil vezes mais profundo do que o presente quando está tão próximo que não é possível sentir mais nada, quando o filme da câmera atinge meramente o olho. Mas é preciso paz para sentir o presente deslizando sobre as profundezas do passado.* (Woolf, 2020, p. 67)

Em seus diários, especialmente no registro de 15 de setembro de 1926, Virginia descreve sua depressão como uma "onda avassaladora". Esse movimento da onda, que cresce, inunda e depois se desfaz, é a representação perfeita de como o desespero dominava seu corpo e sua mente:

> *Acordei às três horas. Ah, está começando. Está vindo – o horror – como uma onda dolorosa que incha na região do coração; ela me sacode. Sou infeliz, derrotada – Meu Deus, eu queria estar morta!... A onda se ergue e se quebra. Queria estar morta! (Woolf, 1989, p. 134)*

Na minha concepção, penso que o peso real dessa dor consistia na incompreensão da sua origem; na incapacidade de localizar uma causa clara para *aquilo* que a consumia. Sem respostas ou alívio, a melancolia se transformava em uma presença constante, implacável, que a assombrava e a levava cada vez mais para dentro de um ciclo sombrio, do qual não havia escapatória, apenas uma descida lenta e persistente para as profundezas do desespero.

A experiência de Virginia com a depressão era, portanto, de puro horror. Em suas palavras: "É tão estranho, para mim, não ser capaz de expressar isso de maneira adequada – a depressão, quero dizer, que surge, não de algo claro, mas do nada. *Onde há nada*" (Woolf, 1989, p. 135, grifo meu). Entendo que esse "nada" pode ser interpretado como um reflexo da sensação de estar desconectada do mundo ao seu redor. Para Woolf, a vida seguia seu curso, mas ela observava tudo por meio de uma lente distorcida pela melancolia. Logo, cada tentativa de se reconectar consigo mesma e com os outros era como ser tragada de volta por essa força invisível que corroía lentamente qualquer vestígio de sanidade.

Isso posto, minha proposta neste trabalho é a de estabelecer uma articulação entre a vida de Virginia Woolf e a psicanálise winnicottiana, explorando, principalmente, a temática do suicídio.

O suicídio para Winnicott

Winnicott, ao longo de sua obra, embora não tenha dedicado um artigo exclusivo ao tema do suicídio, produziu inúmeras reflexões que apontam para essa questão de forma recorrente. A complexidade dos casos que atendeu e o caráter delicado de muitos dos seus pacientes – aspectos que abordamos no decorrer deste livro – o levaram a manter uma atenção constante sobre o risco de suicídio. Logo, suas citações sobre o tema estão distribuídas em grande parte de seus escritos.

Em diversos momentos, Winnicott destaca os perigos que cercam pacientes em estado de extrema vulnerabilidade, especialmente aqueles que estão vivendo períodos de regressão a fases iniciais de dependência, ou cuja doença está disfarçada por uma aparência de normalidade. Ele sublinha que o suicídio (ou a tentativa) pode surgir não apenas em quadros de psicose ou depressão grave, mas também em transtornos que envolvem uma interrupção no processo de amadurecimento, como nas tendências antissociais, sintomas psicossomáticos e até mesmo nas neuroses. O risco, portanto, não é exclusivo dos quadros extremos, mas pode estar presente em diversos níveis de sofrimento psíquico, exigindo do analista uma sensibilidade aguçada para captar os sinais.

Winnicott nos chama atenção para o fato de que o impulso autodestrutivo pode aparecer cedo na vida de uma pessoa, muitas vezes encoberto por comportamentos aparentemente inofensivos. Ele menciona, por exemplo, uma criança que compulsivamente esfrega os olhos, ou um menino que desenha repetidamente um navio afundando, com o capitão preso a bordo – uma imagem que simboliza a iminente sensação de desesperança e de autodestruição. Esses gestos autodestrutivos, tão sutis, podem se estender além da infância, aparecendo também durante a adolescência, quando surge a busca por uma identidade.

A possibilidade do suicídio, segundo Winnicott, ocorre quando o processo de amadurecimento é interrompido. Isto é, quando o indivíduo é impedido de se desenvolver plenamente, o risco de autodestruição aumenta. A concretização desse impulso, contudo, não consiste em uma fatalidade, mas depende, em grande parte, da capacidade de recriar as condições necessárias para que esse processo de amadurecimento possa ser retomado. Em outras palavras, o suicídio se torna mais provável na medida em que as necessidades de desenvolvimento do indivíduo permanecem frustradas e sem solução.

Ao analisar o ato suicida, é essencial considerar a cisão entre o verdadeiro e o falso self. O falso self, criado como uma defesa para proteger o verdadeiro self das demandas e falhas do ambiente, pode levar a uma existência inautêntica, *desconectada* das emoções e da espontaneidade. Essa desconexão, quando prolongada, pode gerar um sentimento profundo de vazio e de inutilidade, abrindo caminho para pensamentos autodestrutivos. Alguns recortes da autobiografia de Virginia (2020) elucidam essa condição: "Quando criança, então, meus dias, tal como hoje, continham uma grande proporção desse algodão, desse não ser" (p. 25); "Teve o momento da poça no meio do caminho; quando, por nenhum motivo que eu tenha sido capaz de descobrir, subitamente tudo se tornou irreal; fiquei em suspensão; não pude saltar a poça; tentei segurar algo... o mundo inteiro tornou-se *irreal*" (p. 35, grifo meu).

Em situações nas quais o ambiente falha em proporcionar o suporte necessário para o desenvolvimento do self, a única defesa disponível pode ser o completo isolamento do verdadeiro self. Isso acontece por meio da construção de um falso self submisso, que se relaciona com o mundo externo apenas de maneira superficial. Em muitos casos, os sinais de que existe um verdadeiro self oculto podem ser sutis. No entanto, em quadros mais graves, até mesmo esses indícios podem desaparecer, deixando o verdadeiro self inacessível ao próprio indivíduo – aprisionando-o em uma vida de aparências.

Paradoxalmente, quanto mais eficaz for essa defesa, maior o risco de aniquilamento do verdadeiro self, que permanece oculto, incapaz de viver plenamente.

Com Winnicott, aprendemos que o conceito de saúde se amplia consideravelmente. "A saúde não pode ser confundida com boa adaptação, e muito menos com uma fuga para a sanidade" (Gurfinkel, 2016, p. 21). "O bom comportamento ou a boa adaptação ao meio externo podem ser sinônimos de um puro (e retórico) mimetismo da realidade social, resultante da condição insuportável de não poder experimentar o viver verdadeiro" (Almeida & Checchia, 2020, p. 210).

Winnicott (1960/2022) descreve cinco níveis de organização dessa defesa, desde os casos mais extremos – em que o verdadeiro self está tão profundamente enterrado que o indivíduo não percebe sua própria perda – até os casos mais leves – nos quais o falso self desempenha um papel útil na interação com o mundo exterior. Gostaria de citar aqui a terceira variação, que é a que mais nos interessa nessa discussão:

> *3. Mais próximo da normalidade: o falso self tem como interesse principal a procura de condições que viabilizem a independência do self verdadeiro. Se essas condições não podem ser encontradas, então novas defesas têm de ser reorganizadas contra a espoliação do self verdadeiro, e se houver dúvida o resultado clínico é o suicídio. Suicídio nesse contexto é a destruição do self total para evitar a aniquilação do self verdadeiro. Quando o suicídio é a única defesa que resta contra a traição do self verdadeiro, então se torna tarefa do falso self organizar o suicídio. Isso, naturalmente, envolve sua própria destruição, mas ao mesmo tempo elimina a necessidade de sua existência ser prorrogada, já que sua função é a proteção do self verdadeiro contra lesões. (Winnicott, 1960/2022, p. 181)*

Nesse nível, o indivíduo vive, por assim dizer, uma vida dupla: externamente, aparenta funcionalidade, mas, internamente, sua sensação de autenticidade só se manifesta em momentos privados e secretos. Essa divisão cria uma constante sensação de perda e incompletude, pois cada tentativa de se conectar verdadeiramente com o mundo parece falhar antes de se concretizar. A vida se torna uma sequência de tentativas frustradas de realização, deixando o indivíduo em um estado de suspensão, sempre à beira do abismo do aniquilamento.

Lembremos que a linhagem winnicottiana não trabalha com a noção de "instinto (pulsão) de morte". No seu modelo de desenvolvimento, ele compreende o suicídio como uma tentativa de escapar de uma desesperança esmagadora, resultado de interrupções muito precoces no processo de amadurecimento. Nesses casos, o verdadeiro self não consegue se sentir criativo ou autêntico, o que faz com que a pessoa perca a sensação de estar realmente viva. A fantasia suicida seria, então, uma maneira de tentar reviver algo que deveria ter sido vivido durante a infância, mas que não foi processado, pois a psique ainda não estava suficientemente desenvolvida para isso. Dito de outra forma, se o ambiente não for capaz de reparar essas falhas iniciais, o falso self pode recorrer ao suicídio para evitar a manifestação de um verdadeiro self que se sente aniquilado (Faria, 2007).

Com efeito, a identificação clínica de um falso self patológico é crucial, e Winnicott enfatiza a importância de um diagnóstico cuidadoso; o analista deve reconhecer a presença do falso self como a principal barreira para o progresso da análise. Se o analista não entender essa dinâmica, o risco é de que ambos, paciente e psicoterapeuta, passem anos trabalhando em torno de um falso self, acreditando estar promovendo um tratamento, enquanto, na verdade, estão apenas reforçando uma defesa insustentável.

Os perigos associados a esse tipo de defesa podem ser minimizados caso o analista compreenda a complexidade do falso self, evitando, assim, cair na armadilha de tratar o paciente com base em premissas metapsicológicas tradicionais – que se concentram exclusivamente na interpretação do inconsciente. O verdadeiro desafio desse tipo de clínica consiste, a meu ver, em ir além das interpretações superficiais e penetrar na estrutura defensiva do falso self, para que o verdadeiro self possa finalmente emergir.

A análise focada exclusivamente no incentivo à ação pode, em contrapartida, aumentar a desconexão entre o paciente e o seu verdadeiro self, confirmando sua desesperança e a sensação de que sua dor permanecerá incomunicável. Ao invés de abrir espaço para uma comunicação mútua, essa técnica pode intensificar o sentimento de solidão e, por conseguinte, de desespero.

O risco se torna ainda mais elevado quando o falso self, estruturado como uma defesa sofisticada, passa a dominar a mente do indivíduo, separando-a da psique de uma maneira que requer extrema atenção do analista. Winnicott (1949/2021)[7] distingue claramente essa diferença entre mente e psique, especialmente nesses casos em que o falso self mentaliza a realidade de forma tão eficiente que pode enganar até o analista. Esse tipo de defesa demanda um esforço redobrado, pois o terapeuta pode facilmente se perder nas armadilhas intelectuais criadas pelo paciente, sendo levado a interações que apenas reforçam o falso self, ao invés de possibilitar a expressão do verdadeiro self.

É essencial destacar, aqui, a recomendação de Winnicott sobre a cautela na escolha dos profissionais que tratam pacientes com essa organização defensiva. Ele adverte que esses analisandos não devem

7 Cito o autor: "A mente não existe como entidade no esquema individual das coisas, contanto que o esquema corporal ou o psicossoma desse indivíduo tenha evoluído satisfatoriamente desde os estágios mais primitivos. A mente, então, é apenas um caso especial do funcionamento do psicossoma. No estudo do indivíduo em desenvolvimento, a mente será frequentemente percebida como desenvolvendo uma *falsa entidade*, e uma *falsa localização*" (Winnicott, 1949/2021, p. 409, grifos do autor).

ser encaminhados para analistas que estão nos anos iniciais de formação, especialmente aqueles que ainda dependem do reconhecimento profissional e cujas intervenções são baseadas apenas em premissas superficiais.[8]

Analistas inexperientes tendem a ser "seduzidos" pelo aparente sucesso de suas interpretações, sem perceber que estão, na verdade, alimentando as defesas do falso self (que responde de forma precisa às expectativas do terapeuta). Como o afirma o nosso autor: "Analistas que não estão preparados para satisfazer as grandes necessidades dos pacientes que se tornam dependentes desse modo devem ter cuidado ao escolher seus casos, a fim de que não incluam entre eles tipos com falso self" (Winnicott, 1960/2022, p. 192). Obviamente, o autor inglês está se referindo aos quadros *mais complexos*, em que há predominância de um falso self cindido e patológico.

Quando as intervenções parecem não surtir efeito, se faz necessária a *presença viva* do analista. Esse estar junto, esse ato de simplesmente permanecer ao lado do paciente, oferece um fio de esperança, mesmo diante do caos. O analista, assim como uma mãe suficientemente boa, que acolhe o bebê em sua totalidade antes que ele possa

---

8 Neste ponto, vale um questionamento: quando estamos, de fato, realmente "prontos"? A formação do analista é, conforme já discuti em outros textos (Almeida, 2022, 2023b), um projeto de vida pautado no seu processo de análise pessoal, acompanhado do rigor dos estudos teóricos e da supervisão dos seus casos clínicos – preferencialmente em grupo. Ogden (2001), nesse sentido, afirma: "Minha disposição em assumir essa responsabilidade parecia facilitar a capacidade do paciente de experienciar a plena intensidade de seus sentimentos. Era minha responsabilidade fornecer um ambiente confiável que garantisse a sobrevivência física e psicológica do paciente durante esse período de fragmentação iminente. Eu não teria feito tal afirmação se não acreditasse que, como consequência do meu treinamento e experiência, eu poderia oferecer a presença física e emocional necessária durante a sessão e nos dias e meses que se seguiriam. Existe uma parte muito importante e prática no fato de o analista fornecer um enquadramento analítico adequado ao trabalhar com pacientes à beira de uma fragmentação psicótica" (p. 101).

sequer se perceber como humano, se torna o sustentáculo que impede o colapso definitivo. Essa presença silenciosa, mas *ativa*, pode ser aquilo que faz toda a diferença no processo, proporcionando ao paciente a sensação de que, apesar de tudo, ele não está sozinho, e que, por mais tênue que seja, há um caminho para a verdadeira recuperação. Safra (2005) sintetiza esse processo, afirmando que:

> *O analista, nessa situação, fornece as funções buscadas pelo paciente para que ele dê continuidade ao desenvolvimento de si mesmo. São momentos em que observamos, na análise, a ocorrência de um fenômeno de significação e de articulação simbólica. Mais do que um processo de deciframento das produções do paciente, há uma apresentação do* self *em gesto e em formas imagéticas (formas sensoriais) sustentados pela relação transferencial, na qual o indivíduo se constitui e se significa frente ao outro. (p. 14)*

Entre o falso self *e o aniquilamento*

Inicio esta última parte do meu texto com a carta que Virginia deixou para Leonard, pouco antes de tirar a própria vida, na manhã de 28 de março de 1941. Nela, a autora expressa sua gratidão e amor por ele e, também, descreve o fato de que sua mente não conseguia mais suportar tanto sofrimento:

> *Começo a ouvir vozes e não consigo me concentrar. Por isso estou fazendo o que me parece a melhor coisa. Você me deu a maior felicidade possível. Você foi, sob todos os aspectos, tudo o que alguém poderia ser. Acho que não existiam duas pessoas mais felizes, antes de aparecer essa terrível doença. Não consigo mais lutar. (Woolf, 1941/2014, p. 49)*

Quando analisamos a história da autora, podemos pensar que os seus impulsos agressivos destrutivos não foram devidamente integrados (apropriados), possivelmente em decorrência de falhas precoces no ambiente, que deveria ter fornecido o suporte emocional necessário – em outras palavras, deveria ter "sobrevivido".[9] Além disso, o ambiente primário de Virginia pode ter sido insuficiente para sustentar o seu processo de integração, o que contribuiu para um sentimento contínuo de vazio.

Como vimos, Woolf viveu uma vida marcada por intensas crises emocionais, que oscilavam entre a melancolia profunda e períodos de euforia criativa. Essas fases de alta energia e produção literária, por vezes interpretadas como crises maníacas, eram seguidas de um mergulho na depressão. Seus momentos de mania, nos quais parecia haver uma explosão de criatividade e produtividade, poderiam ser vistos como uma última tentativa inconsciente – ou seja, um mecanismo de defesa – de fazer o verdadeiro self emergir, mesmo que de forma caótica.

Durante esses períodos, Virginia afundava em sua escrita como se precisasse desesperadamente organizar sua fragmentação interna. Ela produzia romances, ensaios e diários com uma rapidez que desafiava o tempo e a estruturação mental comum. No entanto, essas fases de intensa criação, como a própria autora relatou, eram seguidas de um colapso inevitável. É como se, ao colocar todas as suas energias no ato de escrever, ela estivesse tentando costurar pedaços de si mesma, tentando

---

9 Lembremos que, para Winnicott, o conceito de "sobrevivência do objeto" refere-se à capacidade do ambiente, especialmente a mãe ou o cuidador, de resistir aos ataques ou à destrutividade da criança sem retaliar ou abandoná-la emocionalmente. Isso permite que a criança experimente suas próprias tendências destrutivas de forma segura, sabendo que o ambiente permanece presente e acolhedor. A sobrevivência do cuidador confirma à criança que os seus impulsos agressivo-destrutivos não são onipotentes, o que facilita o desenvolvimento do verdadeiro self e a apropriação desses impulsos. Conferir, nesse sentido, os Capítulos 1, 10 e 11 presentes neste livro.

evitar que o verdadeiro self fosse sufocado pela sensação constante de isolamento e de perda que a acompanhava desde a infância.

Diante dessas hipóteses, o leitor, assim como eu, pode estar se perguntando: qual era o papel de Leonard nesse contexto tão delicado? Embora estejamos analisando Virginia sob uma ótica winnicottiana, é importante notar que ela *possivelmente* poderia se sentir culpada pelos cuidados recebidos de Leonard. Em termos ferenczianos, parece que Virginia vivia uma "identificação com o agressor". Essa culpa funcionava como uma espécie de "vírus emocional", contaminando-a sempre que experimentava algum grau de alegria ou bem-estar.

Explico melhor: para Ferenczi, diante de uma situação de violência, a criança, sem recursos para resistir à vontade do agressor, muitas vezes membro de sua própria família, acaba se submetendo, *passivamente*, aos atos violentos. A única saída disponível é a identificação com o agressor. Nesse processo, a criança deixa de lutar e adota o desejo do abusador, esquecendo-se de si mesma e "identificando-se totalmente com o agressor" (Ferenczi, 1933/2011, p. 117).

Segundo o autor, a identificação se dá pela introjeção, na qual o abusador deixa de ser uma realidade externa e passa a habitar a psique da criança, transformando-se em uma figura interna. Esse "espectro" pode assumir a forma de um superego tirânico e destrutivo, que controla e pune a vítima.

Ferenczi também argumenta que essa identificação é alimentada tanto pela violência quanto pelo fato de que o agressor, muitas vezes, sente culpa após os atos, porém, não a reconhece conscientemente. Assim, essa culpa é "transferida" para a vítima, que passa a assumir uma responsabilidade que nunca foi sua.[10]

---

10 Nas palavras de Ferenczi (1933/2011): "Se a criança se recupera de tal agressão [do abuso sexual], ficará sentindo, no entanto, uma enorme confusão; a bem dizer, já está dividida, ao mesmo tempo inocente e culpada, e sua confiança no testemunho de seus próprios sentidos está desfeita. Some-se a isso o comportamento

Os abusos e traumas que Virginia sofreu, muitos deles não elaborados ou sequer representados, a feriram em um nível tão profundo que o mal-estar emocional se tornou uma força corrosiva, consumindo-a de dentro para fora. Em outro trecho de sua autobiografia, ela confessa: "Eu me vejo como um peixe numa correnteza; retido; *imobilizado*; porém, incapaz de descrever a correnteza" (Woolf, 2020, p. 39, grifo meu).

O trauma, convém salientar, pertence à dimensão do indizível, do não representável. Ele não é inscrito no psiquismo. Sendo assim, quando o verdadeiro self de Virginia emergia, ele se mostrava confuso, ferido, colapsado e, em última instância, autodestrutivo. Nesse cenário, os cuidados oferecidos por Leonard, em vez de trazerem paz, pareciam alimentar ainda mais essa confusão. Talvez ela não se sentisse digna de tal atenção, acreditando até mesmo que, ao estar próxima dele, ela estaria o machucando. Esse sentimento de culpa (e indignidade) fica nítido em outra parte da carta deixada para Leonard:

> *O que quero dizer é que devo a você toda a felicidade da minha vida. Você tem sido extremamente paciente comigo e incrivelmente bom para mim. Quero dizer que – todo mundo sabe disso. Se existisse alguém capaz de me salvar, seria você. Perdi tudo, menos a certeza da sua bondade.* Não posso continuar estragando sua vida. *(Woolf, 1941/2014, p. 41, grifo meu)*

Podemos deduzir que, por meio do trabalho mental (intelectual), Virginia tentava "educar" o seu amor impiedoso jamais elaborado,

---

grosseiro do adulto, ainda mais irritado e atormentado pelo remorso, o que torna a criança ainda mais profundamente consciente de sua falta e ainda mais envergonhada. Quase sempre, o agressor comporta-se como se nada tivesse acontecido e consola-se com a ideia: 'Oh, é apenas uma criança, ainda não sabe nada dessas coisas e acabará esquecendo tudo isso'" (p. 117).

devido à impossibilidade dessa experiência primária. Ora, uma vida marcada por perdas pode significar uma vida marcada por objetos "não-sobreviventes" (Abram, 2023). Era como se ela se afogasse em seus próprios instintos, uma vez que os sentia como sendo aterrorizantes. Possivelmente, ao se suicidar, Virginia tentou poupar Leonard do fardo de sua luta silenciosa com a loucura, que ela mantinha oculta por trás da rigidez protetora de seu falso self.

Quatro meses depois de interromper a escrita de *Um esboço do passado*, Virginia tirou a própria vida, lançando-se no rio Ouse, com os bolsos do casaco cheios de pedras. Esse gesto levanta a questão: ela estaria sendo arrastada para o "transe de horror", causado pela reativação das memórias traumáticas, com toda sua carga destrutiva e insuportável?

Nas palavras da própria autora:

> *Uma vez mais senti aquela tristeza desesperançada; o colapso que já descrevi; como se eu estivesse sem ação sob o golpe de uma marreta, exposta a toda uma avalanche de significados que tivesse se avolumado e tombado sobre mim, sem proteção, sem nada para me defender, de modo que eu me encolhi na ponta da banheira, imóvel. (Woolf, 2020, p. 36)*

O trabalho clínico, nessas situações, envolve mais do que a ausência física ou emocional do analista. Para lidar com as ressonâncias do trauma, o analista precisa estar presente de forma implicada, ou seja, inserido no mundo do paciente. "É essa característica muito fundamental do analista de 'estar-com' que engendra uma possibilidade diferente dentro da zona traumática, na qual essa possibilidade estava anteriormente ausente" (Eshel, 2023, p. 190).

Eigen (2004), ao discutir o conceito de colapso e loucura de Winnicott, afirma que "Winnicott se refere a um terror tão intenso que é impossível de ser vivenciado, como uma busca para suportá-lo, mesmo que apenas por um momento, ou aos poucos" (Eigen, 2004, p. 26). Essa ideia vai encontro da noção de Eshel (2023) sobre o "estar-com" do analista durante a reativação das experiências traumáticas.

Outro exemplo desse manejo clínico é a declaração espontânea de Ogden (2001) a um paciente em crise: "Não vou deixar isso acontecer" (p. 101). Ele estava ciente de estar prometendo mais do que poderia cumprir, mas explica que esse ato de "estar-com" estava profundamente enraizado nas leituras de Winnicott sobre a regressão e o psique-soma (Ogden, 2001).

Esse tipo de *presença ativa* do analista não apenas acompanha o paciente, mas o protege da desintegração iminente, como Ogden declara ao refletir sobre "O medo do colapso (*breakdown*)" de Winnicott (1963/1994): "o paciente não está sozinho quando está com um analista capaz de suportar as experiências do paciente, e as suas próprias, de colapso e de agonia primitiva" (Ogden, 2023, p. 86).

Ao seguir essa linha de pensamento, podemos cogitar que o gesto final de Virginia pode ter sido uma tentativa desesperada de interromper o colapso interno que parecia inevitável. Sua vida, marcada por perdas e ausências profundas, era também atravessada por um movimento contínuo de tentar elaborar aquilo que jamais pôde ser completamente simbolizado.

O afogamento, tanto literal quanto figurativo, pode ser entendido como a incapacidade de Virginia de continuar navegando pelas águas turbulentas de suas memórias traumáticas. Como propôs Winnicott (1963/1994), o medo do colapso muitas vezes precede o próprio colapso, e, nesse caso, podemos imaginar que o peso das pedras nos bolsos simbolizava o peso de uma vida marcada por objetos perdidos e insuportáveis.

Diante desses quadros de devastação psíquica, a função do analista torna-se, como apontam Eigen e Eshel, não apenas a de testemunhar a dor, mas a de suportar com o paciente o que parece ser insuportável. Não se trata somente de escuta, mas de um *estar-com* que, como Ogden sugere, envolve uma promessa implícita: a de que o paciente não estará sozinho ao enfrentar os abismos internos que o ameaçam. A força dessa promessa não reside em garantir que a desintegração não ocorrerá; ela está em assegurar que, quando (e se) acontecer, o paciente terá companhia nesse processo e enfrentará o terror primitivo com suporte adequado.

Essa postura clínica ativa, enraizada na compreensão da importância do vínculo e da presença, oferece ao paciente a possibilidade de atravessar o que Winnicott chamou de "agonias impensáveis". Ao sentir-se acompanhado, o paciente pode começar a enfrentar, pouco a pouco, o medo de desmoronar, de desaparecer.[11] É nesse espaço compartilhado que a dor pode ser simbolizada, que os horrores traumáticos podem ser revisitados sem a ameaça constante de destruição total. Assim, o trabalho analítico passa a ser um espaço de cocriação de possibilidades de sobrevivência psíquica, mesmo diante do caos.

O trágico destino de Woolf nos lembra da importância de não apenas sobreviver, mas de ser acolhido em nossa dor mais profunda, algo que, talvez, ela nunca tenha experimentado plenamente.

---

11 Curiosamente ou não, é a própria Virginia quem escreve: "Em certos estados de ânimo mais favoráveis, as memórias – aquilo que esquecemos – emergem até a superfície. Ora, se isso é verdade, não será possível – sempre me pergunto – que as coisas que sentimos com tamanha intensidade tenham uma existência independente de nosso espírito; que na verdade continuem existindo? E se é assim, não será possível, um dia, que se invente algum aparelho que nos permita acessá-las? . . . Sinto que as emoções intensas devem deixar seu rastro; e que é simplesmente uma questão de descobrir como podemos nos conectar novamente a elas para podermos viver nossa vida desde o princípio" (Woolf, 2020, pp. 19-20).

Referências

Abram, J. (2023). *O objeto sobrevivente: ensaios clínicos psicanalíticos sobre a sobrevivência psíquica do objeto.* Dublinense.

Almeida, A. P. (2022). Psicanálise na graduação de psicologia. In A. P. Almeida, *Psicanálise de boteco: o inconsciente na vida cotidiana.* Paidós.

Almeida, A. P. (2023a). A teoria do trauma de Sándor Ferenczi e sua importância à prática educacional. In A. P. Almeida, *Por uma ética do cuidado: Ferenczi para educadores e psicanalistas* (Vol. 1). Blucher.

Almeida, A. P. (Org.). (2023b). *Muito além da formação: diálogos sobre a transmissão e a democratização da psicanálise.* Blucher.

Almeida, A. P., & Checchia, A. K. A. (2020). O conceito de falso self no campo educacional: sobre as dificuldades de encontrar a "si mesmo" no processo educativo. *Natureza Humana* (*online*), 22(2), 204-218.

Bell, Q. (1972). *Virginia Woolf: a biography*. Harcourt Brace Jovanovich.

DeSalvo, L. A. (1989). *Virginia Woolf: the impact of childhood sexual abuse on her life and work.* Beacon Press.

Eigen, M. (2004). *The sensitive self.* Wesleyan University Press.

Eshel, O. (2023). A "voz" do colapso: sobre enfrentar a insuportável e traumática experiência do trabalho psicanalítico. In S. Gomes (Org.), *A atualidade do pensamento de D. W. Winnicott.* INM Editora.

Faria, D. M. F. (2007). A questão do suicídio na teoria de D. W. Winnicott. *Winnicott e-prints*, 2(1), 1-13.

Ferenczi, S. (2011). Confusão de línguas entre os adultos e a criança. In S. Ferenczi, *Obras completas* (Vol. 4). Martins Fontes. (Trabalho original publicado em 1933).

Gurfinkel, D. (2016). O viver criativo: saúde e educação em Winnicott. In G. Bandeira (Org.), *Viver criativo: escritos de educação com Winnicott*. CRV.

Ogden, T. H. (2001). Re-minding the body. *American Journal of Psychotherapy*, 55(1), 92-104.

Ogden, T. (2023). O medo do colapso e a vida não vivida. In T. Ogden, *Recuperando a vida não vivida: experiências em psicanálise*. Escuta.

Safra, G. (2005). *A face estética do self*. Ideias & Letras.

Winnicott, D. W. (1994). O medo do colapso (*breakdown*). In D. W. Winnicott, *Explorações psicanalíticas*. Artmed. (Texto original publicado em 1963).

Winnicott, D. W. (2021). A mente e sua relação com o psicossoma. In D. W. Winnicott, *Da pediatria à psicanálise*. Ubu. (Trabalho original publicado em 1949).

Winnicott, D. W. (2022). Distorção do ego em termos de self verdadeiro e falso self. In D. W. Winnicott, *Processos de amadurecimento e ambiente facilitador*. Ubu. (Trabalho original publicado em 1960).

Woolf, V. (1989). *Os diários de Virginia Woolf*. Companhia das Letras.

Woolf, V. (2013). *Ao farol*. Autêntica.

Woolf, V. (2014). Carta a Leonard Woolf (28 de março de 1941). In S. Usher (Org.), *Cartas extraordinárias*. Companhia das Letras. (Trabalho original redigido em 1941).

Woolf, V. (2020). *Um esboço do passado*. Nós.

Woolf, V. (2021). *The leaning tower*. In V. Woolf, *The moment and other essays*. True Sign Publishing House. (Trabalho original publicado em 1940).

Woolf, V. (2022). *Entre atos*. Autêntica.

GRÁFICA PAYM
Tel. [11] 4392-3344
paym@graficapaym.com.br